BETRIEBSLEITUNG DER BAUMWOLLSPINNEREI

VON

WM. SCOTT TAGGART

ÜBERSETZT UND BEARBEITET VON

WILHELM BAUER

MIT 17 FIGUREN IM TEXT

MÜNCHEN UND BERLIN 1925
DRUCK UND VERLAG VON R. OLDENBOURG

Einführung.

Als der Verlag an mich herangetreten ist wegen der Bearbeitung dieser deutschen Ausgabe, verhielt ich mich zunächst ablehnend, mit der Begründung, daß die Technik der Baumwollspinnerei in Deutschland selbst gründlich beherrscht wird und auch schon eingehend bearbeitet ist. Nach der Durchsicht des Werkes war ich mir jedoch klar, daß hier eine Menge von Material über den Betrieb der Baumwollspinnerei zusammengestellt ist, dessen wiederholtes Lesen sich lohnen wird.

Von besonderem Interesse ist dabei der wiederholte Hinweis auf zeitgemäße Spinnereieinrichtungen und unwirtschaftliche und veraltete, auf Betriebsleitungen, wie sie sind und wie sie sein sollen, auf gute und auf nachlässige Arbeiter. Also auch in England, dem hervorragenden Ursprungsland der Baumwollspinnerei, wird nicht überall so gearbeitet, wie man es eigentlich annehmen sollte, auch dort stehen also trotz der langen Entwicklung die Spinnereien, die Betriebsleiter und die Arbeiter nicht alle auf der Stufe, auf der sie stehen sollten, und bedürfen fortgesetzter Anregung. Demgemäß wird es auch für uns zweckmäßig sein, jede Anregung in dieser Richtung zu benutzen. Der Spinnereibetrieb umfaßt so viele Einzelheiten und scheinbare Selbstverständlichkeiten, die man sich nicht oft genug wiederholen kann.

Wenn nun auch ein Buch von diesem Umfang das gesamte Gebiet der Baumwollspinnerei nicht restlos umfaßt, so ist darin doch soviel enthalten, daß jeder davon profitieren kann. Es ist zudem in zahlreichen Punkten erweitert worden.

Kempten im Allgäu.

Wilhelm Bauer.

Vorwort.

Das ist in der Hauptsache ein Buch der Praxis, es enthält eine Zusammenstellung einer aus der Praxis hervorgegangenen Übersicht über den heutigen Spinnereibetrieb.

Das Buch ist für Kreise bestimmt, die eine verantwortliche Stellung in der Baumwollspinnerei einnehmen, die Maschinen sind deshalb nicht im allgemeinen beschrieben oder bildlich dargestellt, in der Voraussetzung, daß der Leser mit den verschiedenen Maschinen und ihren Einzelheiten vertraut ist. Der Verfasser hat auch weiter noch aus folgenden Gründen davon abgesehen, Illustrationen aufzunehmen. Alle Maschinen aufnehmen, würde das Buch zu umfangreich machen, und etwa nur die Maschinen einer einzelnen Fabrik hereinzunehmen, wäre unbillig und zugleich unvollständig. Außerdem sind alle diese Skizzen und Zeichnungen in des Verfassers »Die Baumwollspinnerei« enthalten, auf die deshalb verwiesen wird. Der grundlegende Inhalt des Buches wird zweifellos reichliche Anregung und Stoff zum Überlegen allen denen bieten, die für die Aufsicht der Maschinen verantwortlich sind und die ihre Tätigkeit auf Wirtschaftlichkeit und Fortschritt gerichtet hatten.

Kein Buch dieser Art kann eine erschöpfende Behandlung dieses Stoffes bewältigen. Außerdem werden keine zwei Betriebe gleich arbeiten und es wird deshalb nicht möglich sein, selbst bei der besten Darstellung, Meinungsunterschiede unmöglich zu machen. Der Verfasser muß die Verantwortung dafür tragen, immerhin wird bei gründlicher Überlegung dieser Sachen sich zum Schluß immer ein guter Erfolg ergeben.

Obgleich der Verfasser die Wichtigkeit der Maschinenberechnungen anerkennt, so hat er es doch für zweckmäßig gefunden, diesen Teil des Gegenstandes hier nicht aufzuführen, da er von ihm schon in einem besonderen Band unter »Berechnungen« behandelt worden ist. Es ist das der I. Band von »Die Baumwollspinnerei«, der in diesem Verlag schon erschienen ist. Dort sind alle die in den Spinnereien üblichen Berechnungen an Hand von zahlreichen Betriebskizzen der verschiedenen Maschinenfabriken ausgeführt.

Wm. Scott Taggart.

Inhaltsverzeichnis.

Abbildungen.

Abkürzungen.

a = (alpha =) Drehungseinheit, Verhältniszahl
cm = Zentimeter
d = Durchmesser
dm = Dezimeter
Dw = Drahtwechsel, Zwirnwechsel, Marschrad
Dz = Drahtzähler, Zähler
g = Gramm
Hz = Hinterzylinder
Kg = Kilogramm
Kw = Kilowatt (= 1000 Watt) = 1,36 PS theoretisch und $1^1/_2$—$1^3/_4$ PS praktisch
m = Meter
m^2 = Quadratmeter
m^3 = Kubikmeter
mm = Millimeter
Nr. = Garnnummer
Nw = Nummerwechsel, Verzugswechsel
π = (pi =) 3,14 oder $\frac{22}{7}$, die Hilfszahl für den Kreisumfang
πd = Kreisumfang, Zylinderumfang (= $2 r \pi$)
$\frac{\pi d^2}{4}$ = Kreisfläche $\left(= \frac{2 r^2 \pi}{4}\right)$
PS = Pferdestärke
Pfd. = Pfund = $^1/_2$ Kg
Pfd. engl. = Pfund englisch (= 453,6 g)

r = Radius $\left(= \frac{d}{2}\right)$
$\sqrt{\ }$ = (r = Radix =) Wurzel, Quadratwurzel
s = Sekunden
t/m = (t/min =) Tourenzahl, Umdrehungszahl, minutlich
T = (Torsion =) Drehung
v = Geschwindigkeit, minutlich
v. H. = vom Hundert (= %)
V = Verzug
Vw = Verzugwechsel, Nummernwechsel
Vz = Vorderzylinder
W = Wechselrad
Ww = Wagenwechsel, Wagenzugrad
Umdr./m = minutl. Umdrehungen
x = Unbekannte, veränderliche Zahl
Z = Zähler, Drahtzähler
% = Prozent (= v. H.)

Einleitung.

Die Baumwollspinnerei ist eine der großen Weltindustrien; sie ist aus reiner Handarbeit zu einer sehr selbsttätigen mechanischen Fabrikationsweise entwickelt worden. Wir finden kaum in einem Industriezweig ein so schönes Ergebnis wie hier, wo ein Ballen roher Baumwolle in die Spinnerei kommt und als ein fertiggesponnenes Garn wieder versandt wird, und zwar unter Aufwendung eines sehr geringen Betrages menschlicher Arbeit. Ein neuzeitlicher Spinnereibetrieb ist, oder sollte es wenigstens sein, ein hervorragendes Beispiel selbsttätiger Maschinenarbeit, vom Ballenbrecher bis zur Spinnmaschine, und gleichzeitig ein Muster höchster Fertigkeit des Arbeiters und hoher Verantwortung der Betriebsleitung. Den Grund hierzu ergeben die zwei Hauptpunkte, der Rohstoff und die Spinnereimaschinen, deren maßgebende Eigenschaften sehr verschieden sind. In bezug auf das Material ist es deshalb zweckmäßig, der Verschiedenartigkeit desselben gewisse Grenzen zu ziehen und in Übereinstimmung mit dieser Begrenzung eine entsprechende Einstellung der Maschinen vorzunehmen, damit die selbsttätige Maschinenarbeit zufriedenstellend vor sich gehen kann. Baumwolle ist bekanntermaßen keine mathematisch genaue Größe, in ihrem rohen Zustand scheint sie nicht die hohen Eigenschaften zu besitzen, die sie erst erreicht durch eine mechanische Bearbeitung, welche eine hohe Fertigkeit und einen hohen Geist der technischen Welt darstellt.

Regelung der Arbeit. In all den Vorgängen der Reinigung, der Streckung, der Vergleichmäßigung und der Drehung besteht der Rohstoff aus kurzen Haaren oder Fasern. Diese Fasern zu einem langen, starken und gleichmäßigen Faden zu vereinigen, beruht auf einer Verbindung von Handfertigkeit, Ordnungssinn und technischem Wissen. Ein Spinnereileiter muß, mit anderen Worten, seinen Rohstoff, seine Maschinen und seine Arbeiter kennen. Die Befähigung zum Spinnereileiter wird in der Folge ausführlich behandelt werden. An dieser Stelle sei die Tatsache festgestellt, daß eine Baumwollspinnerei einen umfangreichen Fabrikationsvorgang darstellt, um eine wirre Masse kurzer Fasern in einen gleichmäßigen Faden umzuwandeln und zweitens ein technisch hochstehendes Unternehmen mit Kraftwerken und Betriebsanlagen von solcher Bedeutung, wie man sie kaum in einer anderen Industrie findet. Demgegenüber erscheint es unverständlich, daß die führenden Spinnereitechniker in der technischen Wissenschaft und den technischen Gesellschaften nicht immer anerkannt werden. Dabei umfaßt ihr Arbeitsgebiet bewundernswerte mechanische Werke und technisches Wesen, bedeutende Kraftanlagen mit elektrischen Einrichtungen für Kraft und Licht und ein weites Gebiet der Entwicklung zur Qualitätsverbesserung, Kostenersparung und Produktionsvermehrung.

Ein weiteres Gebiet der Spinnereileitung ist die kaufmännische Verwaltung der Baumwollspinnerei. Der Einkauf des Rohstoffes und der Verkauf des fertigen Garnes ist ein wichtiges Gebiet einer besonderen Geistestätigkeit. Der Rohstoff ist ein Erzeugnis der jährlichen Ernte, unvorhergesehene Witterungsverhältnisse oder spekulative Ausschreitungen können die sorgfältigst aufgestellten Berechnungen einer Betriebsleitung umwerfen. Die weiten Schwankungen, die bei normalen Verhältnissen in den Ernteergebnissen und dem Einkauf des Rohstoffes auftreten, sind bekannt und können von gründlich erfahrener Leitung einigermaßen übersehen und berücksichtigt werden, unglücklicherweise ist hier auch ein weiter Raum für Ungeschick und für Spekulation. Die Baumwollpflanzungen sind auf einige große Gebiete der Erde verteilt, der Baumwollhandel ist auf einige wenige Orte beschränkt, das erleichtert die Spekulation für alle mit hochentwickeltem Spekulationstrieb, die bereit sind, das Risiko zu tragen. Die Wirtschaftlichkeit der Spinnereileitung verliert jedoch ihren Sinn, wo es nicht gelingt, dieses unerwünschte Spekulationstreiben, das die Industrie beunruhigt, zu verhindern. Es würde eine echte Wirtschaftlichkeit ergeben und zu gesunden Verhältnissen führen, wenn der Anbau von Baumwolle auf weitere zahlreiche Gebiete ausgedehnt wird, die Eigentum der Vereinigungen sind, deren Mitglieder Baumwolle verspinnen oder sonst verarbeiten, damit deren Belange in diesem Rohstoff, von dem ihr Bestehen so sehr beeinflußt wird, nicht so wie jetzt begrenzt sind in dem Handel mit New Yorker, Liverpooler oder Bremer Geschäftshäusern. Es soll klar ausgesprochen werden, daß die jüngsten Erfahrungen endgültig die Bedingungen gezeigt haben, unter denen die Baumwollindustrie in Zukunft geführt werden muß. Es müssen Gelder zur Verfügung gestellt und wenn nötig geopfert werden, um neue Baumwollgebiete in anderen Teilen der Welt zu erschließen. Jeder Spinnereibesitzer, Leiter, Angestellter und Arbeiter muß einen Anteil nehmen, um die Sache mit Geld zu unterstützen, weil sonst die ganze Industrie langsam aber sicher von den jetzigen hauptsächlichsten Anbaugebieten angezogen wird. Um den vorhandenen Grundlagen der Spekulation entgegenzuwirken, könnte einstweilen viel getan werden, indem eine Vereinigung von Spinnern einen großen Bestand an Rohbaumwolle zurückhalten würde, um sie im gegebenen Fall abzugeben. Wenn dieser Grundsatz von Einzelfirmen mittels entbehrlicher Kapitalreserven durchgeführt würde, so wäre das von großem Vorteil für schwierige Zeiten, und sobald die Baumwollspinner-Vereinigung zum ersten Male in einer Sitzung diesen Beschluß zu Protokoll geben würde, so hätte das einen großen Einfluß auf die Erzielung beständiger Preise und die Ausschaltung berufsmäßiger Spekulation.

Die bisherigen Ausführungen beziehen sich auf offenbare Spekulation im großen Maßstab, es gibt aber in der Baumwollindustrie auch eine Art von verhüllter Spekulation neben der selbstverständlichen Ausnützung günstiger Märkte. Die maßgebenden Männer an der Spitze der Spinnereiunternehmen, und das sind sehr oft Leute, die keine eingehende Kenntnis von der eigentlichen Arbeitsweise in der Spinnerei haben, sind sehr nachsichtig gegenüber der zweifelhaften Geschäftsführung des reinen Kaufens und Verkaufens, sie werden in solchen Geschäften unterstützt durch das Kapital des Unternehmens und die Spinnerei gewinnt oder verliert dabei. Die beteiligte Person ist dabei in der Regel nicht eigennützig tätig, sie nimmt nur ihren Anteil am Gewinn oder Verlust, und im Grunde genommen bringt sie nur ihre besondere Veranlagung zum Ausdruck, die nicht mit den Eigenschaften der Aktionäre übereinzustimmen braucht, noch weniger mit denen der Angestellten und Arbeiter. Solche Verwaltung mit ihrem Wechsel von Erfolg und Mißerfolg kann auf die wirtschaftliche Leitung der Spinnerei sehr störend einwirken, denn der Erfolg gibt den Anschein einer guten Leitung und der Mißerfolg führt zur Verurteilung eines anderen wegen schlechter Leitung, während ein richtiger Rechnungsabschluß ergeben wird, daß in beiden Fällen nur spekulative Gründe schuldig sind. Die wirtschaftliche Leitung einer Spinnerei erfordert, daß solche Leute von einem maßgebenden Einfluß ausgeschlossen werden. Vor allem sollte der Mann, der die verantwortliche Aufgabe hat, das Garn zu machen, auch derjenige sein, der den Rohstoff aussucht, so wie er für das Garn gebraucht wird. Dieser Gedanke hat sich immer mehr und mehr entwickelt, besonders in solchen Firmen, deren Besitzer sich eingestehen, daß sie keine genügende Erfahrung in der Spinnerei haben oder die allmählich die Berührung mit den Anforderungen der Neuzeit verloren haben. Wenn es nicht für angängig gehalten wird, diese Sache vollständig in die Hände des verantwortlichen Leiters zu legen, so sollten auf jeden Fall seine Anforderungen ernstlich in Betracht gezogen werden. Das leitet uns weiterhin zu der Frage der verantwortlichen Leitung.

Verantwortliche Betriebsleitung. In gewissem Sinne ist jeder Arbeiter einer Spinnerei in einer verantwortlichen Stelle, er muß in der Erfüllung seiner Pflichten ein gewisses Verständnis in Anwendung bringen und so ist innerhalb eines Betriebes eine Anzahl verantwortlicher Einheiten geschaffen. Zum Zweck der Organisation und Einordnung sind diese Einheiten in Abteilungen zusammengefaßt, an deren Spitze verantwortliche Leute stehen. Mit einem ähnlichen Ziel vor Augen sind die verschiedenen Köpfe der Abteilungen unter dem Betriebsleiter in einer Einheit zusammengefaßt und auf ihn geht die gesamte Verantwortung über für das Arbeiten des Betriebes. Vielfach wird in den Spinnereien der Betriebsleiter von der Verantwortlichkeit über einzelne Teile der schriftlichen Arbeiten befreit. Wenn die Verantwortlichkeit für die gesamte Betriebsleitung keine einheitliche ist, so kann keine der Einheiten im wirklichen Sinne wirtschaftlich arbeiten. Es besteht hier eine derart vollständige gegenseitige Abhängigkeit zwischen den verschiedenen Abteilungen der Spinnerei, daß eine geteilte Verantwortlichkeit ein erfolgreiches Arbeiten unmöglich machen würde. Ein Betriebsdirektor, der nur dazu bestimmt ist, Anweisungen auszuführen und dementsprechend zu arbeiten, hat keine verantwortliche Betriebsleitung, seine Verantwortung ist beschränkt und die Wirtschaftlichkeit seiner Arbeit ist gehemmt; er hat keine Aussichten für die Zukunft, denn er weiß nicht einmal, welche Anweisungen er für morgen bekommen wird, er muß sozusagen von Hand in Mund leben und seine tägliche Arbeit machen, so gut als es unter solchen Verhältnissen möglich ist. An der Spitze einer Spinnerei muß ein Mann stehen, der gleichmäßig mit allen Teilen ihres Betriebes vertraut ist. Diese Bedingung findet man mitunter in manchen Privatunternehmen erfüllt, und zwar wird in solchen Betrieben der Betriebsleitung freie Hand gegeben und nur eine finanzielle Kontrolle von dem Besitzer ausgeübt. In Aktiengesellschaften wird das Interesse der Aktionäre in England durch ein Direktorium, ähnlich dem deutschen Aufsichtsrat, wahrgenommen, wobei die betreffenden Personen mit dem Spinnverfahren teilweise vertraut sind, teilweise auch nicht. Solch ein Direktorium oder Aufsichtsrat will in manchen Fällen die gesamte Verantwortung für die Fabrikleitung tragen, und die Frage der Wirtschaftlichkeit wird mehr oder weniger abhängen von dessen Urteilsfähigkeit über die Verhältnisse des Betriebes, die im allgemeinen gering ist, denn bei der Mehrzahl derselben kommen bei deren Wahl ihre Kenntnisse erst in zweiter Linie.

Kenntnis der technischen Einzelheiten. Ein einsichtsvoller Aufsichtsrat läßt einem verständigen Direktor freie Hand und beschränkt seine Tätigkeit auf die Aufsicht über die Verwendung der Gelder. Es gibt aber sehr viele Fälle, daß der Aufsichtsrat die Verantwortung unter seinen Mitgliedern verzettelt, ein solches Verfahren muß auf die Dauer nachteilig wirken. Ein gelegentliches Genie, technisch oder kaufmännisch, unter den Aufsichtsräten kann Hervorragendes leisten für die Entwicklung eines Unternehmens, durch Eröffnung neuer Gebiete oder Aufnahme neuer Methoden; ein solcher Mann ist ein entschiedener Vorteil und eine fortlaufende Quelle zur Förderung der Leitung. Diese Männer sind jedoch selten, der übliche Aufsichtsrat besteht im allgemeinen aus Leuten, die stets mißtrauisch sind gegenüber einer Wirtschaftlichkeit, die die Aufwendung von Geldmitteln erfordert. Das Verständnis für diese Wirtschaftlichkeit bedingt zumeist einige

Kenntnis technischer Einzelheiten außerhalb ihres Gesichtskreises, dadurch ist es für die Betriebsleitung schwierig, den Aufsichtsrat von der Wirtschaftlichkeit zu überzeugen, und die nötigen Geldmittel werden ungern bewilligt. Es ist ein weiter Unterschied zwischen der bedächtigen und sicheren Art der Leute, die etwas verstehen, und der langsamen und zaudernden Methode derjenigen, die die Sache nicht kennen. Wofern die Aufsichtsräte unserer Fabriken nicht eine gute Grundlage von Kenntnissen und Erfahrungen haben, worauf ein Urteil in technischen Einzelheiten gegründet werden kann, so wird die richtige Wirtschaftlichkeit und Sparsamkeit dadurch erreicht werden, daß man jemand dafür gut bezahlt, um diese Arbeit für sie zu tun.

Garnverkauf. Zeitungsanzeigen in der üblichen Art des Warenangebots sind bei den Spinnereien nicht üblich. Wie bei den meisten Großhandelsgeschäften bestehen zwischen Käufer und Verkäufer persönliche Beziehungen. Der scharfe Wettbewerb beruht auf einem Heer von Verkäufern, die als eifrige Reklamemacher für ihres Auftraggebers Waren beschäftigt sind. Die Manchesterbörse gibt einigen Anhalt von den Geldmitteln, die von den Textilfirmen für diese Zwecke aufgebracht werden. Der Geist der Wirtschaftlichkeit gibt notwendigerweise Veranlassung zu öfterer Feststellung, ob all die aufgewendeten Gelder zweckmäßig verwendet werden. Ein Mann, der für diese Zwecke sorgfältig vorbereitet ist und in seinen Einkünften gut gestellt wird, ist für ein Unternehmen bedeutend mehr wert, als eine Anzahl Leute, die wenig kennen und sich nicht viel Sorgen machen, zumal diese Leute mit der Zeit dem Namen der Firma, die sie vertreten, ihr Gepräge geben. Es gehört natürlich nicht viel dazu, an die Börse zu gehen, sich eine oberflächliche Kenntnis der Preise anzueignen und sich mit dem Ansehen zu schmücken, das einem das Unternehmen gibt, aber wenn es die Firma Geld kostet, so ist das ein tatsächlicher Verlust und Schaden und was mehr ist, um einen vorhergehenden Ausdruck zu wiederholen, die Verantwortlichkeit wird verzettelt. Ein guter Verkäufer ist ein außerordentlich wichtiger Aktivposten einer Firma, ein Mann, der in den Geschäften erfahren sein muß, ein Detektiv, der die schwachen und starken Punkte bei seinem Kunden herausfindet und stets auf dem Sprunge ist, die günstigen Gelegenheiten zu erfassen und die Entwicklung zu übersehen. Er muß einen ausgeprägten Geschäftssinn besitzen und ständig auf dem Wege sein und muß dabei eine hervorragende Menschenkenntnis haben und ein wirklich sicheres Verständnis von dem, was seine Firma zu tun oder nicht zu tun vermag. Es gibt gute Verkäufer, die über keinerlei technische Kenntnisse verfügen, aber das sind Ausnahmen, es wird vielmehr als notwendig angesehen, daß die Verkäufer einige Erfahrung in der Spinnerei haben, ehe sie einen solchen verantwortlichen Posten erhalten.

Die gewaltige Entwicklung der Textilindustrie in der neueren Zeit und das bedeutende Übergewicht von großen Unternehmen, gegenüber den zahlreichen kleinen Fabriken der früheren Zeiten haben neue Wettbewerbsverhältnisse eingeführt und sie zu ihren höchsten Grenzen entwickelt. Das frühere englische Verfahren, nur eine Art von Garn herzustellen und die zu liefernden Garnnummern in den engsten Grenzen zu halten, in Verbindung mit einem Mangel an Wettbewerb, ergab einen Typ von Direktoren und Verkäufern, der jetzt zumeist ausgestorben ist. In den jetzigen Zeiten muß eine Spinnerei für einen weiten Arbeitsbereich eingerichtet sein und die Garne müssen unter dem schärfsten Wettbewerb in bezug auf Preise und Güte verkauft werden, da viele andere Firmen dieselben Garne machen. Unter solchen Verhältnissen muß ein Verkäufer notwendigerweise ein eifriger Geschäftsmann sein, aber es muß auch mit Nachdruck betont werden, daß er auch ein tüchtiger, praktischer, technischer Mann sein muß. Eine reiche Spinnereierfahrung ist notwendig. Der Erfolg oder Mißerfolg eines Unternehmens hängt oft in weitem Maße von dem Verkäufer ab: Die gewöhnliche Arbeit kann von jedem gemacht werden und die meisten Leute können Mitteilungen entgegennehmen und beantworten, aber nur der Mann, der seine Arbeit gründlich kennt, kann mit Schwierigkeiten fertig werden und kann schwierige Anweisungen verstehen und übermitteln und vor allem der, welcher in der Lage ist, in der fertigen Ware zu beurteilen, inwieweit seine Anweisungen und die Wünsche seines Kunden mit Sorgfalt ausgeführt wurden. Zu viele unerfahrene Leute streben nach dieser Art von Tätigkeit und sie erzielen weder Wirtschaftlichkeit, noch sonstige Leistungen. Obgleich man streng darauf dringen muß, daß der Betriebsleiter der beste Käufer seiner Baumwolle ist, so besteht dagegen nicht derselbe Grund für einen Betriebsleiter, sein Garn zu verkaufen. Besondere Verkäufer sind in den meisten Fällen ein Bedürfnis. Es würde zum Vorteil der Industrie sein, wenn der Verkäufer dieselbe grundlegende Ausbildung erhalten würde, wie der Betriebsleiter, bis zu dem Punkte, wo er sich dann für sein besonderes Arbeitsgebiet zu entscheiden hat, für das er sich besser geeignet fühlt und wofür er tatsächlich besondere Fähigkeiten aufweisen muß.

Der Spinnereidirektor. Im allgemeinen kann ein Direktor als die durch die Besitzer der Spinnerei ausgewählte Person bezeichnet werden, die sie für fähig halten, auf ihren eigenen Schultern die Verantwortung zu tragen, für alle Fehler, Nachlässigkeiten, Dummheiten und Unwissenheiten von all denen, die in der Fabrik tätig sind. Das ist grundlegend und bezieht sich auf alle verantwortlichen Betriebsleiter, von dem Günstling angefangen bis zu dem unternehmendsten und tüchtigsten Direktor. Diese Tatsache gibt uns einen tatsächlichen Begriff von der verantwortlichen Stellung eines Direktors. Ein richtiger Direktor entwickelt sich folgerichtig selbst gründlich nach dieser Richtung. Er entwickelt sozusagen seine geistigen Fähigkeiten und hält sie immer in Schulung, um die volle Verantwortung für die Tätigkeit seiner Untergebenen auf sich zu nehmen, das ist eine Verpflichtung, die von seiner Stellung nicht zu trennen ist. Er erkennt das entsprechend dieser Darstellung, ob bewußt oder unbewußt, als die Grundlage seiner Pflichten.

Aus diesem Gedanken der Verantwortlichkeit strebt sowohl der Pseudo-Direktor, wie auch der wirkliche Betriebsleiter danach, die Möglichkeit eigenen Mißerfolges zu verhüten oder wenigstens auf ein Mindestmaß zu beschränken und den Fehlern, von denen, die unter ihm arbeiten, vorzubeugen und ihre Folgen zu beseitigen. Das ist die Selbsterziehung für die geschäftliche und technische Seite seiner Aufgabe. Darüber hinaus erscheinen bedeutsame und wertvolle Gedanken, die einen unmittelbaren Einfluß auf die Wirtschaftlichkeit der Spinnerei ausüben. An erster Stelle, wenn ein Direktor nicht seine volle Verantwortlichkeit für alles, was sich in seiner Spinnerei ereignet, anerkennen will, so wird ein Wirrwarr oder dergleichen schädliche Zustände eintreten, gute Angestellte und gute Arbeiter sind auf die Dauer nicht zu halten, Unterordnung und Zusammenarbeit wird verschwinden und solche Ergebnisse werden schließlich die Erzeugnisse der Spinnerei beeinflussen. Diese Spinnereien werden schnell bekannt und ebenso der Direktor. Andererseits gibt es Aufsichtsräte, die es ausnutzen werden, wenn ein Direktor seine Verantwortlichkeit mangelhaft hochhält und sie werden sich störend in seine Pflichten einmischen. Wenn das zugelassen wird, so wird ein Direktor, der das erlaubt, den oben aufgeführten Pflichten doch nicht entkommen, einerlei, ob sie in seinem Vertrag ausdrücklich festgelegt sind oder nicht. Er ist immer der Mann. der für alle Fehler getadelt wird, und die menschliche Natur der Aktionäre oder Eigentümer wird diese naturgemäß veranlassen, den Mann, der an die Stelle eines Direktors gesetzt ist, verantwortlich zu machen und ihn zu verurteilen für jeden Mißerfolg in ihrem Geschäft.

Eine wissenschaftliche Untersuchung könnte leicht eine zeichnerische Darstellung geben über die Leistung von Direktoren und Fabriken im Vergleich mit der jeweiligen Einmischung in des Direktors Aufgaben durch die Aufsichtsräte oder die Besitzer. Es würde sich zeigen, daß diejenigen Direktoren die besten Ergebnisse haben, die die volle Verantwortung auf sich nehmen, die darauf bestehen, sie stets durchzusetzen und außerdem Wert legen auf die Anwendung solcher Arbeitmethoden, bei denen die notwendige Verantwortlichkeit auf ein Mindestmaß beschränkt wird. Zu alledem können wir demgemäß hinzufügen, daß die wirtschaftliche Leitung einer Spinnerei also die Leitung von Menschen einschließt.

Die Beurteilung eines guten Direktors. Die Eigenschaften eines guten Direktors können folgendermaßen zusammengefaßt werden:

Geistige Veranlagung,
Geschulte Urteilsfähigkeit,
Gute technische Schulung,
Die Fähigkeit, die Menschen dahin zu bringen, seine Angaben und Anforderungen richtig auszuführen.

Wir wollen uns nur mit dem zweiten und dritten Punkt beschäftigen, die den Titel umfassen, des Direktors Ausbildung. Erziehung im allgemeinen ist im wesentlichen die Entwicklung unserer Urteilskraft. Es ist sicherlich nicht die gewaltsame

Öffnung unseres Gehirns und Auffüllung desselben mit einer Menge unentschiedener Tatsachen. In der Baumwollspinnerei verlangen wir Männer, die selbständig zu denken vermögen, somit ist die Ausbildung eine Sache von wesentlicher Bedeutung: Je höher die Ausbildung, umso besser, und je länger die Ausbildung, desto besser. Es sind weite Möglichkeiten in dieser Richtung vorhanden durch die gesamten Baumwollbezirke von Großbritannien. Die englischen Unterrichtsbehörden haben sehr viel getan für die Förderung der Jugend, die technischen Schulen Englands beanspruchen, die besten der Welt zu sein und die Wege zu ihnen sind weit offen und zumeist frei für alle, die sie zu benutzen wünschen. In Deutschland hält man ebenso die deutschen technischen Schulen für die besten und sie stehen tatsächlich auf der Höhe.

Mißtrauen gegen die Schulbildung. Warum werden die technischen Schulen Englands von der Jugend so schlecht besucht? Eine einfache Antwort. Weil wir uns schmeicheln, ein »praktisches« Volk zu sein und besonders die Baumwollspinnerei betont zwei- und dreifach ihre praktische Veranlagung. Abendschulen werden wohlwollend anerkannt, aber der Gedanke, zwei oder drei Lebensjahre eines Menschen zu »verlieren«, um eine technische Schule zu besuchen, wird mit großem Mißfallen aufgenommen: er könnte ein Zeugnis seiner Tüchtigkeit erhalten oder sogar Titel und Rang, und das würde nach Ansicht gewisser Leute seiner Zukunft eher schaden als nützen. Nein, er muß sobald als möglich in die Spinnerei und sich auf Abendklassen beschränken und auf Sparsamkeit. Wie viele unserer Betriebsleiter vergegenwärtigen sich die unangenehme Tatsache, daß die Entwicklung ihrer Ausbildung sehr unvollständig war? Das war manche Entschuldigung in früheren Zeiten. Denn ein Betriebsleiter erwarb seine Kenntnisse zumeist auf einem mühsamen Weg und er behielt deshalb seine Regeln und Erfahrungen für sich als Geschäftsgeheimnis. Es ist noch nicht allzulange her, daß die gesamten Berechnungen in der Baumwollspinnerei nur aus aufgeschriebenen Regeln bestanden, in der Form von langen Divisions- und Multiplikationssummen, die alle auswendig gelernt wurden, um sie im Gedächtnis zu behalten. Vor einigen Jahren noch war es etwas Außergewöhnliches, wenn eine Maschinenfirma ein Buch mit Berechnungen in Formeln ausgab und zu den Abbildungen an Stelle von Worten Buchstaben benutzte, und bis heute hat es nur eine Firma gewagt, Berechnungen für ihre Maschinen in der Form von rein algebraischen Gleichungen auszugeben. Die Anwendung von algebraischen Buchstaben in einer Spinnereiberechnung, steht heute noch in Verruf, ihre Gegenwart bezeichnet Theorie und an Theorie soll in Verbindung mit Baumwollspinnerei in keiner Rechnung gedacht, noch weniger soll sie ausgeführt werden. Es sind übrigens Zeichen eines Erwachens vorhanden, wenn sie gleich langsam zum Ausdruck kommen, zu der Bedeutung einer festen wissenschaftlichen Grundlage in der Ausbildung derjenigen, welche in die industrielle Laufbahn eintreten und darin mit Erfolg tätig sein wollen. Viele Betriebsleiter unserer Spinnereien sehen die Notwendigkeit davon ein, und es besteht nicht der geringste Zweifel, daß wir in der nahen Zukunft die Söhne unserer Fabrikdirektoren und Fabrikbesitzer sehen werden, wie sie während des Tages die Plätze der Hörsäle und die Betriebsräume unserer technischen Schulen füllen werden. Die Zukunft unserer Baumwollspinnereien verlangt es, die Wirtschaftlichkeit und der Wettbewerb gegenüber unseren wissenschaftlich gebildeten Konkurrenten macht es weiter notwendig, und über alles wird es verlangt durch eine verständige Würdigung und Einsicht für die Arbeit, die wir tun. Mit einer guten Ausbildung und einer wissenschaftlichen Erziehung im Betrieb wird ein Spinnereileiter für einen großen Teil seiner Pflichten besser ausgerüstet sein und ein guter Kopf an der Spitze der Geschäfte wird einen wichtigen Teil einer Spinnereiausrüstung ausmachen. Wir sind zurzeit noch vorne weg, aber die Leute hinter uns sind hart heran und wir dürfen nicht schlaff werden. Als Zeichen, was gegenwärtig getan wird für die Weiterbildung der Betriebsleiter, Meister und Arbeiter in unseren Spinnereien, mag angeführt werden, daß die Industriebezirke durchsetzt sind mit Veranstaltungen, die von Leuten besucht werden, mit dem heftigen Wunsch, Kenntnisse zu erwerben oder zu vervollständigen, als Ersatz für verpaßte Gelegenheiten in der Jugend oder den Mangel an solchen. Hunderte von Vorlesungen wurden während der Wintermonate gegeben und auf diese Weise werden erwachsene Männer auf einen höheren geistigen Standpunkt gehoben und gleichzeitig zu einer besseren

Kenntnis ihrer Arbeit gebracht. Mit den Arbeitern als Beispiel vorangehend, müssen wir bald eine neue Art von Betriebsleitern haben, um den neuen Bedingungen zu folgen, denn ein Betriebsleiter muß immer beträchtlich über dem Durchschnitt seiner Arbeiter stehen.

Die technische Ausbildung eines Betriebsleiters, und bei diesem Wort meinen wir alle, welche auf ihrem Wege aufwärts durch diese Stellung gegangen sind, muß eine feste Grundlage geben, die sie in Stand setzt, klar und logisch denken zu können. Früher nahm Erfahrung den Platz ein von technischer Ausbildung und auch heute noch steht sie in manchen Fällen auf dem ersten Platz. Wenn man aber Umschau hält, so findet man wirklich verantwortliche Posten durch junge Leute besetzt, deren Erfahrung notwendigerweise ein begrenzter Umstand für ihren Erfolg ist. »Erfahrung ist die beste Schule«, aber es folgt daraus keinenfalls, daß es persönliche Erfahrungen sein müssen, es besteht vielmehr die Möglichkeit, die Erfahrungen anderer zu benutzen. Diese Möglichkeit besteht in der technischen Wissenschaft in solch einem Ausmaße, daß sie innerhalb der Fähigkeit, eine verantwortliche Stellung einzunehmen, einen wichtigen Platz beansprucht. Ein anderer wichtiger Punkt der Erfahrung muß noch erwähnt werden, da er oft übersehen wird. Unsere eigenen Erfahrungen sowohl als auch die Erfahrungen anderer dürfen nicht allein auf Grund der erhaltenen Tatsachen betrachtet werden, oder mit anderen Worten, das Ergebnis kann nicht einfach angenommen werden, nur weil es zufällig so ausgefallen ist. Um den vollen Wert der Erfahrungen zu erfassen, bedürfen wir der Fähigkeit, die Ursachen zu verfolgen und herauszufinden, wieso dieses oder jenes Ergebnis erhalten wurde. Das ist natürlich nicht möglich, wenn nichts gelernt wurde, wenn die Fähigkeiten zum Beobachten nicht entwickelt wurden und somit nicht eine tatsächliche Eignung besteht in der Anwendung von Grundsätzen und Beweisen für praktische Zwecke. Manche Industrien haben sich auf Versuchen und Erfahrungen aufgebaut oder sogar auf zufälligen Vorgängen, wobei wertvolle geschäftliche Ergebnisse erzielt wurden, und sie wurden unter den gleichen Verhältnissen bis heute fortgesetzt. Untersuchungen in wissenschaftlicher Richtung würden wahrscheinlich ergeben, daß bei Änderung des Verfahrens und des Rohstoffes bessere und billigere Ergebnisse erzielt werden können und tatsächlich, das ist es, was durch unsere wissenschaftlich arbeitenden Konkurrenten getan wurde und uns Gelegenheit gab, unsere schwachen Stellen zu erkennen. Baumwollspinnereien befinden sich vielfach in der Verewigung von veralteten Verhältnissen. Es besteht eine gewisse Begründung dafür, wenn man sich die Verwicklungen des ganzen Zusammenhangs einer Baumwollspinnerei vorstellt. Wir haben den Rohstoff mit seinen weiten Schwankungen im Stapel und nicht nur die jeweiligen Schwankungen in sich selbst, sondern die Schwankungen von Ernte zu Ernte. Wir haben die große Zahl der verschiedenen Spinnvorgänge, die die Baumwolle durchlaufen muß, bis sie zum fertigen Garn wird. Wir haben weiter die verwickelten Maschinengetriebe, die dabei benutzt werden und eine Anzahl besonderer Verhältnisse in den verschiedenen Maschinen, die alle das endgültige Ergebnis zeitigen. Fortschritt bedeutet für die Spinnereien, so gut als möglich eingerichtet zu sein, so daß der Erfolg oder Mißerfolg übersehen werden kann, nicht auf Grund einer unsicheren Vorstellung der Ursache, sondern an der richtigen Stelle, die irgendein unrichtiges Ergebnis verursacht. Es ist ein sehr treffender Ausspruch, daß, wenn die Krempeln schlecht arbeiten, dieser Fehler weiterhin nicht mehr abgestellt werden kann; das ist richtig, gilt aber auch bei allen anderen Spinnvorgängen. In irgendeinem fehlerhaften Garn können wir Anzeichen finden, die zu der Ursache führen, vorausgesetzt, daß die nötige Überlegung angewendet und die Untersuchung nach der richtigen Seite geführt wird.

Die Wichtigkeit der Einzelheiten. In der Baumwollspinnerei wird allzuviel als unvermeidlich hingenommen, es ist ein Beispiel beliebiger Nachahmung, und das führt zu endlosen Störungen und Verlust an Zeit und Geld, nur weil oft kleine, aber wichtige Einzelheiten übersehen werden. Diese Umstände werden besonders hervortreten bei der Besprechung der Frage der Garnprüfung, der in Frage kommende Punkt zeigt uns, daß die Vorbereitung und das Spinnen von Garn in weitem Maße eine Frage der Arbeitswiederholung ist, so daß das Ergebnis von einer solch großen Reihe von Umständen abhängt, daß eingehende Kenntnisse, reiche Erfahrung und mühevolle Arbeit von dem Mann verlangt werden, der das bestmöglichste Ergebnis erzielen will. Außer diesen besonderen persönlichen Umständen ist ein empfehlenswertes Mittel die dauernde Verwendung eines Merkbuches. Es gibt solche und solche Merkbücher. Das Merkbuch des einzelnen wird seiner Veranlagung entsprechen und Merkbücher sind ähnlich wie Erfahrungen wertlos, wenn sie nicht derartig geregelt und eingeteilt sind, daß sie den Besitzer in Stand setzen, ihren Inhalt mit Vernunft zu verwenden. Man sollte Bücher mit vorgedruckten Fragen oder Rubriken erhalten können, wobei jeder Gegenstand behandelt wird, der auf wesentliche Tatsachen der einzelnen Spinnmaschinen Bezug hat. Die Zwischenräume werden sodann durch die verschiedenen Abteilungen ausgefüllt, zunächst auf lose Blätter, um später durch das Bureau in des Betriebsleiters Buch eingetragen zu werden. Jede Veränderung, die bei irgendwelchem Vorgang oder an irgendwelcher Maschine vorgenommen wurde, wird nachgetragen und so erhält man einen Führer, um frühere Aufträge zu wiederholen, und um neue Sachen auszuführen, ohne daß es jedesmal nötig ist, nach dem sonst üblichen Verfahren für derartige Zwecke erst wiederholte Versuche anzustellen. Bei richtiger Einteilung wird ein solches Buch zu bedeutender Wirtschaftlichkeit in der Betriebsleitung führen und es wird eine bedeutende Entlastung für den Betriebsleiter bedeuten. Das Buch wird zunächst nur die nackten Tatsachen aufführen und der Betriebsleiter wird es durch alle seine eigenen Überlegungen ergänzen. Er wird dadurch stets seine eigenen Folgerungen zur Hand haben, seine Urteile und die aus seinen eigenen Erfahrungen festgestellten Wahrnehmungen, die für ihn dauernd wichtige Unterlagen ergeben. Dieses Material ist sein persönliches, geistiges Eigentum, das sich andere nur schwer aneignen können. Diese Arbeitsweise kann nicht jedem gelehrt werden, sie bedarf vor allem einer gewissen natürlichen Begabung und dann einer ausgedehnten Übung. Wenn der Betriebsleiter von der abgemessenen Länge eines Batteurwickels, eines Kardenbandes oder eines Vorgarnfadens das Gewicht feststellt und dabei durch sorgfältige Überlegung von selbst zu der Entscheidung kommt, daß er damit einen Anhalt bekommen hat, über die Qualität des Garnes, das er spinnen will, oder über die Arbeitsweise derjenigen Maschinen, von denen diese Proben genommen wurden, dann ist er dabei, eine der Fähigkeiten auszuüben, derentwegen er als Betriebsleiter gewählt wurde. Er kann besseres Garn herstellen und dafür bessere Preise erzielen, er kann billigere Baumwolle verwenden und damit gleiches oder sogar besseres Garn herstellen. Jedenfalls ist er ein guter Betriebsleiter, wenn er fähig ist, sein Urteilsvermögen in Einzelheiten, so wie in dem eben bezeichneten Fall, anzuwenden.

Bessere Arbeit und höhere Produktion. Das Merkbuch des Betriebsleiters sollte auch Rubriken haben für Bemerkungen über die Zeit, die notwendig ist, zum Abziehen und zum Aufstecken bei der Herstellung der verschiedenen Sorten Baumwollgarn. Eine Stunde Beobachtung verschiedener Abzüge wird einen ausgezeichneten Anhalt geben über die bestehenden Verhältnisse. Es genügt z. B. nicht, einen Anhalt zu haben, daß gebrochene Bänder und Fäden mehr als neue abgenutzt sind, denn manches ist schon lange fehlerhaft, ehe die Arbeiter klagen oder man durch zufällige Beobachtung darauf gestoßen wird und Hunderte von Pfunden des Materials können entwertet sein, ehe der Fehler entdeckt wird. Es ist eine eingehende Betätigung notwendig, sie bringt dem Betriebsleiter für seine mühevolle Verstandesarbeit reichen Aufschluß. Man kann eine Menge von Einzelheiten aufführen, die in dem Arbeiten der Spinnerei gering erscheinen, die aber zum Erfolg und zur Wirtschaftlichkeit beitragen. Unbedeutende Verzüge an den Vorspinnmaschinen, veranlaßt durch Spannung zwischen dem Zylinder und dem Flügel sind zum Beispiel oft die Veranlassung zu schlechtem ungleichen Garn. Ebenso führt ungenügende Reinlichkeit leicht zu allerlei Schädigungen. Unbedingtes Verhüten von Rost und rauhen Stellen an Zylindern, Kämmen, Drähten usw. ist notwendig. Genaue Meßlehren müssen vorhanden sein und sind häufig anzuwenden, die Zylinderstellungen sind zu prüfen, weiter sollen die Gewichte der sämtlichen Zylinder sorgfältig eingestellt und ihre Wirkung durch Prüfung mit Lehren aus dünnem Stahl untersucht werden. Über die Feuchtigkeit sollen sorgfältige Listen geführt werden unter Berücksichtigung ihrer Wirkung auf die Vorbereitungs- und Spinnvorgänge. Der Drehungskoeffizient ist dem Charakter der Baumwolle stets anzupassen, das ist besonders wichtig, weil er großen Einfluß hat, und zwar auf das Garn selbst und auf die Höhe der Lieferung. Eine bekannte Maschinenfabrik hat vor einiger Zeit ein Buch herausgegeben, das eine Leistungsliste enthält, in der der Koeffizient für die

Drehung an den Vorspinnmaschinen für alle Zwecke derselbe ist; das ist ein großer Irrtum. Viele Meister und Betriebsleiter stehen unter dem Eindruck, einen gewissen Koeffizienten für die Drehung anzuwenden, aber sie verstehen es nicht, sich daraus eine Regel zu bilden. Der Verfasser fand einen großen Unterschied und Unkenntnis dieses besonderen Punktes in den Spinnereien, er war in der glücklichen Lage, eine große Zahl von Spinnereien zu sehen und in so ziemlich allen Fällen war die Drehung eine andere als die maßgebenden Leute dachten, und es war ziemlich leicht, Änderungen anzuregen, die bessere Arbeit und höhere Leistung ergeben haben.

Alle Spinnereien sollten in ihrer Einrichtung auf der Höhe der Zeit gehalten werden, in Wirklichkeit aber besteht ein großer Unterschied zwischen alten und neuen Spinnereien. Alte Spinnereien sind mit kurzen Maschinen, langsamen Geschwindigkeiten und ungenügenden Kraftanlagen belastet. sie haben Vorteile bezüglich des Kapitalkontos und des guten Rufes ihrer eingeführten Qualitäten und besonderer Spezialitäten. Einem tüchtigen Direktor sind in einem solchen Unternehmen weite Möglichkeiten gegeben, deshalb ist es ein zweckmäßiger Rat, zu sagen: Überlaßt es ihm, er wird auf dem Posten sein und nach- und nach, was möglich ist, verbessern, durch Erneuerung abgenutzter Lager, durch Umänderungen auf höhere Geschwindigkeiten und Lieferungen, durch Ersatz ausgelaufener Zahnräder und eine Menge anderer Verbesserungen, die ihn in Stand setzen, mit neuen Spinnereien in Wettbewerb zu treten.

Neue Spinnereien. Bei der Errichtung neuer Spinnereien muß man sich zunächst einig sein, was man zu spinnen beabsichtigt. Der Unternehmer setzt ein bestimmtes Erzeugnis fest innerhalb gewisser Grenzen. Wenn man sich darüber klar ist und man den allgemeinen Umfang festgesetzt hat, ist es Zeit, den Betriebsleiter zu berufen. Im allgemeinen wird bei der Festsetzung wichtiger Einzelheiten der Spinnerei viel zu viel dem Architekten und der Maschinenfabrik überlassen. Die Aufgabe des Betriebsleiters ist es, die Spinnerei entsprechend der Arbeit, die sie zu leisten hat, vollständig zu entwerfen, und dafür muß er gewisse Kenntnisse des Bauwesens haben, insoweit, als er die Arbeit des Baumeisters verstehen muß und damit er imstande ist, bezüglich der Einzelheiten verständige

Vorschläge für den Entwurf der Fabrikgebäude zu machen. In bezug auf die Maschineneinrichtung selbst ist der Betriebsleiter der maßgebende und verantwortliche Mann, und er muß befähigt sein, von sich aus die Anzahl der Maschinen und ihre beste Anordnung in Berechnungen und Zeichnungen zu Papier zu bringen.

Wenn alles richtig eingeteilt ist, so muß jeder zusammengehörige Maschinensatz einer Baumwollspinnerei eine bestimmte Menge Garn liefern. Änderungen der Verhältnisse werden die Einteilungen umstoßen, so daß, während einzelne Maschinen die ganze Zeit laufen, andere zum Stehen kommen. Die Grenze für die Maschinenzahl muß nach dem voraussichtlichen Bedarf festgesetzt werden, unter Rücksichtnahme auf die zukünftige Entwicklung, und der Plan ist im allgemeinen der beste, dessen Einteilung derart getroffen ist, daß eine Ausdehnung der Vorbereitungsmaschinen vorgesehen wird, indem in diesen Abteilungen ein entsprechender Raum freibleibt. Es ist eine dauernde Quelle von Schwierigkeiten für die Betriebsleitung, wenn sie öfters genötigt ist, unter solchen erschwerten Umständen zu arbeiten, wie sie durch Umstellung von Maschinen oder im Wege stehende überzählige Maschinen hervorgerufen werden. Spinnereimaschinen sind in ihren Leistungen außerordentlich anpassungsfähig, wenn sie von Leuten gehandhabt werden, die die Sache verstehen. Obgleich unsere Maschinenfabriken Leistungstafeln veröffentlichen und ihre Spinnpläne darauf aufgebaut werden, so ist darin doch ein weiter Spielraum in der tatsächlichen Arbeitsleistung der verschiedenen Spinnereien, und mancher Betriebsleiter wird von den gleichen Maschinen größere Lieferungen erhalten als wie ein anderer, auch wenn die Verhältnisse durchaus gleichartig sind. Die Maschinenfabriken sollten zweckmäßigerweise Durchschnittszahlen angeben, vielfach geben sie aber Zahlen, die Höchstleistung sind, mit Rücksicht auf den Wettbewerb, dadurch entsteht natürlich vielfach Verwirrung.

Ein erstklassiger Betriebsleiter muß vor allem einen vollständigen Überblick über seine Maschinen haben, er muß imstande sein, seine Maschinengetriebe gründlich durchzurechnen und muß sich eine vollständige und dauernde Beaufsichtigung der Wechselstellen einrichten. Diese arithmetischen Fähigkeiten sind von großem Vorteil im Vergleich mit einem

Mann, der nur weiß, diese und jene Zahlen miteinander zu vermehren und das Ergebnis durch eine andere Zahl zu teilen und vielleicht noch aus dem Quotienten die Quadratwurzel zu ziehen. Wenn ein wirklicher Fachmann in eine Spinnerei berufen wird, so folgen in der Regel schnell Verbesserungen und mit sehr einfachen Mitteln, und zwar oft nur weil er seine Maschinen und besonders die Getriebe gründlich kennt. Es können in vielen Spinnereien bedeutende Ersparnisse erzielt werden, allein dadurch, daß dieser Umstand mit größerer Sorgfalt als bisher behandelt wird, und er allein erklärt uns die großen Unterschiede, die man in Spinnereien antrifft in bezug auf Herstellungskosten, Leistung der Maschinen und die Güte der Garne trotz gleicher Mischung.

Vorbeugung und Besserung. Die Maschinen und die Spinnverfahren haben ihre Schwierigkeiten und die auftretenden schwierigen Fragen verlangen ständige Aufmerksamkeit. Die Fähigkeit, diese Schwierigkeiten zu meistern und die dabei gestellten Aufgaben zu lösen, ist eine notwendige Eigenschaft des Betriebsleiters und seiner Gehilfen, aber eine wichtigere und wertvollere Eigenschaft ist die Fähigkeit, auftauchenden Störungen vorzubeugen. Ein Arzt führt ein rastloses Leben und hat dafür Augenblicke von freudigem Triumph durch seine Heilerfolge, aber im allgemeinen ist er ein geplagter Mensch, der nie weiß, wann die nächste Sorge auftreten wird, er arbeitet auch unter der Schwierigkeit, daß, ehe er zur Heilung gerufen wird, die Störung ihren Höhepunkt erreicht hat, und es also sehr wahrscheinlich ist, daß bis zu dem Augenblick seines Eingreifens schon bedeutender Schaden angerichtet wurde. Rechtzeitiges Vorbeugen durch Anwendung von Verfahren, die schon beim Entstehen von Störungen einwirken, verhüten das Anwachsen dieser Störungen zum gefährlichsten Höhepunkt. Die Heilung ist darnach eine viel einfachere Sache.

Die Arbeiterfragen. Die Regelung und die Beaufsichtigung der Arbeit einer Spinnerei sind zwei wichtige Punkte ihrer Wirtschaftlichkeit. Die Textilarbeiter Englands sind so gründlich in ihren Gewerkschaften zusammengeschlossen, daß die Regelung der Arbeit in Wirklichkeit in ihren Händen ist, und die Betriebsleitung ist zumeist in ihrer Tätigkeit an die Grundlagen gebunden, die von den Unternehmern und den

Arbeitervertretern in einer Reihe von Bestimmungen festgelegt sind. Diese Bestimmungen haben zumeist die Kraft von Gesetzen und bestimmen für die große Zahl der angestellten Arbeiter ihre Pflichten und ihr Einkommen. Die Frage, inwieweit eine Erhöhung oder eine Ermäßigung der Löhne notwendig ist, führen oft zu langwierigen Arbeitsstörungen, Streiks und Aussperrungen können daraus hervorgehen und als deren Folge eine weitgehende Störung der Industrie. Solch eine Ursache und Folge sind dabei ganz außerhalb der Bestimmungen, die die Arbeit in den Spinnereien regeln. Die Bestimmungen umfassen die Arbeit in ihren Einzelheiten und alles von allgemeinem Charakter wird gesondert behandelt. Das sogenannte Brooklands-Abkommen dagegen enthält nicht diese Einzelheiten, es regelt nur ein bestimmtes Schlichtungs-Verfahren, das angewendet wird, wenn eine der Parteien der Ansicht ist, daß ein Bruch einer oder mehrerer Bestimmungen stattgefunden habe. Im allgemeinen sind solche Vereinbarungen ein großer Vorteil für beide Teile, den Arbeitgeber sowohl als den Arbeitnehmer, und ein gegenseitiges Übereinkommen, dieselben in ihrem richtigen Geist auszulegen, kann zu allgemeiner Zufriedenheit in der Spinnerei führen. Es ist jedoch nicht angängig, daß eine Reihe von Bestimmungen, selbst wenn sie gut durchdacht sind, eines Mannes Tun und Wünsche beherrschen, des Menschen Veranlagung verlangt Spielraum für seine Entwicklung außerhalb der festgesetzten Grenzen solcher Vertragssätze, so daß mancher Arbeiter den Wunsch hat, über die Grenzen seiner festgesetzten Pflichten hinauszuschreiten, um für höhere Posten befähigt zu sein. Er kann das nur heimlich tun inmitten seiner Arbeitsgenossen, die oft mit einem nachsichtigen Auge auf die Seite sehen und tun, als ob es so üblich sei. Die Betriebsleitung ihrerseits möchte oft gerne einem hoffnungsvollen Manne helfen und ihm vermehrte und erweiterte Arbeiten zuteilen, die beiderseitigen Bestrebungen dieser Art lassen sich in einer Weise ermöglichen, ohne daß ein Bruch der Bestimmungen eintritt oder die Beziehungen zwischen Arbeitgeber und Arbeiter gestört werden. Eine Reihe solcher Bedingungen hat zweifellos einen weitgehenden persönlichen Einfluß, ein Geist von Vertrauen erstreckt sich auf beide Seiten und gegenseitige Rücksichtnahme wird zur Richtlinie bei der Erfüllung der Pflichten. Dieser günstige Zustand wird sich nach und nach festsetzen, und gewisse Pflichten werden zur Gewohnheit. Neue Beamte, neue Arbeiter oder neue Leitung bringen aber diese Entwicklung wieder auf die festgesetzten Grenzen der geschriebenen Bestimmungen zurück, mit der Androhung von Strafen für deren Bruch. Mißtrauen und Begünstigung, Nachlässigkeit und Beschränktheit oder auch eingebildete Meinungen bringen den Arbeiter oder den Arbeitgeber in einen Zustand der Abwehr und veranlassen sie, sich hinter den Schutz der vereinbarten Bestimmungen zurückzuziehen. Hier ist der Ort, um die große Bedeutung einer guten Betriebsleitung hervorzuheben und gleichzeitig die Anerkennung für eine Reihe von Bedingungen auszusprechen, welche nach einem langen und traurigen Streit zwischen Arbeitgeber und Arbeiter eingeführt wurden und die klare Bekundung an die Arbeiter zum Ausdruck zu bringen, von der Absicht an diese Bedingungen festzuhalten.

I. Abschnitt.

Baumwolle.

Einteilung der Baumwolle. Die Einteilung und Bewertung der Baumwolle ist eine Fähigkeit, die eine lange Erfahrung verlangt. Diese Einteilung bildet die Grundlage, nach der dieser Rohstoff auf den Märkten der Welt gekauft wird und deshalb bilden die Abstufungen, in welche die Baumwolle eingeteilt wird, ganz bestimmte Unterklassen. Griff, Glanz, Farbe, Reinheit und eine gewisse Einteilung der Faserlänge sind die Hauptpunkte in der Beurteilung. Man sieht sofort, daß diese Beurteilung der Klassen eine solche ist, die eine wissenschaftliche Einteilung vermissen läßt. Es ist bisher keine wissenschaftliche Vorrichtung ausgearbeitet, die es ermöglichen würde, daß man damit irgendwelche Baumwolle oder irgendwelche Baumwollklassen genau bezeichnen könnte. Seidig, geschmeidig, glänzend, steif, fein, grob, rauh, weich, schwach, kräftig usw. sind Bezeichnungen, von denen jede ihre Bedeutung hat, sie bestimmen die Klasse und den Preis. Es ist nicht selten, daß die Fachleute, welche die Baumwolle klassieren, sich oft täuschen über das Ausmaß der Spinnfähigkeit der Baumwolle, und es geschieht häufig, daß Baumwollpartien mit einem weit geringeren Posten verwendet werden, der besser ist, als die höher bewertete Partie und umgekehrt. Es hat sich gezeigt, daß die übliche Klassierung, bei einer einfachen Bewertung der Baumwolle, durch die Hand und das Auge des Klassierers, nicht durchaus maßgebend ist und deshalb wird heute die Baumwolle einer mehr wissenschaftlichen Beurteilung unterworfen und auf Grund praktischer Versuche in der Spinnerei bewertet.

Der erfahrene Betriebsleiter kann aus der Unvollkommenheit dieser Klassierungsweise Vorteile ziehen und manchmal gleichmäßigere Stapellänge und besseres Garn erzielen beim Kauf einer geringeren Baumwollklasse, die eine gute Spinnfähigkeit besitzt, aber vielleicht etwas unzureichend ist in dem einen oder anderen Klassierungswert.

Ungleiche Baumwolle. Ein Baumwollfeld enthält gewöhnlich eine große Verschiedenartigkeit in seinen Pflanzen. Die Fasern bestimmter Pflanzen unterscheiden sich manchmal bedeutend von den der anderen und außer dieser Verschiedenheit weisen die Fasern von den gleichen Pflanzen eine große Mannigfaltigkeit auf. Dieser Mangel an Einheitlichkeit der Pflanzen und diese Uneinheitlichkeit der Fasern einzelner Pflanzen sind große Nachteile vom Standpunkt des Spinners aus. Wenn man Baumwolle kaufen will und sie unter diesem Gesichtspunkt beurteilt, so kann man dabei leicht ein Muster aus einer Schicht ziemlich langer Fasern in die Hand bekommen, während Muster von anderen Teilen desselben Ballens wesentlich kürzer sein können, trotz der Tatsache, daß der gesamte Ballen von einem gleichartigen Feld geerntet wurde. Gute, mittlere oder geringere Ernten kommen häufig in Mischungen oder auch getrennt in Ballen in den Spinnereien zur Ablieferung und da der Ausfall der Baumwolle in den Erntepartien sehr verschieden ist, so kann dies zu einem gewissen Grad zu den Schwierigkeiten beitragen, die entstehen können, während die Baumwolle ihren Lauf durch die Spinnerei nimmt.

Verbesserung der Baumwolle. Wissenschaftlich geschulte Landwirte und Botaniker sind fortwährend an der Arbeit, um ausfindig zu machen, wie eine größere Gleichmäßigkeit der

Stapellänge erzielt werden kann, die beste Art der Pflanzen, die geeignetsten Verhältnisse für das Wachstum der Pflanzen und die Entwicklung der Fasern bezüglich ihrer Windungen usw. Mischsorten, auf künstliche und natürliche Weise erzeugt, werden dauernd entwickelt. Aussichtsreiche Sorten werden abgesondert und gezüchtet, um eine reine Art von einem bestimmten Charakter zu erhalten. Einzelne davon werden gegebenenfalls auf den Markt gebracht, um andere Sorten zu ersetzen, die entartet sind. Alle Sorten von Baumwolle entarten und machen neuen Sorten Platz, die vergangenen Jahre haben viele solcher Veränderungen gezeigt. Wenn man von amerikanischer, ägyptischer usw. Baumwolle spricht, so werden diese allgemeinen Bezeichnungen zumeist noch durch weitere Angaben ergänzt. Neue Baumwollbezirke entwickeln sich dort, wo schon vorher Baumwollpflanzungen in einem Lande vorhanden waren. Manche Baumwollsorten sind in andere Bezirke verpflanzt worden, wodurch in manchen Gegenden derartige Verbesserungen erzielt wurden, daß sie in weitem Maße in Wettbewerb treten können mit altbekannten Sorten der anderen Baumwollgebiete. Die Abnehmer der Baumwolle müssen von solchen Änderungen unterrichtet sein, dann sind sie in der Lage, ohne langes Zögern Spinnproben zu machen, wenn die neue Baumwolle auf den Markt kommt. Dann kann auch der Pflanzer den wünschenswerten Anhalt bekommen über die Spinnfähigkeit der Baumwolle, ehe er deren Prüfung dem berufsmäßigen Klassierer überläßt.

Samenabfälle oder Linters. Das sind die kurzen, geringen Haare, die beim Entkörnen als Abfall zurückbleiben. Während des Krieges bekamen sie größere Bedeutung und die Entkörnungsanstalten wurden veranlaßt, von diesen Abfällen die Samenkörner zu entfernen. Die Sägeentkörnungsmaschine hat gewöhnlich diese geringen Fasern nicht entfernt, nun sind aber Verbesserungen angebracht, die einen großen Teil derselben abtrennen. Diese Fasern gehen natürlicherweise mit der normalen Baumwolle in die Presse. Viele Spinnereien, die aber ihre Baumwolle, Abfälle usw. genau Buch führen, haben diesen vermehrten Abfall festgestellt, der in der Hauptsache auf den Einschluß von Samenabfällen zurückzuführen ist. Ein gutes Verfahren, alle Abfälle aufzuschreiben, die sich bei den verschiedenen Spinnvorgängen ergeben, kann wertvollen

Anhalt für den Betriebsleiter geben, indem man den Ursachen der Veränderungen nachgeht. Das führt dann zum richtigen Einkauf der Baumwolle oder zur richtigen Einstellung der Maschinen unter Berücksichtigung dieser Zunahme an kurzen Fasern.

Faserlänge. Um die verschiedenen Sorten des Weltbaumwollhandels mit der Einteilung nach ihrer Faserlänge aufzuführen, würde eine sehr lange Liste notwendig werden. Die gewöhnlich angeführten Längen sind irrig, insofern sie nur aus groben Annäherungszahlen von einzelnen besonderen Baumwollsorten bestehen. Außendem beruhen sie auf der Messung von verhältnismäßig wenigen Fasern und dazu noch von den längeren Fasern eines Musters. Die Muster, die wir vor oder nach dem Eingang der Baumwolle in der Spinnerei ziehen, zeigen in ihren Fasern tatsächlich große Verschiedenheit der Länge. Wir können sagen, daß indische, amerikanische, ägyptische und Sea Island-Baumwolle eine fortgesetzte Zunahme der Faserlänge aufweisen, keine derselben haben eine bestimmte Durchschnittslänge.

Das Stapelziehen von Hand ist die Grundlage zur Beurteilung der Faserlänge und von dieser Beurteilung hängen die Drehungen und die Zylinderstellungen ab. Der Hauptpunkt, der beachtet werden muß, ist, daß jede gekaufte Baumwollpartie vom Käufer auf ihre Stapellänge untersucht wird und nicht etwa nur auf Grund von unbestimmten Annahmen, weil es amerikanische oder ägyptische Baumwolle ist, gearbeitet wird. Über die Stapellänge einer Partie muß man sich klar sein. Zu der Feststellung dieser Faserlänge sind verschiedene Verfahren im Gebrauch, um einen sicheren Überblick über die Länge der Fasern zu erhalten.

1. Verfahren. Man benützt dazu einen Lichtbild- oder Projektionsapparat. Zwischen zwei Glasscheiben des Apparates legt man Muster der Baumwollfasern und wirft deren Bild gegen die Wand. Dann werden auf den so erhaltenen Faserbildern die einzelnen Fasern mittels eines Meßrädchens ausgemessen. Der richtige Maßstab für diese Messungen wird erhalten, indem man auf die Glasscheibe einen Millimetermaßstab aufzeichnet, der dann ebenfalls als Lichtbild auf die Wand geworfen wird und somit als Vergleichsmaßstab für das Meßrädchen dient.

2. Verfahren. Man nimmt das Muster der Baumwolle und legt jede Faser abgesondert auf ein mit Glyzerin bestrichenes Glas, man kann dazu eine spitze Nadel verwenden. Die Faser wird dabei leicht geradegerichtet und kann dann mit einem Glasmaßstab, der darauf gelegt wird, gemessen werden.

3. Verfahren. Dr. Lawrence Ball's Schlittenapparat zum Stapelmessen der Baumwolle.

4. Verfahren. Henry Baer's Apparat zum Stapelmessen.

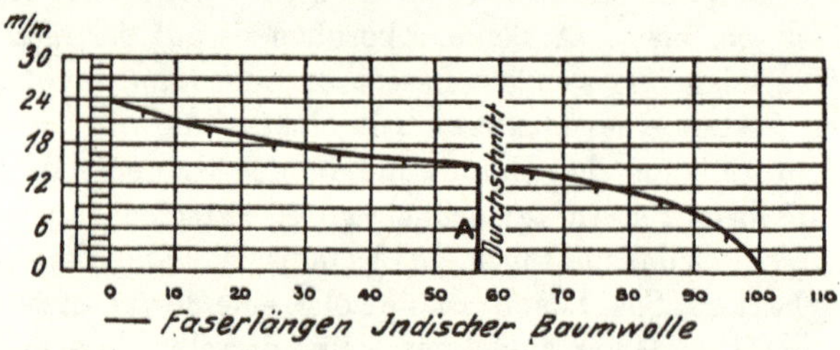

Fig. 1.

Die zusammengestellten Ergebnisse dieser Messungen, die bei den verschiedenen Verfahren erhalten werden, lassen sich in zeichnerischer Form darstellen, ähnlich derjenigen in den Fig. 1, 2 und 3.

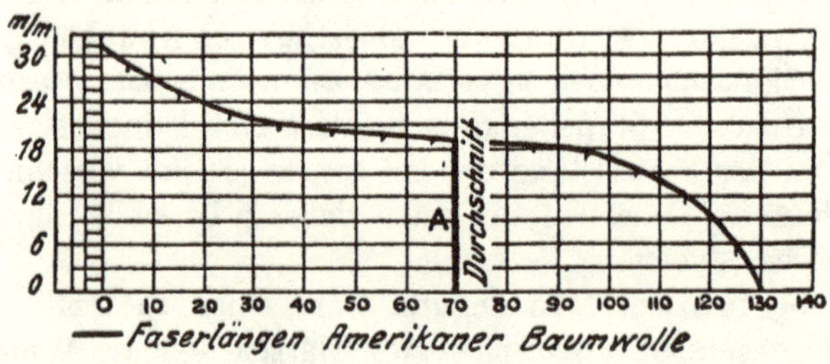

Fig. 2.

Es ist natürlich, daß in der Masse dieser Baumwollfasern eine große Zahl von Fasern enthalten ist von jeder Länge, die in diesen Figuren aufgezeichnet ist. Bei sorgfältiger Ausführung kann angenommen werden, daß sowohl viele lange wie kurze Fasern und ebenso solche von den dazwischenliegenden Längen vorhanden sind.

Aus Aufzeichnungen dieser Art kann man sehr wertvolle Unterlagen machen. Wenn nun von den verschiedenen Maschinen in der Spinnerei Muster gezogen werden, so werden derartige Untersuchungen uns genauen Aufschluß geben über die Veränderungen in den Verhältnissen der Fasern bezüglich ihrer Länge. Es ist das eine Arbeit, die ein Mädchen leicht ausführen kann, indem sie die Proben nach einem der Verfahren ausführt und die Aufzeichnungen macht.

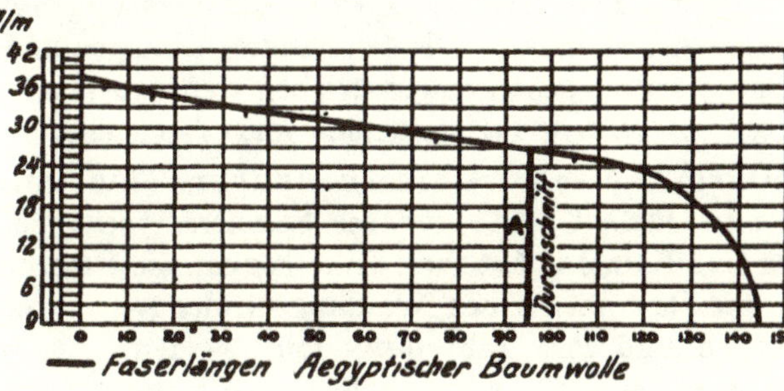

Fig. 3.

In manchen Spinnereien werden diese Untersuchungen der Baumwolle an allen eingehenden Baumwollmustern ausgeführt.

Der Mangel an Einheitlichkeit der Fasern beeinflußt natürlich in weitem Maßstab die Frage der Drehung des Garnes und bringt eine gewisse Schwäche des erzeugten Garnes mit sich, veranlaßt durch die große Zahl kurzer Fasern, die ein baldiges Gleiten der Fasern ermöglichen, sobald das Garn irgendwie durch Zug beansprucht wird. Wenn zwischen einzelnen Fasern eines Garnes ein Gleiten eintritt, so zerreißen durch die Beanspruchung die langen Fasern, die genügend Drehung haben, um das Gleiten zu verhindern. Das ist eine der Hauptursachen, warum das Garn niemals so stark ist, wie die Gesamtstärke der einzelnen Fasern.

Die durchschnittliche Länge der Fasern in einer derartigen Aufzeichnung wie in Fig. 1—3 kann leicht festgestellt werden, indem man die einzelnen Längen feststellt und zusammenzählt und die Gesamtsumme durch die Anzahl der gezählten Längen teilt. Dieses Verfahren ist ähnlich demjenigen beim Messen des Durchschnittsdruckes bei Indikatordiagrammen, bei denen die Durchschnittslängen aus einer Anzahl senkrechter Linien gemessen werden.

Um den Verlust an kurzen Fasern in jedem Spinnvorgang festzustellen, müssen die Proben sorgfältig herausgenommen werden. Ein Glas unter ein Kardenvlies gehalten und mit einem anderen Glas bedeckt, ergibt ein gutes Muster. Ein gleichartiges Verfahren für Streckenbänder, Vorgarnfäden und Garn empfiehlt sich gerade in dem Augenblick, wo die Fasern aus den Zylindern hervortreten und ehe sie irgendwelche Drehung erhalten haben. Alle diese Untersuchungen und deren Ergebnisse sollten genau aufgeschrieben werden mit allen Einzelheiten für spätere Feststellungen und Vergleiche.

Mikroskopische Untersuchungen. Ein mikroskopisches Instrument sollte in jeder Spinnerei vorhanden sein, ebenso eine Kamera. Mit ihrer Hilfe können die Fasern untersucht und ihre natürlichen Windungen oder sog. natürlichen Drehungen und ihre Zahl festgestellt werden. Als weitere Merkmale gelten die Windungshöhen, sie alle sind Kennzeichen der Qualität. Photographien oder Mikrophotographien ergeben dauernde Feststellungen, die eine Prüfung ermöglichen, die später mit Muße gemacht werden kann.

II. Abschnitt.

Baumwollballen.

Bei der Ankunft der Ballen in der Spinnerei sollten diese auf ihre Marken und Gewichte geprüft und in ein Buch eingetragen werden, das dafür besonders bestimmt ist. Die Rubriken sollten das Rechnungsgewicht und das tatsächliche Gewicht in der Spinnerei enthalten und den Zustand der Ballen, wie zerrissen, naß, fleckig usw. Es ist weiter vorteilhaft, Rubriken für das Gewicht der Rupfen und der Bandeisen zu führen. Es empfiehlt sich, sofort die Baumwolle mit den Mustern zu vergleichen, nach denen sie gekauft ist, ob sie mit denselben übereinstimmt; man zieht für diesen Zweck verschiedene Muster aus den Ballen.

Amtlich wird Baumwolle in Pfund verwogen und nicht mehr wie früher in Zentner usw. Es ist außerdem üblich, daß die Baumwolle unter der Bedingung gekauft wird, daß die Ballen ein bestimmtes Durchschnitts-Ballengewicht haben.

Das Durchschnittsgewicht für Baumwollballen ist:

Amerikaner . .	480 Pfund engl.	= 218 kg,
Ägyptische . .	560 Pfund engl.	= 254 kg,
Indische . . .	450 Pfund engl.	= 204 kg,
Peruvianer . .	100—600 Pfund engl.	= 45—272 kg,
Brasilianer . .	300—450 Pfund engl.	= 136—204 kg,
Afrikaner . . .	400—450 Pfund engl.	= 181—204 kg.

Öffnen der Ballen. Zum Öffnen der Ballen sollten besondere Zangen verwendet werden, die zu diesem Zweck gemacht sind. Vielfach wird eine Axt verwendet, um die Bandeisen durchzuschlagen, aber das ist ein unrichtiges Verfahren, weil dadurch die Packung zerrissen wird, die wertvoll ist; außerdem fallen infolge des Schlages mit der Axt lose und schwache Nieten aus und gelangen in die Baumwolle, wo sie eine Quelle von Maschinenbeschädigungen hervorrufen und leicht die Ursache zu Bränden geben können. Abrisse von Hanf und Jute werden auch dadurch in die Baumwolle gerissen.

Verpackung. Die Rupfen und die Bandeisen sind alle abzuwiegen und in ein Buch einzutragen. Das Gewicht der Bandeisen soll 11 Pfund für 10 Stück nicht überschreiten, während nach Abzug dieses Eisengewichts noch 4 v. H. für das Rupfengewicht zulässig sind. Bei Übergewicht der Verpackung kann eine Beanstandung erfolgen, im Falle einer entsprechenden Vereinbarung, falls diese Gewichte überschritten werden.

Beispiel:

100 Ballen wiegen Brutto	50,660	Pfund engl.
Ab 600 Bandeisen (10 St. zu 11 Pfd.)	660	„ „
	50,000	„ „
Ab 4 v. H. Tara und Vergütung . .	2,000	„ „
Netto	48,000	Pfund engl.

In diesem Beispiel haben wir zuerst das Gesamtgewicht der Ballen einschließlich der Verpackung und dann ist das Bandgewicht abgezogen. Weiter sind von dem restlichen Gewicht 4 v. H. Tara zugelassen für die Rupfen, und das sich nun ergebende Endgewicht ist das Nettogewicht der Baumwolle.

Nun handelt es sich darum, nachzuprüfen, ob die obigen Band- und Rupfengewichte, die verrechnet wurden, nicht zu niedrig sind gegenüber dem tatsächlichen Taragewicht, das in der Spinnerei festgestellt wird. Es empfiehlt sich eine Aufstellung etwa folgender Art:

Ballenzahl	Anzahl der Bandeisen	Tatsächl. Gewicht der Bandeisen	Berechn. Gewicht der Bandeisen	Unterschied
24	120	148 Pfd.	132 Pfd.	+ 16 Pfd.
24	120	126 „	132 „	— 6 „

Der Unterschied kann zugunsten oder zum Nachteil des Käufers sein, er sollte aber, wenigstens bei einzelnen Partien, festgestellt werden, da er immerhin zum Nachteil ausfallen kann. Auch wenn die Differenz für eine Partie klein ist, so macht es doch bei einem Jahresverbrauch von sagen wir 10000 Ballen leicht £ 250 im Jahre aus.

Über die Rupfen sollte ebenfalls Buch geführt werden, so daß die tatsächliche Tara mit der verrechneten und zulässigen Tara verglichen werden kann. Übertara ist nichts Ungewöhnliches, sie beruht hauptsächlich auf Feuchtigkeit und geflickter Packung. Die Abzüge für Übertara dagegen sind nicht leicht anzubringen, da Feuchtigkeit und Flicken nicht so leicht nachzuweisen sind. Feuchtigkeit verflüchtigt sich in der Zeit zwischen der Anbringung einer Beschwerde und der darauf folgenden Untersuchung und zu einer eingetretenen Verdunstung kommt der naheliegende Verdacht, daß in der Spinnerei Feuchtigkeit hinzugefügt worden ist. Flicken werden im allgemeinen angebracht, um die zerrissene Packung auszubessern und dafür werden vielfach besonders schwere Rupfenstücke verwendet. Diese aufgeflickte Packung weist in der Regel keinerlei Kennzeichen auf, so daß die nötigen Unterlagen schwer zu beschaffen sind, um Beschwerden anzubringen. Vernünftige Beschwerden werden überdies von angesehenen Händlern zumeist berücksichtigt, Händler von Spekulationsware suchen oft ihren Vorteil durch Betrug mit Übertara.

Umfang und Dichte der Baumwollballen. Es ist von Wichtigkeit, zu wissen oder zumindest einen gewissen Anhalt zu haben über die Maße eines Ballens und die Dichte der

Baumwolle. Die Stärke der Pressung, die in der Ballenpresse angewandt wird, hat einen bedeutenden Einfluß auf den Umfang des Öffnungs- oder Aufbereitungsverfahrens, das die Baumwolle in der Spinnerei durchzumachen hat. Je stärker die Baumwolle gepreßt wurde, eine um so eingehendere Öffnung ist notwendig.

Auch wenn die Baumwolle rein ist, aber stark gepreßt wurde, so muß bei dem Aufbereitungsverfahren darauf Rücksicht genommen werden.

Baumwolle	Ballenmaße	Gewicht in kg	Dichte auf 1 cm³
Amerikaner . .	1,4 × 1 × 0,7 bis 2 × 0,9 × 0,6 m	130—400	370 kg (220 kg Ballen)
Ägyptische . . .	1,3 × 0,8 × 0,55 m	305—380	570 kg (325 kg Ballen)
Surat	1,25 × 0,55 × 0,4 m	180—240	630 kg (180 kg Ballen)
Madras	1,25 × 0,55 × 0,4 m	210—220	
Tinivelly	1,25 × 0,55 × 0,4 m	225—240	
Brasil gepreßt	1,25 × 0,55 × 0,43 m	175—190	
„ ungepreßt	0,85 × 0,83 × 0,4 bis 1,7 × 0,75 × 0,4 m	45—190	
Peru	0,75 × 0,63 × 0,5 bis 1,7 × 1 × 0,85 m	45—270	
Afrikaner		180—200	450 kg (180 kg Ballen).

Für amtliche statistische Zwecke wird der amerikanische Ballen mit 500 engl. Pfund = 226 kg berechnet, das Durchschnittsgewicht ist jedoch 218 kg. Die Dichte der Ballen in der obigen Aufstellung ist veränderlich, die angegebenen Zahlen sind ein Durchschnitt.

Rechnungsansatz für die Dichte der Ballen:

$$\frac{\text{Ballengewicht in kg}}{\text{Länge} \times \text{Breite} \times \text{Dicke}} = \frac{\text{kg}}{\text{cbm}} = \text{kg von 1 cbm}$$

$$\text{Beispiel: } \frac{180}{1{,}25 \times 0{,}55 \times 0{,}4} = 654 \text{ kg auf 1 cbm.}$$

Als Vergleich zu der Dichte des Baumwollballens sei hier weiter angeführt:

1 cbm	Wasser wiegt	1000 kg bei 4° C
1 „	loser, trockener Sand wiegt .	1433—1724 kg
1 „	Kork wiegt.	240 kg
1 „	Fichtenholz.	480 kg
1 „	Baumwolle wiegt	1500 kg.

Falsche Partien. Wenn eine Reihe von Ballen in die Spinnerei kommt, äußerlich mit demselben Märk aber in verschiedener Ballengröße, so ist es möglich, daß es sich um eine zusammengesuchte Partie handelt oder mit anderen Worten, es ist keine Originalpartie, sondern die Ballen sind von verschiedenen ausgesuchten Partien übriggeblieben. In solchen Fällen sollte jeder Ballen genau untersucht und für den Verbrauch eingeteilt werden, weil sonst, wenn sie alle zusammengeworfen werden, eine sehr ungleiche Mischung entstehen kann, die in der Folge nur mit großen Schwierigkeiten in der Spinnerei zu verarbeiten ist.

Lesewolle. An dem groben Packtuch der Ballen bleibt eine Menge Baumwolle haften, die von Hand zusammengelesen wird. Dabei bleiben eine Anzahl grober Fasern des Packtuches und kleine Fadenstücke an der Baumwolle hängen; zerrissene Packung vermehrt die Gelegenheit zur Beimischung solcher Unreinigkeiten. Es muß deshalb große Sorgfalt aufgewendet werden, um die Baumwolle von solchen Verunreinigungen frei zu halten und alle Baumwolle mit anhaftenden Unreinigkeiten muß als Abfall beiseite gelegt werden. Auf zerrissenen Ballen wird das Ballenzeichen vielfach auch auf die offene Baumwolle gemalt; diese Farbe und die mit ihr behafteten Fasern sollten ebenfalls entfernt werden. Auch sonst verunreinigte, zerrissene und andere unbrauchbare Baumwolle ist gleichzeitig auszulesen.

Feuchtigkeit in Baumwollballen. Es besteht eine Norm für den zulässigen Feuchtigkeitsgehalt der Baumwolle, die auf der Annahme beruht, wenn Baumwolle in vollständig trockenem Zustande der freien Luft ausgesetzt wird, so nimmt sie $8\frac{1}{2}$ v. H. Feuchtigkeit aus der Luft auf. Das heißt, 100 kg trockene Baumwolle saugt aus der freien Luft $8\frac{1}{2}$ kg Feuchtigkeit auf, so daß die Baumwolle schließlich $108\frac{1}{2}$ kg schwer ist. Wenn diese $108\frac{1}{2}$ kg, also $8\frac{1}{2}$ kg Feuchtigkeit enthalten, so ist der Feuchtigkeitsgehalt 7,834 v. H.

auf die feuchte Baumwolle gerechnet. Die $8\frac{1}{2}$ v. H. Feuchtigkeit nennt man die Sättigung, aber die wirkliche Norm sagt, daß die Baumwolle 7,834 v. H. Feuchtigkeit enthält. Diese Norm gilt für Baumwolle irgendwelcher Art und in jedem Zustande bis zum fertigen Garn. Dem Spinner ist erlaubt, dafür zu sorgen, daß die Baumwolle und das Garn daraus mindestens 7,834 v. H. Wasser enthält, er ist berechtigt, das Wasser zu ergänzen, falls es während des Spinnverfahrens teilweise verflüchtigt ist. Angenommen ein Abzug von Kötzern sei beim Abziehen vollständig trocken, und man nimmt dann eine Feuchtigkeitsprüfung vor, während das Garn gleichzeitig Feuchtigkeit aufnehmen kann, so läßt man die Feuchtigkeitsaufnahme sich so lange fortsetzen, bis $8\frac{1}{2}$ kg Wasser von jeden 100 kg trockenem Garn aufgenommen sind. Wenn das Garn von der Maschine schon 5 v. H. Feuchtigkeit enthält, so kann man bei der Feuchtigkeitsfeststellung so verfahren, daß die Feuchtigkeit auf 7,834 v. H., vom feuchten Garn berechnet, gebracht wird.

Die Feuchtigkeitsaufnahme der Baumwolle hängt ab von dem äußeren Zustand und dem Umfang der Baumwollprobe, der Lufttemperatur, dem Feuchtigkeitsgehalt der Luft, der Zeitdauer und dem Barometerstand. Die Aufnahme der Feuchtigkeit offener Baumwolle geht schnell vor sich, und irgendein Garn wird leicht 3 v. H. Feuchtigkeit in wenigen Minuten aufnehmen. Für Feuchtigkeitsproben zu Vergleichszwecken kann die unsichtbare Abnahme oder Zunahme großen Einfluß auf das Ergebnis haben, wenn die Versuche unter veränderten Verhältnissen erfolgen. Die Baumwolle muß bei Feuchtigkeitsproben einer Temperatur von mindestens 100°C 2—3 Stunden ausgesetzt werden, für kleinere Proben bis 1 kg genügen 2 Stunden. Das Abwiegen muß erfolgen, während die Baumwolle noch der Hitze ausgesetzt ist, eine nur geringe Entfernung aus dieser Temperatur wird die notwendige Genauigkeit ausschließen.

Ein in den Spinnereien vielfach übliches Verfahren besteht darin, daß einige Kilo Baumwolle abgewogen und dann einige Stunden über einer Dampfleitung oder über den Dampfkesseln der Wärme ausgesetzt werden. Nachdem dann die trockene Baumwolle gewogen ist, wird eine Berechnung angestellt, wie viel Feuchtigkeit die Baumwolle ursprünglich enthalten hat. Ein derart ungenaues Verfahren führt zu ganz falschen

Ergebnissen und sollte in einer gutgeleiteten Spinnerei nicht angewendet werden. Auch Garne werden vielfach auf diesem unsicheren Weg geprüft.

Wenn die Baumwolle, sagen wir 8 v. H. Wasser enthält, während sie beim Einkauf abgewogen wird, so wird für dieses Wasser derselbe Preis bezahlt wie für die Baumwolle und auf der anderen Seite, wenn das Wasser in dem Garn zurückbehalten werden kann, so wird dieses Wasser zu dem Garnpreis verkauft. Eine Spinnerei, die, sagen wir 30000 kg Baumwolle wöchentlich zu M. 1,50 kauft und das Garn zu M. 2,50 verkauft, hätte an dem Wasser einen Gewinn von mindestens M. 120000 im Jahr. Je trockener die Baumwollballen sind und je feuchter das Garn, um so größer wird der Gewinn aus dem Wasser.

Baumwolle, die z.B. mit 10 v. H. Feuchtigkeit in die Spinnerei kommt, kann vielleicht die Hälfte davon in der Mischung und Schlägerei verlieren. Von da aus wird die Feuchtigkeit wieder zunehmen, je nach der Höhe der natürlichen oder künstlichen Feuchtigkeit in der Vorspinnerei und den Spinnsälen. In vielen Spinnereien bestehen sorgfältige Aufzeichnungen über den Zustand der Baumwolle, während sie durch die Spinnerei geht, und ebenso über das Garn in den Spinnsälen. Wenn der sichtbare Abfall zu dem Garngewicht hinzugezählt wird, so erhält man eine Unterlage für den Betrag der Sättigung. Dieses oberflächliche Verfahren ist anwendbar zurzeit der Inventuraufnahmen, aber die Wichtigkeit des Feuchtigkeitsgehalts ist zu bedeutend, um die Frage auf diese Gelegenheiten zu verschieben. Ein planmäßiges Verfahren für dauernde Versuche ist notwendig.

III. Abschnitt.

Mischung.

In der Baumwollspinnerei versteht man unter Mischung die Abteilung, wo die Baumwolle aus dem Ballen heraus gemischt und hergerichtet wird, um auf die Öffner zu kommen. Es ist die Aufbereitung des Rohstoffes der Spinnerei; die Baumwolle wird zumeist in Haufen und in abgeteilten Holzverschlägen aufgestapelt und von da aus weiterverteilt. Die Baumwolle wird nun senkrecht abgezogen, also derart, daß gleichzeitig von den aufeinandergestapelten Schichten kleine Mengen abgebaut und so miteinander vermischt werden. Dieses Verfahren bringt eine weitgehende Vermischung der Fasern mit sich. Die weiteren Vorteile dieser Mischung bestehen darin, daß die Fasern sich aus ihrem gepreßten Zustand erholen und wieder ihre alte Lage annehmen können, außerdem können sie Feuchtigkeit aufnehmen, entsprechend dem Feuchtigkeitsgehalt der Mischung und sich auch den Temperaturverhältnissen anpassen. Um diese Vorteile auszunützen, ist es notwendig, die Mischungsstapel einige Zeit vorher, ehe sie gebraucht werden, herzurichten und dazu sind Baumwollbestände notwendig, sowohl in Ballen wie in Mischungen, die zugleich als Deckung der Garnverkäufe dienen.

Lattentücher. Die übliche Arbeitsweise, um die Baumwolle zu den Mischfächern zu bringen, erfolgt mit wandernden Lattentüchern derart, daß in jedem Fach die Baumwolle abgeworfen werden kann. Eine große Menge Staub und kurze Fasern gehen dabei in die Luft, und die Erschütterung der wandernden Latten bringt es mit sich, daß die schweren Unreinigkeiten in der Baumwolle durch die Zwischenräume zwischen den Latten auf den Boden fallen und dabei zumeist auf die anderen Stapel, über die die Lattentücher hinweggehen. Dem letzteren Übel kann abgeholfen werden, indem man die Lattentücher so anordnet, daß sie über kein anderes Mischungsfach hinweggeführt werden, sondern nur über das eigene Fach. Wo das nicht möglich ist, müssen die Fächer wenigstens so eingeteilt werden, daß die geringeren Mischungen niemals über bessere Mischungen hinweglaufen.

Mischung durch Luftdruck. Ein Verfahren, das mit Erfolg angewendet wird, ist eine Mischung, bei der die Baumwolle mit Hilfe eines Gebläses durch Rohrleitungen zu den Mischkammern gebracht wird, während die Luft durch Siebe und entsprechende Leitungen wieder abzieht. Staub und eine große Zahl von Unreinigkeiten werden durch die Luft abgesaugt und die Baumwolle fällt sehr aufgelockert in die Mischkammer. Dieses Mischverfahren ist sehr vorteilhaft, es bringt eine reinere Luft und reinere Baumwolle mit sich.

Hauptpunkte der Mischung. Sorge für eine gründliche Mischung auch der einzelnen Fasern. Geringe und bessere Fasern müssen gründlich miteinander vermischt werden. Eine gleichmäßige Mischung der Farben ist ein Hauptpunkt. Die Güte des Garnes wird durch Beimischung besserer Fasern erhöht, während durch Vermischung mit geringerer Faser das Garn schwächer wird. Man kann ein glattes oder rauhes Garn erzielen. Billiges Garn erhält man, indem man billige Baumwolle mit besserer Baumwolle vermischt und umgekehrt.

Wie schon an anderer Stelle in einem vorhergehenden Abschnitt angeführt wurde, ist Baumwolle ein Stoff von großer Unregelmäßigkeit, selbst eine Nachernte von demselben Feld und denselben Pflanzen kann sehr verschieden sein. Außerdem werden große Mengen Baumwolle sehr nachlässig gepflückt, und ganz und teilweise ausgereifte Baumwollkapseln zusammen geerntet, sowie die Ernte verschiedener Felder in der Entkörnungsanstalt oft durcheinander gebracht. Ebenso werden oft die erste Ernte, die Mittel- und die Nachernte miteinander vermischt. Sogar der Samenabfall wird oft beigemischt, und manche Ballen enthalten selbst eine ganze Menge von Samenkörnern, die dadurch auffallen, daß das Ballengewicht besonders groß ist.

Diese zusammengeworfene und ungleichmäßige Rohstoffmasse muß deshalb sorgfältig vermengt werden, damit die geringen Fasern mit den guten gleichmäßig vermischt sind. Man sieht also, daß Baumwolle, auch wenn sie aus einer Sorte oder Partie stammt, gut gemischt werden muß. Die Mischung gibt auch die Möglichkeit, um eine dunklere oder hellere Färbung zu erhalten, und dazu also alle die anderen Möglichkeiten der Mischung nebenbei.

Eine allgemein übliche Regel mahnt zur Vorsicht bei der Verarbeitung von kurzen und langen Fasern, von zu großem Längenunterschied in einer Mischung; kleine Längenunterschiede sind dagegen nicht zu vermeiden. Beim Einkauf der Baumwolle sehe man auf eine möglichst gleichmäßige Farbe, was aber wieder nicht so wichtig ist, wenn die Ware gebleicht wird. Es ist also notwendig, zu wissen, für welche Zwecke die Mischung verwendet wird, damit besonders auch bezüglich der Farbe darauf Rücksicht genommen werden kann. Rauhe und glatte Fasern sollten in der Regel nicht zusammengemischt werden, außer für besondere Sorten.

Andere Mischverfahren. Die Mischung ist der erste Arbeitsvorgang in der Spinnerei. Dieses Mischen bildet die Grundlage für die Einheitlichkeit des in einer Spinnerei gesponnenen

Garnes oder die Grundlage für die verschiedenen Sorten einer Spinnerei. Es kommt auch vor, daß verschiedene Qualitäten eines bestimmten Garnes verlangt werden in bezug auf Stärke, Aussehen, Farbe, Kosten usw. Wo die Einheitsmischung für besondere Wünsche nicht ausreichend ist, sind besondere Änderungen notwendig. Für solche Änderungen kann es z. B. zweckmäßig sein, eine entsprechende Zusammenstellung durch verschiedene Wickel auf den Schlagmaschinen zu machen. Weitere Änderungen sind möglich durch Vermischung von Bändern auf der Strecke, dieses letztere Mischverfahren ist in seiner Wirkung abhängig von der Zahl der Bänder und ihrem Verhältnis zueinander. Das Mischen auf der Strecke kann infolge seiner Genauigkeit von großem Einfluß in der Spinnerei sein. Andererseits ist die Krempel eine ausgezeichnete Mischmaschine zur Vermischung der Fasern, hauptsächlich durch die eigenartige Bewegung des Vlieses von dem Abnehmer bis zu den Abzugswalzen.

Die Maschinenmischung. Früher wurden die Baumwollballen von Hand in Stücke zerrissen und diese Stücke in die Mischfächer geworfen. Der nächste Schritt war die Verwendung von Maschinen mit mehreren Reihen großer, stumpfer Stachelwalzen und einer Geschwindigkeitszunahme oder einem Verzug zwischen den Walzenpaaren. Diese Walzen reißen die großen Baumwollklumpen auseinander, die Stacheln der Walzen dringen in die Stücke ein und wirken derart auflockernd, daß die Luft in die Baumwolle eindringen kann und dort weiterhin eine auflockernde Wirkung ausübt, während die Baumwolle in der Mischkammer lagert.

Ein großer Fortschritt ergab sich weiterhin durch die Verwendung eines Stachellattentuches in der Weise, daß von der Baumwollmasse kleinere Mengen weggerissen werden und was zu viel und in zu großen Stücken an den Stacheln des Lattentuches haften bleibt, abgestreift wird und wieder zurückfällt, so daß nur eine Art gekämmter Faserbüschel von den Stacheln zur Mischkammer gebracht wird. Diese gelockerten Faserbüschel werden dann von Lattentüchern oder Luftdruckleitungen übernommen und von diesen zu den Mischkammern geleitet. Dieses Verfahren ist so wirksam, daß der Hauptgrund für die Verwendung von Mischkammern zur Baumwollauflockerung nicht mehr vorhanden ist und da wo trotzdem noch immer Mischfächer aufgestapelt werden, geschieht das mehr aus einer gewissen Vorliebe für diese Baumwollstapel, die bereit liegen und jederzeit verwendet werden können. Deshalb sind diese Mischfächer noch immer in Verwendung, vorwiegend aber noch für schwierige Mischungen, wenn verschiedene Sorten vermischt werden, weil man doch meistens nicht auf die notwendige Sorgfalt rechnen kann, daß die verschiedenen Baumwollsorten im richtigen Verhältnis dem Ballenbrecher vorgelegt werden.

Andererseits werden große Mengen von Baumwolle in dieser Weise auf dem Ballenbrecher geöffnet und gemischt und von da unmittelbar auf den Öffner in der Schlägerei geleitet, so daß keine vorherige Aufstapelung oder Lagerung stattfindet. Zwei oder drei Baumwollsorten können auf diese Weise ruhig vermischt werden, ohne daß übermäßige Sorgfalt nötig ist.

Das Bestreben der verantwortlichen Leitung sollte dahin gehen, mit möglichst wenig Sorten eine Mischung aufzumachen. Sorgfältige Auswahl solcher Baumwolle, wie sie für die verlangten Zwecke erwünscht ist, wird die Mischung bedeutend vereinfachen. Es wird damit ein Verfahren beseitigt, das vielfach mit großer Erfahrung begründet wird, bei der absichtlichen Verwendung verschiedener Sorten, und die diese Annahme stützen soll.

Preisberechnung der Mischungen. Die Baumwollmischungen für irgendwelche Zwecke werden nicht auf einige Pfund abgewogen, es ist vielmehr üblich, Mischungen in großem Umfang aufzumachen. Zumeist werden die Mischungen nach Ballen berechnet, sei es für die Aufmachung in Mischungskammern oder die unmittelbare Speisung der Öffner, und die Ballen werden zu Preisen gekauft, die der Garnsorte entsprechen, welche daraus gesponnen wird. Die Mischung von Baumwollballen zu verschiedenen Preisen ergibt eine Baumwollmischung zu einem gewissen Durchschnittspreis. Dieser Durchschnittspreis kann leicht berechnet werden.

1. Beispiel. Der Durchschnittspreis einer Mischung aus folgenden Sorten:

10 000 kg der Sorte A zu M. 1,50
20 000 kg „ „ B „ M. 1,40

$$\frac{10\,000 \times 150 + 20\,000 \times 140}{10\,000 + 20\,000} = 143{,}3 \text{ Pfg. Mischpreis.}$$

2. Beispiel. Wie viel Baumwolle der Sorte B zu 140 muß mit 10000 kg der Sorte A zu 150 Pf. gemischt werden, um einen Durchschnittspreis von 143 Pf. zu erhalten?

$$\frac{10000 \times 150 + x \times 140}{10000 + x} = 143$$

$$\frac{1500000 + 140\,x}{10000 + x} = 143$$

$$1500000 + 140\,x = 1430000 + 143\,x$$

$$1500000 - 1430000 = 143\,x - 140\,x$$

$$70000 = 3\,x$$

$$\frac{70000}{3} = x = 23333 \text{ kg.}$$

Es sind also 23333 kg der Sorte B zu 140 Pf. notwendig.

Die Zusammenstellung dieser Beispiele gibt folgenden Vergleich:

1.	10000 kg	der Sorte	A zu	M. 1,50	}	Durchschnittspreis
	20000 kg	„ „	B „	M. 1,40	}	M. 1,43,3
2.	10000 kg	„ „	A zu	M. 1,50	}	Durchschnittspreis
	23334 kg	„ „	B „	M. 1,40	}	M. 1,43.

Um also den Preis der Mischung um den geringen Betrag von 0,3 Pf. auf das kg zu verändern, ist es nötig, die 20000 kg der Sorte B zu dem billigeren Preis von M. 1,40 um den Betrag von 3334 kg, also um ein Sechstel zu erhöhen. In Wirklichkeit könnte man an Hand dieses Beispieles sagen, daß der Unterschied zwischen 143 und 143,3 Pf. so unbedeutend ist, daß er unbeachtet gelassen wird und die Folgerung daraus wäre, daß einige Ballen mehr oder weniger von der einen oder anderen Sorte den Preis kaum beeinflussen.

3. Beispiel. Es kann vorkommen, daß ein Käufer von Baumwolle wissen will, in welchem Verhältnis zwei oder mehrere Baumwollsorten gekauft werden müssen, z. B. zu M. 1,40 und M. 1,50, um daraus eine Mischung zu M. 1,43 das kg zu erhalten und dabei die Gesamtmenge beider Baumwollsorten 30000 kg oder 136 Ballen betragen soll. Das kann leicht festgestellt werden mit nachfolgendem Verfahren einer Mischungsrechnung, durch eine Gegenüberstellung der verschiedenen Preise und ihrer Unterschiede gegenüber dem Misch-

preis, und zwar im umgekehrten Verhältnis. Bei einer solchen Mischungsrechnung steht die Menge im umgekehrten Verhältnis zu der jeweiligen Preisdifferenz zwischen Grundpreis und Mischpreis.

Man stellt zunächst die beiden Preiszahlen übereinander und schreibt links davon den verlangten Mischpreis

143	140 →	7	Also:	7 kg	zu	140 =	M. 9,80
	150 →	3		3 kg	zu	150 =	M. 4,50
		10		10 kg	zu	143 =	M. 14,30

Dazu zieht man, um das umgekehrte Verhältnis darzustellen, von dem einen Grundpreis zum anderen einen Strich, z. B. von 150 nach 140, und schreibt dort gegenüber 140 die Differenz von 150—143, also 7, sodann zieht man einen Strich von 140 nach 150 und schreibt hier gegenüber 150 die Differenz von 143—140, also 3. Durch diesen Vorgang erhalten wir zwei Zahlen, 7 und 3, und sie geben uns das Verhältnis der zwei Baumwollsorten: 7 kg der Baumwolle zu M. 1,40 und 3 kg der Baumwolle zu M. 1,50, oder 7 Ballen zum Preis von M. 1,40 zu 3 Ballen zum Preis von M. 1,50, oder 21000 kg zum Preis von M. 1,40 zu 9000 kg zum Preis von M. 1,50 sind das Mischungsverhältnis der 30000 kg zum Mischpreis von M. 1,43. Das Gesamtgewicht der Mischung ist also nach dem berechneten Verhältnis, in diesem Falle 7:3, zu verteilen. Im folgenden Beispiel wird das Verkettungsverfahren für Mischungen von drei und mehr Preissorten angewandt.

4. Beispiel. In welchem Verhältnis müssen drei Baumwollsorten gemischt werden zum Preise von M. 1,—, M. 1,30 und M. 1,70 das kg, um eine Mischsorte zu M. 1,40 zu erhalten?

140	100 →	30	Also:	30 kg	zu	100 =	M. 30,—
	130 →	30		30 kg	zu	130 =	M. 39,—
	170 →	40 + 10 = 50		50 kg	zu	170 =	M. 85.—
		110		110 kg	zu	140 =	M. 154,—

Es ergibt sich also ein Verhältnis von 3 Ballen zu M. 1.— und 3 Ballen zu M. 1,30 und 5 Ballen zu M. 1,70. Für vier Sorten findet sich das Mischungsverhältnis in folgendem Beispiel: Es sollen die Mischungsverhältnisse von Baumwolle A zu M. 3,10, von B zu M. 3,50, von C zu M. 3,70 und von D zu M. 3,80 gesucht werden für einen Durchschnittspreis von M. 3,40.

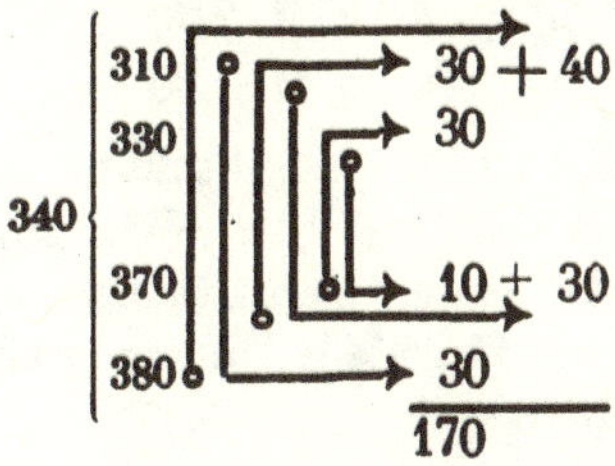

Also: 70 kg zu M. 3,10 = M. 217,—
30 kg zu M. 3,30 = M. 99,—
40 kg zu M. 3,70 = M. 148.—
30 kg zu M. 3,80 = M. 114,—
170 kg zu M. 3,40 = M. 578,—

Der Unterschied zwischen einem Sortenpreis oder Grundpreis und dem Mischpreis 340 wird also, wie oben schon ausgeführt, nicht gegenüber diesem Grundpreis angeschrieben, sondern gegenüber dem anderen Grundpreis, mit dem er ausgeglichen werden soll, und umgekehrt wird die Differenz zwischen dem letzteren und dem Mischpreis 340 gegenüber dem ersteren Grundpreis angesetzt. Der Ring bedeutet also den Ausgangspunkt, von dem aus wir die Differenz bis an das Ende der Linie, den Pfeil, übertragen.

Es ist nun selbstverständlich, daß diese Verbindungs- oder Verkettungslinien auf verschiedene Weise ausgeführt werden können und somit verschiedene Verhältnisse sich entwickeln lassen. Wir können dasselbe Beispiel in anderer Verkettung zur Ausrechnung bringen.

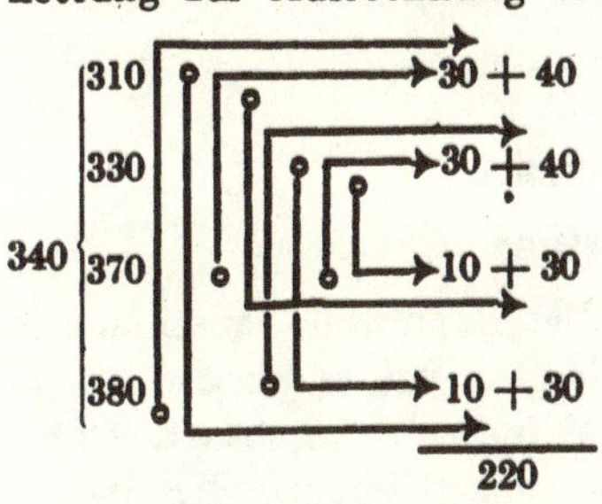

Also: 70 kg zu M. 3,10 = M. 217,—
70 kg zu M. 3,30 = M. 231,—
40 kg zu M. 3,70 = M. 148,—
40 kg zu M. 3,80 = M. 152,—
220 kg zu M. 3,40 = M. 748,—

In dieser Weise können die obigen vier Baumwollsorten in sieben verschiedenen Verkettungen gemischt werden entsprechend folgender Zusammenstellung:

3 zu M. 3,10	4 zu M. 3,10	3 zu M. 3,10	4 zu M. 3,10
4 zu M. 3,30	3 zu M. 3,30	7 zu M. 3,30	7 zu M. 3,30
3 zu M. 3,70	1 zu M. 3,70	4 zu M. 3,70	1 zu M. 3,70
1 zu M. 3,80	3 zu M. 3,80	1 zu M. 3,80	4 zu M. 3,80

7 zu M. 3,10	7 zu M. 3,10	7 zu M. 3,10
3 zu M. 3,30	4 zu M. 3,30	7 zu M. 3,30
4 zu M. 3,70	3 zu M. 3,70	4 zu M. 3,70
3 zu M. 3,80	4 zu M. 3,80	4 zu M. 3,80

Um auf Grund dieser Verhältniszahlen eine Mischung zu machen, sei als Beispiel angenommen, daß die Mischung 20000 kg umfassen soll und wir die ersten Verhältniszahlen 3, 4, 3 und 1 = 11 verwenden. Auf die 11 Anteile kommen also 20000 kg und somit auf 1 Anteil 1818 kg.

$$\frac{20000}{11} \times 3 = 5455 \text{ kg zu M. } 3{,}10$$
$$\text{„} \quad \times 4 = 7272 \text{ kg zu M. } 3{,}30$$
$$\text{„} \quad \times 3 = 5455 \text{ kg zu M. } 3{,}70$$
$$\text{„} \quad \times 1 = 1818 \text{ kg zu M. } 3{,}80$$
$$20000 \text{ kg zu M. } 3{,}40.$$

Für den Spinnereibetrieb tritt nun noch die Frage auf, welche Mengen der einzelnen Sorten überhaupt zur Verfügung stehen und was an anderer Stelle schon erwähnt ist, wie weit sich die Güte und die Farbe der Sorten zu einer bestimmten Vermischung eignet. Dementsprechend wird man aus den verschiedenen Möglichkeiten die richtige Mischung zusammenstellen. Es ist natürlich falsch, wenn die Mischungen nur rein rechnerisch nach dem Preis der Sorten zusammengestellt werden.

IV. Abschnitt.

Ballenöffner.

Zweck. Vor allem soll die Baumwolle auseinandergerissen und aufgetrocknet werden, so wie es für die Mischfächer und die Zuführung zu den Öffnern erwünscht ist. Dabei erfolgt auch in geringem Grade eine Reinigung der Baumwolle.

Kastenballenbrecher. Das ist die notwendige Maschine für das heute übliche Verfahren, die Baumwolle aus den Ballen heraus zu öffnen. Die Baumwolle wird zu diesem Zweck in Stücken von dem Ballen abgerissen und auf ein Zuführlattentuch geworfen, das diese Stücke in den Kastenraum befördert, gegen ein Steiglattentuch mit eisernen Stiften. Diese Stifte dringen in die zugeführten Baumwollklumpen ein, reißen davon kleinere Stücke ab und führen diese auf dem Lattentuch aufwärts. In der Höhe befindet sich über dem Lattentuch eine Abstreifwalze oder ein Abstreiflattentuch, das die Förderung der Baumwolle regelt, indem sie ein gewisses Zuviel in den Kastenraum zurückwirft. Infolge einer bestimmten Neigung der Stifte des Lattentuches werden durch dieses Zurückschlagen eines gewissen Übermaßes an Baumwolle die Baumwollklumpen von den Stiften abgezogen oder abgekämmt, indem sie einen ausgekämmten Teil an den Stiften zurücklassen. Dieser Teil der Baumwolle ist dadurch weitgehend geöffnet, er wird weiter mitgenommen, bis er durch einen Schläger oder eine Abnehmwalze abgestreift wird, und zwar erfolgt dies an einer Stelle, wo die Stifte eine derartige Neigung haben, daß dieses Abstreifen auch tatsächlich erfolgen kann.

Das Mischen. Im Kastenballenbrecher kann eine zufriedenstellende Mischung der Baumwolle erfolgen, sei es einer einzelnen Sorte oder auch wenn mehrere Sorten zusammengemischt werden. Man läßt die Ballen um die Maschine herum auflegen und von jedem Ballen immer wieder einen Teil in den Kasten werfen. Bei zwei oder mehr Sorten, wo die Ballen schon in einem entsprechenden Verhältnis gemischt aufgelegt sind, werden die Stücke in entsprechender Reihenfolge von den Ballen genommen, derart, daß die in den Kasten geworfene Baumwolle eine gute Mischung darstellt. Je kleiner die Stücke sind, die in den Mischkasten des Ballenbrechers oder auf dessen Speiselattentuch geworfen werden, desto weitgehender erfolgt die Vermischung. Die Abstreifvorrichtung, die den Überschuß an Baumwolle wieder zurückwirft und das Steiglattentuch, das die Baumwolle in Bewegung hält, tragen ebenfalls zur Vermischung bei.

Leistung. Ein Ballen ägyptischer oder amerikanischer Baumwolle kann in 5—10 Minuten von der Maschine verarbeitet werden, also etwa 10000—20000 kg in 10 Stunden.

Bemerkungen. Die Aufbereitung der Baumwolle aus den Baumwollballen wird vielfach als eine nebensächliche Arbeit behandelt. Man begnügt sich damit, wenn die Baumwolle einigermaßen gelockert in der Mischung liegt. Die Wichtigkeit, die Baumwolle in einem so weit als möglich offenen Zustand für den Öffner herzurichten, so daß sie sorgfältig gereinigt werden kann, sollte zu der Erkenntnis führen, daß dieselbe Sorgfalt und dieselbe Beaufsichtigung für den Ballenbrecher und die Mischung notwendig ist, wie für jede andere Abteilung der Spinnerei. Es gibt Spinnereien, wo keine Mischung ohne eine Besichtigung des Direktors gemacht wird und wo dem Arbeiter am Ballenbrecher die Ansicht beigebracht ist, seine Arbeit sei eine der wichtigsten. Für die Mischung muß unbedingt eine besondere Sorgfalt verlangt werden; wenn dieser Arbeit eine besondere Aufmerksamkeit geschenkt wird, so wird damit die Reinigungsarbeit der Öffner und Schlagmaschinen im weitesten Maße unterstützt.

Man achte darauf, daß nicht ganze Schichten aus dem Ballen in die Mischkasten geworfen werden. Man lasse diese Lagen in Stücke zerreißen.

Die Baumwolle soll in dem Mischkasten des Ballenbrechers gleichmäßig verteilt sein, so daß die volle Breite des Steiglattentuches arbeitet.

Der Mischkasten soll innen gut voll gehalten werden, so daß die Stifte des Steiglattentuches die Baumwollfasern aus der Masse herauskämmen können und nicht nur die Baumwollstücke gegeneinanderschlagen, um sie so auseinanderzureißen. Im allgemeinen befindet sich an der Maschine keine Regelvorrichtung, das Nachfüllen muß deshalb mit einiger Sorgfalt derart erfolgen, daß ein gleichmäßiges Bearbeiten und damit ein einheitliches Öffnen der Baumwolle erfolgt. In gewissen Fällen ist ein gleichmäßiges Speisen eine unbedingte Notwendigkeit.

Soweit möglich, fülle man den Mischkasten von oben und nicht durch eine unten angebrachtes Speiselattentuch. Wenn die Zuführung durch ein untenliegendes Lattentuch erfolgt, so gehen die Stifte des Steiglattentuches durch eine so kleine Menge Baumwolle, so daß sie die Baumwolle nur nach aufwärts führen, ohne sie einer gründlichen Bearbeitung zwecks Öffnung und Mischung unterzogen zu haben.

Es muß darauf gesehen werden, daß nicht kleine Faserklumpen sich zwischen den Latten festklemmen. Die unweigerliche Folge solcher Sorglosigkeit sind das übermäßige Auftreten von Lattenbrüchen, sie zeigen einen Mangel an Beaufsichtigung. Besonders hartgepreßte Baumwollklumpen müssen von Hand auseinandergerissen werden, ehe man sie in den Mischkasten wirft.

Der Ballenbrecher soll nicht über seine Höchstleistung hinaus beansprucht werden.

Bei der Aufstellung der Abstreifwalze stelle man sie zunächst weit ein, indem man sie dann einwärts bewegt gegen das Steiglattentuch zu, bis die richtige Stellung erreicht ist. Würde man die Einstellung umgekehrt machen, also mit enger Einstellung beginnen, um dann nach Bedarf wegzufahren, so kann es leicht zu einem Bruch kommen.

Das Lattentuch soll fortwährend in gleichmäßiger Spannung erhalten werden und die Enden der Latten sollen nicht an der Innenseite des Maschinengestells eine Reibung verursachen. Ein derartiges Reiben erfolgt in der Regel durch Hin- und Herlaufen des Lattentuches infolge unrichtiger Spannung; wenn dem nicht abzuhelfen ist, so kann man sich auch damit helfen, daß man einen Ring mit einem Scheibenrand auf der oberen Lattenwelle anbringt, so daß das Lattentuch abgehalten wird, seitliche Bewegungen gegen die Maschinenwand auszuführen. Der Staubzugang zum Sauggebläse muß rein gehalten werden, ebenso reinige man regelmäßig den Rost der Staubkasten.

Die Abstreifwalze muß regelmäßig daraufhin nachgesehen werden, ob keine Baumwolle in den Stiften hängen bleibt, damit sich diese nicht um die Walze wickelt. Zusammengerollte und zusammengedrehte Baumwolle ist vielfach die Folge davon.

Wenn die Maschine, wie üblich, durch Riemen oder Seile angetrieben wird, müssen sie in der richtigen Spannung gehalten werden, um ein Gleiten derselben zu verhüten. Wenn ein Riemen oder Seil Neigung zum Gleiten hat, so kommt es leicht vor, daß die Abstreifwalze, die Abnehmerwalze oder ein Lattentuch stehen bleibt oder Baumwollstücke die Maschine verstopfen; das führt dann gewöhnlich zu einem Bruch.

Man hole das Beste aus der Maschine heraus, es wird die Leitung und die Einstellung der folgenden Maschinen erleichtern. Wer seinem Ballenbrecher nicht andauernd seine Aufmerksamkeit schenkt, vernachlässigt einen wichtigen Teil seiner Pflichten.

Die Lederstreifen der Abnehmerwalzen sollen rechtzeitig erneuert werden, wenn sie abgenützt sind. Die Behälter unterm Rost reinige man mindestens zweimal jeden Tag und die ganze Maschine einmal in der Woche.

Nach zwei Monaten ist es angebracht, die Walzen und andere Arbeitsteile abzunehmen, die Lager nachzusehen und alle Ölstellen zu reinigen. Das Ölen ist eine Sache, die überall Sorgfalt verlangt. Beschädigte Latten und Stifte müssen sofort erneuert werden. Verbogene Stifte sollten nicht geduldet werden, man lasse sie sofort gerade richten oder erneuern.

Die Frage der Verwendung von enger Lattenanordnung oder der Anordnung der Latten mit Zwischenräumen ist Ansichtssache. Bei enger Lattenstellung wird verhütet, daß sich Baumwolle zwischen den Latten festsetzt, bei Anbringung der Latten mit Zwischenräumen können Unreinigkeiten zwischen den Latten durchfallen, auf jeden Fall sollten die Zwischenräume der Latten nicht zu groß sein, damit nicht gute Baumwolle durchfallen kann.

Voröffner. Dieser kleine Öffner, der in verschiedener Weise mit Stacheltrommel, Nasentrommel oder Scheibentrommel ausgeführt wird, findet Verwendung sowohl zwischen dem Ballenbrecher und dem Öffner, wie auch zwischen den Mischfächern und dem Öffner. In manchen Spinnereien wird diese Maschine nicht gebraucht, vor allem in solchen, die reine und offene, langstapelige Baumwolle verwenden.

Zweck. Vermehrung der Lockerungs- und Reinigungsarbeit.

Arbeitsvorgang. Die Bearbeitung der Baumwolle wird erzielt durch den eingebauten Schläger, der gewöhnlich aus Blechscheiben besteht, an deren Umfang schmale, vorstehende Eisen- oder Stahlschienen befestigt sind. Diese Schienen sind leicht gebogen, und zwar in derart verschiedenem Maße, daß alle zugeführte Baumwolle in ein bis zwei Umdrehungen der Schlagtrommel sicher von mindestens einer der vorstehenden Schienen bearbeitet wird.

Eine Reinigung der Baumwolle wird erreicht durch die Streichwirkung auf die Baumwolle, wobei ein Teil der Unreinigkeiten durch die ersten Roststäbe ausgeworfen wird und weitere Unreinigkeiten entweichen durch die Schleuderkraft, und zwar durch die Fortsetzung des Rostes entlang dem Schlagkreis des Schlägers in der Ausdehnung von einem Viertel bis drei Viertel seines Umfanges. Neuere Maschinen sind mit der höchstmöglichen Zahl von Roststäben ausgerüstet, wobei die Roststäbe sehr eng eingestellt sind. Mindestens 70 bis 80 Roststäbe sind auf drei Viertel des Umfanges eines 600 mm-Schlägers angebracht, das gibt annähernd 20 mm Raum für jeden Stab. Die schweren Unreinigkeiten werden schon in den ersten Roststäben ausgeschleudert und die leichteren durch die übrigen Stäbe. Die Auflockerung der Baumwolle durch den Schläger erleichtert natürlich die Loslösung der Unreinigkeiten. Um diese verlängerte Rostfläche zu erhalten, sind gebogene und gewölbte Leitungen oder Durchgänge notwendig und die Baumwolle setzt ihren Lauf durch die Leitungen zum Öffner fort unter der Einwirkung eines Luftzuges, der durch Gebläse oder durch den Schlagflügel eines Öffners verursacht wird.

Anordnung des Rostes. Die ersten Roststäbe, etwa ein Dutzend, werden so eingestellt, daß ihre scharfen Kanten der Drehrichtung der Schlägertrommel entgegenstehen, die übrigen Stäbe sind dagegen so gestellt, daß sie in keiner Weise dem Durchgang der Baumwolle entgegenwirken, sondern nur den leichteren Unreinigkeiten, wie Staub, kleine Laubreste, Knöpfe und Nissen, ermöglichen, auszufallen. Diese Roststäbe sind also in der Hauptsache dazu bestimmt, diese fliegenden Unreinigkeiten von der Baumwolle zu trennen.

Es ist dabei wohl zu beachten, daß der Hauptteil des Rostes, so wie er an diesen Maschinen angebracht ist, nicht für die Zwecke der Auflockerung dient, sondern Werkzeug der Reinigung ist. Der Schläger lockert die Baumwolle, während der Rost so angebracht ist, daß die gelockerte Baumwolle, während sie über den Rost hinweggeführt wird, die Möglichkeit hat, Staub, Laub usw. abzusondern und durch den Rost fallen zu lassen. Je mehr Rostöffnungen zur Verfügung stehen, desto besser wird die Reinigung.

Man sieht, daß der kleine Voröffner in Wirklichkeit eine Zusatzmaschine zum Ballenöffner ist, um die Arbeit des Ballenbrechers zu vervollständigen.

Sehr oft ist der Voröffner mit einem Regler ausgerüstet, dessen Zweck es ist, eine gleichmäßige Zuführung der Baumwolle zum Schläger und eine gleichmäßige Speisung des Öffners zu erzielen. In dem einen Fall berichtigen wir die andauernd unregelmäßige Öffnung seitens des Ballenbrechers und der andere verbessert die dauernd ungleichmäßige Ablieferung.

Geschwindigkeit und Leistung. Schlägertrommel 700 bis 800 Umdr./min. Lieferung 2500 bis 3000 kg in 10 Stunden.

Einstellung. Den obersten Rost stellt man in 10 bis 12 mm Entfernung von den Schlägerschienen und vergrößert diese Entfernung allmählich in dem Maße, bis der letzte Roststab etwa 3 mm weiter steht als wie der erste. Der Rostring oder die Rostführung ermöglichen diese Einstellung.

Die Muldenkante zur Schlägerschiene soll 6 bis 10 mm Entfernung haben. Je kürzer der Stapel, desto enger die Einstellung.

Die Schlagschienen müssen untersucht werden, ob nicht einzelne von ihnen zu weit vor- oder zurückstehen, also ungleich angebracht sind, damit die zugeführte Baumwolle in ihrem gesamten Ausmaß nicht ungleich geschlagen und gekämmt wird.

Die Abstreifschiene soll richtig gegenüber den Schlagnasen eingestellt sein. Weiter beobachte man das gleichmäßige Herabfallen, da man sich davon ein Urteil bilden kann über die Richtigkeit der Einstellung.

Staubkasten. Der kleine Voröffner liefert die Baumwolle vielfach durch Rohrleitungen an den Öffner. Diese Rohrleitung kann zu einem Kastenspeiser, zu einem stehenden Öffner oder einem Öffner mit Saugflügel führen.

Im Falle der unmittelbaren Speisung eines Kastenspeisers fällt die Baumwolle in den Füllkasten, aber in den beiden anderen Fällen geht die Leitung, sei es unmittelbar, gerade oder in Bogen, in der Richtung auf die genannten zwei Maschinen zu. Vielfach wählt man eine indirekte Richtung für die Leitung, damit gerade und wagerechte Leitungen erzielt werden. In diese geraden Leitungsstücke werden Staubkästen eingebaut. Diese Staubkästen sind gewöhnlich etwa 400 mm breit und 600 mm tief, in die breite Rostplatten oder Stäbe eingebaut sind. Über den Rostplatten ist ein Leitungsraum, ungefähr 300 mm tief, als Weg für die Leitung der Baumwolle. Die leichten Unreinigkeiten werden ausgeworfen, während die Baumwolle durch die Leitung geht, und fallen durch die Rostöffnungen in den darunter liegenden Raum, von wo sie leicht von Zeit zu Zeit herausgenommen werden können. Ein Staubkasten ist der Länge nach in etwa sechs Teile oder Kasten eingeteilt und über jedem Kasten sind 60 bis 80 Roststäbe. Eine Untersuchung von jedem Kasten wird uns die Menge Staub usw. zeigen, die aus der Baumwolle heruntergefallen ist und wenn auch der letzte Kasten noch Staub usw. enthält, so ist das ein Zeichen, daß noch mehr Kästen angebracht werden sollten. Dieses Hinwegstreichen der geöffneten Baumwolle über den Staubkammern hat sich als ein sehr wirksames Reinigungsverfahren gezeigt, so daß manche Spinnereien zwei und drei Staubkasten in die Leitung eingeschaltet haben. Natürlich ist der Hundertteil an Staub usw., der herausfällt, sehr niedrig, aber diese geringe Menge, sagen wir ¼ bis ¾%, würde einen großen Anteil an erschwerter Arbeit in den folgenden Arbeitsvorgängen ergeben, wenn man sie nicht schon vorher entfernte. Das Geheimnis des Erfolges besteht darin, daß man die Baumwolle so bald als möglich von allen Unreinigkeiten und unerwünschten Beimengungen befreit.

In den Staubkästen werden vielfach an Stelle der Sammelkammern Transporttücher verwendet. Dieselben bewegen sich der Baumwolle langsam entgegen und bringen die heruntergefallenen Unreinigkeiten in einen Behälter am Ende des Staubkastens. Es besteht keine Notwendigkeit für diese Verbindung, weil der Rost auch ohnedies wirksam arbeitet.

Es ist dringend notwendig, daß alle Leitungen und Staubkästen frei sind von irgendwelchen inneren rauhen Stellen, auch alle Rohrkrümmer sollten mit großem Radius, also weitem Bogen ausgeführt werden. Als kleinster Durchmesser ist 250 mm zulässig. Diese Leitungen sollten unbedingt luftdicht sein und die Verbindungen mit der Maschine müssen gut und steif hergestellt werden.

Wenn der Voröffner eine Leitung zum Öffner mit stehendem Schläger zum Speisen hat, so ist die Zuführung eine unmittelbare und die Leitung mit ihrem Staubkasten ist dann mit dem Anschlußstutzen zum stehenden Schläger direkt verbunden und führt weiter zu einem Öffner mit Saugflügel. Die Baumwolle kann durch eine derartige Leitung nicht anders als durch einen Luftzug geführt werden, aus diesem Grunde kann ein Kastenspeiser mit ein oder zwei Siebtrommeln vorgesehen werden. Diese Siebtrommeln liefern in den

Kastenspeiser und daran anschließend können beliebige Öffner verwendet werden unter vorheriger Ausnützung der Vorteile, die die Staubkästen bieten.

Ist ein Voröffner durch eine Leitung mit einer Reihe von Staubkästen an einen Öffner angeschlossen, so kann dabei berücksichtigt werden, daß von mancher zur Verwendung kommenden Baumwolle die eine schmutziger ist als die andere. Für die schmutzigere Baumwolle können dann sämtliche Staubkästen eingeschaltet werden. In solchen Fällen werden in die Leitungen Klappen eingebaut, so daß eine Umleitung der Baumwolle erfolgen kann, sei es zur Ausschaltung eines Staubkastens oder zur Umgehung eines stehenden Öffners usw.

Man achte darauf, daß die Maschine sauber gehalten wird und die Ölung in Ordnung ist. Alle Durchgänge der Baumwolle sollen mit Graphit geglättet werden und alle scharfen Auskragungen an Schienen, Stäben usw. sind zu beseitigen.

V. Abschnitt.

Kastenspeiser.

Zweck. Die Baumwolle auf einfache Weise weiter aufzulockern, zu mischen und sie gleichmäßig in den Öffner zu speisen. Eine leichte Reinigung geht nebenher.

Arbeitsvorgang. Wie beim Kastenballenbrecher werden auch hier wieder aus der im Kastenraum befindlichen Baumwollmasse kleinere Mengen ausgekämmt mittels der schrägen Stifte in dem Steiglattentuch. Eine weitere Kämmung der Fasern erfolgt durch die Stifte der Abstreifwalze, die das Zuviel der vom Steiglattentuch zugeführten Baumwolle zurückschlägt. Durch diese beiden Vorgänge wird erreicht, daß die gesamten Stifte des im Arbeitsbereich liegenden Lattentuches gleichmäßig mit Baumwolle beladen sind. Die anhaftenden Fasern werden dann durch die Abnehmerwalze abgestreift und gelangen so auf dem üblichen Weg zu den Öffnern.

Leistung. Da die Maschine zumeist die Öffner zu speisen hat, so wird die Lieferung dem Bedürfnis des Öffners angepaßt. Die Gesamtgeschwindigkeit der Maschine kann beschleunigt oder verlangsamt werden. Im übrigen wird die erhöhte oder verminderte Speisung durch entsprechende Einstellung der Abstreifwalze geregelt. Größere oder geringere Auflage auf das Steiglattentuch, d. h. größere oder geringere Füllung des Kastenspeisers beeinflussen die Lieferung.

Speisung. Die Auffüllung der Maschine kann auf verschiedene Weise erfolgen: von Hand, durch den Ballenbrecher, durch Transportlattentücher, Rohrleitungen oder mittels Siebtrommeln. Die maschinenmäßigen Verfahren zur Auffüllung des Kastenspeisers haben zumeist eine selbsttätige Regelung mittels drehbarer oder schwingender Türen, Stäbe usw. innerhalb des Kastenraumes. Die Türe tritt in Tätigkeit durch die Antriebvorrichtung, sobald ein Übermaß oder ein Mangel an Baumwolle in dem Kastenraum auftritt. Die Regelung erfolgt durch eine Abstellvorrichtung, die eine Riemengabel oder eine Kuppelung bewegt oder die ein Paar Kegelscheiben derart betreibt, daß sie dieselben abstellt oder, ohne sie abzustellen, die Geschwindigkeit der Zuführung verändert.

Wenn der Kastenspeiser zu einer Reihe von Reinigungsmaschinen gehört, so muß eine Abstellung des Kastenspeisers sofort auch die Vorrichtung abstellen, durch die der Kasten aufgefüllt wird. Die Einstellung der Hebel und Gestänge hat zu diesem Zweck sorgfältig zu geschehen.

Man lasse den Kasten zu Dreiviertel auffüllen und stelle darauf die Abstellung auf diese Lage ein. Für eine gleichmäßige und gut vermischte Ablieferung ist es besser, einen gut gefüllten Kastenspeiser zu haben, als wie einen ungenügend gefüllten. Die Förderlatten sollen gleichmäßig gespannt sein, man stellt die Spannschrauben am besten ein während des Laufens. Der Neigung des oben liegenden Förderbandes, an der Innenseite des Maschinengestelles zu reiben, kann durch Anbringung von Scheibenringen auf der Seite der Tragrollenachsen abgeholfen werden.

Abstreifwalze. Man stelle dieselbe genau parallel zu den Stiftlatten des Fördertuches. Die Einstellung kann für gewöhnlich mit ungefähr einem Zwischenraum von etwa 10 mm erfolgen und kann dann verändert werden entsprechend der Länge der Baumwolle und der verlangten Lieferung. Eine weite Einstellung einer Abstreifwalze oder eines Abstreifförderbandes gibt eine vermehrte Lieferung und verringert die Auflockerung der Baumwolle, während eine enge Einstellung die umgekehrte Wirkung hat. Es muß streng darauf gesehen werden, daß die Abstreifwalze nicht mit Baumwolle umwickelt wird und daß keine verdrehten Baumwollstricke entstehen.

Die Ablieferung. Wenn das Steiglattentuch ungleichmäßig mit Baumwolle beladen ist, so kann auch die Ablieferung nicht gleichmäßig sein. Der Hauptzweck der Maschine ist eine regelmäßige Speisung des Öffners. Dazu ist auch notwendig, daß die Abnehmerwalze in gutem Zustand ist, damit die Lattenstifte von der daran haftenden Baumwolle vollständig gereinigt werden.

Die Preßwalzen oder Riffelwalzen zur Ablieferung der Baumwolle regeln den Umfang oder das Gewicht der gewünschten Lieferung, wenn ihre Geschwindigkeit entsprechend eingestellt ist.

Die rückwärtige Eisenplatte kann so eingestellt werden, daß eine gleichmäßige Ablieferung erzielt wird. Die abzuliefernde Baumwollschicht soll keine dicken und dünnen Stellen aufweisen.

Bemerkungen. Die Leitungen oder Förderlattentücher sollen mit Baumwolle gut gefüllt sein. Man sorge dafür, daß die Speiselattentücher und Rohrleitungen gleichmäßig abliefern.

Man dulde keine Schlaffheit der Riemen, Seile oder Lattentücher, besonders des Steiglattentuches mit Stiften. Man prüfe immer wieder, ob die schwingende Blechtüre für die Zufuhrregelung ihre richtige Stellung hat und das Abstellgestänge von den anderen Maschinen unverzüglich zur Wirkung kommt. Die Stifte der Abstreifwalze müssen von anhaftender Baumwolle freigehalten werden und die Stifte des Steiglattentuches dürfen keine Verstopfungen veranlassen. Verbogene Lattenstifte sollen sofort gerichtet werden, sie fallen sofort auf. Beschädigte oder zerbrochene Latten müssen sofort ersetzt werden, damit sie nicht weiteren Schaden anrichten. Das Laufleder des Lattentuches muß rechtzeitig ausgebessert werden, und zwar so, daß seine Überlappung beim Laufen keinen Stoß verursacht.

Geschwindigkeiten. Abstreifwalze 80 bis 120 Umdr.-min, Abnehmerwalze 220 bis 250 Umdr./min.

Reinigung. Entferne alle Abfälle unter dem Steiglattentuch und aus dem Abfallkasten der Abnehmerwalze zweimal täglich. Die Maschine selbst soll jede Woche gereinigt werden. Alle zwei Monate nehme man die arbeitenden Teile heraus und reinige die Lager, Schmierlöcher, Ölrinnen usw. Man öle die Maschine einmal täglich und die Lager der schnellaufenden Teile zweimal täglich.

VI. Abschnitt.

Öffner und Schlagmaschine.

Voröffner. Es sei auf den IV. Abschnitt verwiesen, wo diese Maschine ausführlich behandelt wurde.

Staubkasten. Ebenfalls in Abschnitt IV behandelt.

Öffner mit stehendem Flügel oder Crighton-Öffner. Diese Maschine wurde seinerzeit als Öffner für kurze Baumwolle bestimmt. Mit der Zeit hat man aber gefunden, daß dieser Öffner für jede Baumwolle geeignet ist und je mehr er verwendet wird, desto besser und reiner ist die Baumwolle. Es ist nur notwendig, seine Geschwindigkeiten und seine Einstellung den betreffenden Sorten anzupassen, so wie jede andere Maschine für die verschiedenen Baumwollsorten eingestellt wird.

Leistung. 1200 bis 2000 kg in 10 Stunden. Diese Lieferung muß natürlich in der üblichen Weise der Leistung der anderen Maschinen angepaßt werden, mit denen sie im Zusammenhang arbeitet.

Geschwindigkeiten. Für unreine, kurze Baumwolle ist die übliche Geschwindigkeit 1000 Umdr./min, wobei es natürlich notwendig ist, daß der Schläger und der Rost die richtige Einstellung und Ausführung haben.

Für amerikanische Baumwolle sind 800 bis 900 Umdr./min üblich und für ägyptische Baumwolle bis höchstens 780 Umdr./min. Diese niedrigeren Geschwindigkeiten bedeuten eine schonende Behandlung der Baumwolle und sind vor allem abhängig von dem Grad der Auflockerung, dem die Baumwolle vorher schon unterzogen war.

Roststäbe. Dem Rost wird heute mehr Aufmerksamkeit geschenkt als wie früher. Wie bei allen anderen Maschinen, bei denen Roststäbe verwendet werden, ist die Absicht vorherrschend, so viel als möglich Roststäbe einzubauen, soweit es der zwischen den Roststäben zweckmäßig offen zu lassende Raum zuläßt. Die Anzahl der Roststäbe, die für die verschiedenen Baumwollsorten gebräuchlich sind, lassen sich etwa wie folgt zusammenstellen:

188 bis 208 Stäbe für kurze Baumwolle,
168 Stäbe für mittlere Sorten,
148 Stäbe für lange Baumwolle.

Es ist natürlich nicht gesagt, daß es unbedingt erforderlich ist, daß nur diese Zahlen für die verschiedenen Baumwollsorten verwendet werden können. Z. B. wird man mit 188 Stäben sehr wirksam ägyptische Baumwolle bearbeiten können und könnte man zweckmäßig alle stehenden Schläger mit Rosten von annähernd 200 Stäben ausrüsten.

Einstellung. Zufolge der rohen Art von Arbeit, für die diese Maschine ursprünglich verwendet wurde, war eine veränderliche Einstellung nicht vorgesehen und auch nicht besonders verlangt worden, als die von den Maschinenfabriken vorgesehenen Stellungen. Es finden sich Stellungen von 10 bis 20 mm. Durch Abnützung und deren Ausbesserung wird die Stellung des kegelförmigen Schlägers zum Gehäuse verändert. Um eine beliebige Einstellung zu ermöglichen, ist heute an den meisten Maschinen ein verstellbares Fußlager angebracht, das mittels eines Traghebels und einer Schraube verstellt werden kann. Diese Verstellung muß mit Sorgfalt erfolgen, und zwar nur, wenn die Maschine außer Betrieb ist. Die Einstellschraube sollte nach der Verstellung abgeschlossen sein, so daß daran keine unbefugte Änderung vorgenommen werden kann.

Spurlager. Man sorge für hinreichende Schmierung und prüfe deshalb regelmäßig, ob der Ölstand richtig aufrechterhalten wird. Bei Wasserkühlung prüfe man den Wasserumlauf und die Temperatur des Lagers. Kugellager ist die beste Art von Lagerung, wenn sie richtig gewählt ist.

Zuführung. Mit der zunehmenden Verwendung der Maschine für bessere Baumwolle ist eine anpassungsfähige Einheitlichkeit zweckmäßig. Die Ablieferung, die abhängig ist von der Zuführung der Baumwolle, bedingt deshalb Gleichmäßigkeit seitens der Speisemaschine.

Ablieferung. Die Baumwolle wird am Oberteil des stehenden Schlägers vom Schlagkreis nach außen geworfen, wodurch keine Sicherheit gegeben ist für eine gleichmäßige Ausbreitung der Baumwolle über die ganze Breite der Siebtrommeln. Es sind deshalb vielfach in dem Durchgang zu den Siebtrommeln besondere Bleche eingebaut, die so eingestellt werden, daß eine ziemlich gleichmäßige Verteilung der Baumwolle erzielt wird. Diese Verteilung wird unterstützt durch ein gutes Sauggebläse, das gleichmäßig über die ganze Breite der Siebtrommeln arbeitet.

Der Schläger selbst arbeitet auf der einen Seite wie ein Sauggebläse und bläst auf der anderen Seite die Luft zusammen mit der Baumwolle in die Abzugsleitung, so daß das Sauggebläse unter den Siebtrommeln als Zusatz zu diesem Luftzug zu arbeiten hat. Sorglosigkeit in verschiedener Art hat in dieser Richtung das Ergebnis gehabt, daß die Baumwolle beschädigt wurde, weil sie zu lange im Bereich des Schlägers geblieben ist, auf der anderen Seite aber eine zu geringe Reinigung, wenn die Baumwolle zu schnell durchgeführt wurde. Es gibt keine zwei stehenden Öffner, die in ihrer Arbeit die Baumwolle nach oben zu befördern gleichmäßig arbeiten, die Arbeit muß also geregelt werden nach der Beurteilung der Auflockerung und Reinigung, die die Maschine ergibt. Man wird verwickelte oder zusammengedrehte Baumwolle erhalten, wenn die Baumwolle zu lange unter dem Einfluß des Schlägers gehalten wird. Man kann dies verhüten, indem man dem Sauggebläse eine größere Geschwindigkeit gibt, man erhält dann zwar eine geringere Reinigung, die Maschine liefert dann aber keine zusammengedrehte Baumwolle.

Bemerkungen. Man vermeide scharfe Biegungen in den Speiseleitungen, und verbogene Leitungen lasse man ausbessern. Die Leitungen und Einlaßstutzen dürfen natürlich nicht verengt oder verstopft sein. Man achte auf die Abnützung der stehenden Welle und darauf, daß sie sich nicht senkt. Die Bleche und Roststäbe müssen stets rein gehalten werden, damit keine Fasern daran haften bleiben. Die Wellen können durch Unterlagen eingestellt werden, falls Stellschrauben nicht vorhanden sind.

In den Baumwollbezirken von Indien und China wird die Maschine vielfach an Stelle des Ballenbrechers verwendet oder aber zwischen dem Ballenbrecher und der Mischung eingeschaltet. Diese Baumwolle ist nicht gepreßt und es wird keine besondere Bearbeitung verlangt, sondern nur ein gewisser Grad von Reinigung mehr oberflächlicher Art. Dieselbe Bedeutung hat die vielfache Verwendung in diesen Ländern für geringe Baumwolle, als Maschine für die Speisung eines Saugöffners.

Vielfach werden auch doppelte Öffner verwendet und in diesen Fällen durcheilt die in der ersten Maschine gelockerte Baumwolle sehr schnell die zweite Maschine.

Öffner mit stehendem Flügel in Verbindung mit Saugöffner. Die beiden Öffner sind durch Leitungen verbunden und, wo es möglich ist, sind in die Rohrleitung Staubkästen eingeschaltet. Die Verbindungsstellen sollen luftdicht sein. Die Verschlüsse an den Staubkästen müssen ebenfalls dicht schließen, weil sonst die Unreinigkeiten in den Leitungen liegen bleiben. Eine geregelte Ablieferung vom stehenden Flügel her ist durchaus notwendig, damit der Luftzug auf einem bestimmten Druck erhalten werden kann und so verhütet wird, daß die Baumwolle auf dem Boden der Leitungen und auf den Roststäben entlang gezogen wird.

Reinigung. Die Abfälle sollen wenigstens zweimal täglich herausgenommen werden. Die Maschine selbst ist wöchentlich zu reinigen. Die Förderlattentücher, Siebtrommeln, Walzen usw. sind etwa alle sechs Wochen herauszunehmen und zu putzen, alle Lager sind von dem angesammelten Flug und Schmutz frei zu machen und die Dichtungsleder, die die Luft abschließen, sind, wo nötig, zu erneuern. Die Schmierung erfolgt zweimal täglich.

Öffner mit Saugflügel oder Saugöffner. Das ist eine schwere Art von Öffnern, er wird hauptsächlich verwendet mit Rücksicht auf den starken Luftzug, den er erzeugt und der es möglich macht, Baumwolle durch lange Rohrleitungen heranzuschaffen. Es ist eine Maschine mit Stachelwalzen und mit einigen Schlagscheiben, die nur ein Viertel bis ein Drittel der Maschinenbreite ausmachen, woraus man die Wirkung in bezug auf Reinigung und Lockerung beurteilen kann. Die gesamte Lieferung der Maschine geht durch diesen schmalen Schläger, wogegen in anderen Öffnern die gesamte Maschinenbreite für die Lockerung und Reinigung derselben Baumwollmenge in Anspruch genommen wird. Dementsprechend ist auch der Abfall, der durch die Roststäbe dieser Schläger fällt, von besonderer Art.

Wenn zwei Gebläse vorhanden sind, so ist es kaum möglich, daß deren einzelne Arbeitsleistungen immer einander gleich sind und sie die Baumwolle gleichmäßig aus dem Schlägerraum anziehen, sodaß also eine gleichmäßige Ablieferung auf jeder Seite nur schwer zu erzielen ist.

Ein weiteres Merkmal dieser Maschine ist, daß die Gebläse und die Schläger zumeist auf derselben Welle sitzen und die gleiche Geschwindigkeit aufweisen. Wenn der Schläger nicht genügend auflockert und reinigt, so ist es also nicht möglich, ihn schneller oder langsamer laufen zu lassen, weil sonst das Gebläse die Baumwolle durch den vorhergehenden Öffner mit stehendem Flügel oder den Vorschläger zu schnell oder zu langsam durchziehen wird. Es ist demgemäß anzuraten, die Welle mit der geringsten Geschwindigkeit laufen zu lassen, die die Baumwolle noch durch die vorhergehenden Maschinen mit der wünschenswerten Beschleunigung durchzieht. Dieses Öffnungsverfahren ist also etwas schwierig. Die Baumwolle fällt offen auf die roh gebauten Flügel eines Schlägers und erhält von diesen Flügeln einen starken Schlag. Sie erhält keine weiteren Schläge von den Flügeln, sondern sie wird nur von denselben herumgezogen, über die Roststäbe hinweg, wobei eine Anzahl zusammengerollter Flocken gebildet werden, die in den Abfall entweichen. Die Maschine ist hier noch mit nur leicht getrockneter Baumwolle gespeist, und so wird der leichtere Teil derselben durch das Gebläse angezogen und der Luftzug aus den Siebtrommeln zwingt die Baumwolle, sich an die Trommeln anzuschmiegen. Diese Ansammlung an den Siebtrommeln kann einen gewissen Grad von Gleichmäßigkeit erhalten durch eine entsprechende Regelung des Siebtrommelgebläses und eine Einstellung der Rostplatten in den Zuleitungen, aber diese Regelung wird immer etwas unzuverlässig sein. Es ist jedenfalls eine Maschine, die der Spinnerei Schwierigkeiten verursacht, aber als ein notwendiges Übel in den meisten Fällen, muß die notwendige Sorgfalt darauf verwendet werden.

Geschwindigkeiten. Der Schlagflügel macht etwa 1000 bis 1250 Umdr./min, die Saugtrommel 900 bis 1000 Umdr./min.

Leistung. Die Lieferung ägyptischer Baumwolle ist 2200 kg in 10 Stunden, die Lieferung in amerikanischer Baumwolle 3000 kg in 10 Stunden.

Eine Schlagmaschine mit Schläger und ein Wickelapparat sind im allgemeinen mit dieser Maschine verbunden, und da verschiedene Maschinen mit ihr zusammenarbeiten und ihr vorhergehen, so bedingt jede Abstellung bei vollem Wickel einen gleichzeitigen Stillstand der vorhergehenden Maschinen. Diese Stillstände, die sich oft wiederholen, verursachen Lücken in der gleichmäßigen Zuführung und sind deshalb sehr beachtenswert; das einfachste Mittel ist deshalb, die Abstellvorrichtung für volle Wickel auszuschalten und die zusammenhängende Maschinenreihe ununterbrochen laufen zu lassen. Man erhält dadurch allerdings Wickel von verschiedener Größe und muß diese ungleichen Wickel auf die folgende Schlagmaschine legen. Diese ungleichen Wickel sind in geringem Maße nicht unvorteilhaft, sie bringen von selbst einen ungleichen Wickelablauf auf der Schlagmaschine, wodurch das sog. »Einfach«-Laufen auf der Schlagmaschine zum Teil vermieden wird.

Großer Trommelöffner mit liegender Trommel. Der wesentliche Teil dieser Maschine besteht aus einer großen Stacheltrommel, die wagrecht über die Breite der Maschine liegt. Die Trommel ist teilweise durch Roststäbe umgeben. Der Trommeldurchmesser ist gewöhnlich etwa 1000 mm.

Von diesem Öffner sind zwei verschiedene Arten im Gebrauch. Bei der einen arbeitet die Trommel nach oben und zieht also die Fasern vom Klemmpunkt aufwärts, während die zweite Art die Baumwolle abwärts schlägt.

Öffner mit Aufwärtsgang — System Buckley. Die Baumwolle wird durch eine Tasterregelung zugeführt, ungefähr in der Höhe der Trommelwelle, und wird von dort nach aufwärts bewegt, wo sie auf ungefähr ein Drittel des Trommelumfanges zwischen den Ansätzen an der Innenseite des Trommeldeckels hindurchgezogen wird. Dieser Arbeitsvorgang ist gleichbedeutend mit dem Schlagen von Baumwolle in einem teilweise begrenzten freien Raum, wo sie weiter gelockert wird und wo die Unreinigkeiten herausfallen können. Das folgende Drittel des Umfanges ist mit Rosten umgeben, die über die ganze Breite der Maschine gehen und in Abteilungen eingeteilt sind, so daß jedes Rostabteil einen Sammelkasten ergibt und jeder dieser Abfallkästen einen besonderen Abfall erhält. An einem bestimmten Punkt an dem Umfang der Trommel kommt nun mit einmal die Baumwolle unter den Einfluß des Luftstromes von den Siebtrommeln her und geht so in eine neue Richtung über entlang dem Durchgang, der zu den Siebtrommeln führt. Dieser Übergangsraum ist auch mit Abfallrosten, und zwar vielfach mit gekreuzten Roststäben, versehen, wo also weitere leichte Unreinigkeiten durchfallen können. Diese Durchgänge bilden deshalb sehr wirksame Staubkasten.

In manchen Fällen sind auch zwei Trommeln verwendet.

Geschwindigkeiten. Die Trommel macht 400 bis 500 Umdr./min je nach der Art der Baumwolle, die verarbeitet wird, und deren Zustand.

Leistung. Eine Eintrommelmaschine mit Schlagmaschine und Wickelmaschine liefert 2000 kg ägyptische Baumwolle in 10 Stunden. Eine Zweitrommelmaschine leistet etwa 3000 kg in 10 Stunden von amerikanischer Baumwolle.

Zuführung. Die Baumwolle wird durch einen Kastenspeiser zugeführt. Eine Rohrleitung mit Staubkästen kann mit dem Kastenspeiser verbunden werden, wenn der letztere mit einer Siebtrommelzuführung versehen ist. Das gestattet, die Maschine als Saugöffner zu verwenden unter Zuführung der Baumwolle durch Luftdruck. Der Kastenspeiser muß natürlich gut in Ordnung gehalten werden, damit er eine gleichmäßige Zuführung ergibt.

Der Tastenregler hat den Zweck, die Zuführung der Baumwolle zur Trommel gleichmäßig zu gestalten. Nennenswerte Veränderungen des Riemens auf den Kegeltrommeln sind Zeichen dafür, daß der Kastenspeiser nicht gleichmäßig arbeitet, auf diese Anzeichen einer ungenauen Speisung sollte genau geachtet werden. Weiter beobachte man den Durchzug der Baumwolle zu den Siebtrommeln. Wenn diese Baumwollbewegung in ungleichmäßiger Weise vor sich geht und vor allem die Siebtrommeln eine ungleiche Auflage haben, so ist die Zuführung der Luft durch das betreffende Sauggebläse einzustellen. Der Riemen des Kegeltriebes soll für die grundlegende Einstellung in der Mitte der Kegeltrommeln stehen und dabei die regelmäßige Speisung geben; diese Stellung soll dann derart festgelegt werden, daß niemand unbefugterweise daran ändern kann.

Die Trommel ist auf ihren Umfang mit einer großen Zahl kurzer Stifte bedeckt oder auch mit Schlageisen, wobei jeder einzelne Teil auf der ganzen Breite der Zufuhrwalze bearbeitet wird. Die Geschwindigkeit der Trommel soll entsprechend der Menge und der Güte der zugeführten Baumwolle eingestellt werden. Das vorgesehene Gebläse und seine Geschwindigkeit sind wichtige Punkte, um den notwendigen Luftzug zu erhalten, der die Baumwolle aus dem Trommelgehäuse durch den Durchgang zu den Siebtrommeln schafft.

Einstellung. Man stelle die Speisewalze in der Tastenmulde 5 bis 8 mm gegen die Schlageisen der Trommel bei amerikanischer Baumwolle und 7 bis 10 mm für ägyptische Baumwolle. Diese Zahlen lassen einen weiten Spielraum und dienen nur als allgemeiner Anhalt; sie sind vor allem von der Dicke der Auflage abhängig und weiterhin auch von dem Grade der Verfilzung und der Auflockerung.

Die Roste sollen so eingestellt sein, daß bei amerikanischer Baumwolle am Anfang des Rostes zwischen diesem und den Schlägerenden 8 mm Entfernung bestehen, am Ende des Rostes dagegen 12 mm. Die entsprechende Stellung für ägyptische Baumwolle ist dagegen 11 mm und 15 mm.

Die Abstreifschiene ist so nah als möglich gegen die Trommel zu stellen, aber doch nicht so nah, daß sie sich berühren und die Schiene dadurch abgenutzt wird.

Bemerkungen. Roststäbe sollen so viel als möglich angebracht werden. Man verhüte das Zurückkommen des Staubes usw. durch tiefe Roststäbe und nach einer gewissen Reihe von etwa sieben Roststäben durch einen besonders tiefen Stab. Verbogene und gebrochene Roststäbe sind sofort auszubessern, das gilt besonders für Kreuzroste. Wenn die Baumwolle, anstatt frei zu liegen, entlang des Durchgangs zu den Siebtrommeln auf der Oberfläche des Rostes hinwegrollt, so muß, um das zu verhüten, der Luftzug verstärkt werden, und dafür ist es zweckmäßig, zu untersuchen, ob der zu geringe Luftzug nicht von Undichtheiten herrührt. An manchen Maschinen läßt sich die Luftzufuhr regeln durch Öffnen des Deckels über der Abfallkammer der Trommel, flache Türen und ihre Rahmen müssen dicht gehalten werden. Der Luftzug in den Maschinen ist eine Sache, die vielfache Aufgaben stellt und die an jeder Maschine besonders gelöst werden müssen, so daß also keine feste Richtschnur aufgestellt werden kann. Einige allgemeine Punkte werden am Ende dieses Abschnittes zusammengestellt.

Man achte darauf, daß die Messerschiene für die Tastenlagerung vollständig gerade ist, man stellt das fest, indem man das Mittellager befestigt, ehe die Tasten eingelegt werden.

Die Tasten müssen leicht arbeiten, sie dürfen nicht klemmen, müssen aber doch eng zusammenstehen, so daß die Baumwolle sich nicht dazwischenmengt und die Tasten auf diese Weise sich klemmen und stehen bleiben.

Das Lattentuch soll gleichmäßig gespannt sein durch entsprechende Einstellung der Stellschrauben für die Lager. Diese Einstellung erfolgt am besten während des Betriebs der Maschine, um zu verhüten, daß das Lattentuch seitlich am Maschinengestell streift.

S i e b t r o m m e l n, G e b l ä s e und F l u g. Diese Punkte sind den verschiedenen Maschinen gleich und werden deshalb am Ende dieses Abschnitts näher behandelt.

R e i n i g e n usw. Die Abfälle sollen zweimal täglich herausgenommen werden. Die Maschine ist einmal wöchentlich zu reinigen. Die Preßwalzen, Siebtrommeln, Tastenwalzen, Tasten usw. sind monatlich herauszunehmen und sorgfältig zu reinigen. Alle Schmierlöcher und Ölleitungen sind sauber zu halten. Die Räder lasse man leicht einfetten. Die Abfallkammern lasse man regelmäßig reinigen, wenn nötig, viermal im Tag, dieses Reinigen muß beim Stillstand der Maschine erfolgen. Es ist dauernd sorgfältig nachzusehen, daß keine Ansammlungen von Staub, Fasern usw. stattfinden, vor allem beaufsichtige man dieserhalb die Siebtrommeln, Siebtrommelbleche, Deckel und Roste. Derartige Verstopfungen müssen sofort entfernt werden, sobald man sie bemerkt und nicht erst am nächsten Reinigungstag.

Öffner mit Abwärtsgang. Diese Maschine ist sehr verschieden in bezug auf die Größe der Rostfläche, die die Schlagtrommel umschließt. Manche in Gebrauch befindliche Maschinen haben einen Rost von nur etwa ein Viertel der Trommelfläche, während andere eine viel größere Rostfläche aufweisen, bis zur Hälfte der Trommelfläche. Das neuere Streben geht darauf aus, eine möglichst große Rostfläche um die Schlägertrommel zu erhalten mit dem Zweck, daß die Wirkung der Trommel in bezug auf Reinigung eine sehr große wird. Ein mehr oder weniger geschweifter Bogen ist notwendig als Durchgangsverbindung zwischen Schlagtrommel und den Siebtrommeln. Es gibt diese Öffner auch mit doppelten Trommeln.

Die Einstellung dieser Öffner ist übereinstimmend mit den anderen Öffnern, die Stacheltrommeln enthalten.

Geschwindigkeiten. Für eine einfache Maschine macht die Trommel 450 Umdr./min, eine Zweitrommelmaschine hat 500 Umdr./min.

Leistung. Die Lieferung kann im Durchschnitt mit 3000 kg in 10 Stunden angenommen werden.

Bemerkungen. Die Bemerkungen, die zu der vorhergehenden Maschine gemacht wurden, gelten auch für diese.

Schlagmaschinen. Mit den Schlagmaschinen ist in der Regel auch eine Wickelmaschine verbunden. Diese Wickelmaschine oder Wickelvorrichtung kann an den Schlagtrommelteil des Öffners angeschlossen werden unter Einschaltung von ein Paar Siebtrommeln. Diese Anordnung ist üblich für sehr reine, langstapelige Baumwolle. Zumeist wird aber noch ein Schläger eingeschaltet, der die Baumwolle weiter bearbeitet, ehe sie durch die Wickelmaschine geht. Dieser zusätzliche Schlägerteil des Öffners zusammen mit der Wickelvorrichtung wird nun als besondere Maschine gebaut und ist unter dem Namen Schlagmaschine bekannt.

Arbeitsweise. Die Auflockerung und Reinigung der Baumwolle ist bei den vorhergehenden Arbeitsverfahren noch nicht in befriedigender Weise erreicht worden und vor allem ist die Wickelwatte, wie sie vom Öffner kommt, noch nicht von der wünschenswerten Gleichmäßigkeit in der Dicke. Die notwendige weitere Auflockerung, Reinigung und Vergleichmäßigung der Watte hat die Schlagmaschine zu leisten.

Wenigstens zwei oder mehr Wickel werden abgewickelt und ihre Watten aufeinandergelegt und in dieser Aufmachung dem Schläger zugeführt. Dieses Aufeinanderlegen ungleichmäßiger Watten dient dazu, Ungleichmäßigkeiten auszugleichen und eine weitere Vergleichmäßigung wird durch die Tasten-Reglervorrichtung erzielt. Außerdem wird bei diesem

Auflockerungsverfahren mehrerer gleichzeitig zugeführter Watten eine weitere Mischung der Baumwolle erreicht. Der erhaltene Wickel kann als fertig angesehen werden, um ihn auf die Krempel zu bringen. Für gewisse Sorten von Baumwolle die gebräuchlichen kurzen und unreinen Baumwollsorten. gehen die Wickel durch eine zweite Schlagmaschine und manchmal noch durch eine dritte, ehe sie als genügend gereinigt und gelockert gelten, um auf die Krempel zu kommen. In allen Fällen sind diese Schlagmaschinen in ihren Grundlagen gleich, ob sie nun mit dem Öffner verbunden sind oder als selbständige Maschine arbeiten.

Es gibt jedoch einfache und doppelte Schlagmaschinen, d. h. solche mit einem Schläger und solche mit zwei Schlägern, außerdem gibt es nicht nur die üblichen Schläger mit zwei Schienen, sondern auch solche mit drei Schlagschienen.

Geschwindigkeiten. Die Tourenzahl der Schläger ist üblich von 900 bis 1250 Umdr./min, und zwar wie folgt:

Schläger	Baumwolle indische	amerikanische	ägyptische
2 Schienen .	1250 Umdr./m	1150 Umdr./m	1000 Umdr./m
3 Schienen .	1000 „ „	950 „ „	900 „ „

In der Regel wird der zweischienige Schläger für indische und gewöhnliche Amerikaner verwendet. Der dreischienige Schläger wird für bessere Amerikaner und Ägyptische verwendet mit der Absicht, bei geringerer Tourenzahl zwecks gemäßigter Schlagkraft doch eine genügende Schlagzahl zu erreichen.

Leistung. Die Leistung der Maschine ist entsprechend der Geschwindigkeit und der Wattenstärke sehr veränderlich. Als durchschnittliche Leistungszahlen gelten 1000 bis 1800 kg in 10 Stunden.

Zuführung. Manchmal erfolgt die Zuführung durch einen Kastenspeiser. Im allgemeinen jedoch werden Wickel aufgelegt, die vom Öffner geliefert wurden. Die übliche Auflage an den Schlagmaschinen sind vier Wickel, und zwar werden sie so aufgelegt, daß die vier Wickel mehr oder weniger voll auf dem Lattentuch ablaufen. Man sorge dafür, daß richtig angelegt und der ablaufende Wickel erneuert wird, ehe sein Ende unter dem nächsten Wickel verschwunden ist. Weiter achte man darauf, daß das Lattentuch frei zwischen dem Maschinengestell läuft, wo dies nicht der Fall ist, stelle man die Lager des Lattentuches entsprechend ein. Zu diesem Zweck können nötigenfalls Scheibenringe auf die Achsen des Lattentuchs aufgesetzt werden.

Die Seiten der Wickel sollen sich nicht an dem Gestell des Lattentuches reiben. Der Riemen des Kegelgetriebes soll im allgemeinen auf die Mitte eingestellt sein, und sobald das stimmt, lasse man die Einstellung abschließen, damit kein Unbefugter daran ändern kann.

Man beachte wohl, daß die Regelung durch die Tastenvorrichtung nicht die Breite des Wickels beeinflußt, sondern nur eine Regelung der Länge und damit des Gewichts erzielt.

Einstellung. Die Stellungen an den Schlagmaschinen richten sich nach der Einschätzung der Baumwolle und kann dafür nur eine allgemeine Richtlinie gegeben werden.

Entfernung des Schlägers gegen die Kante der Tastenmulde oder die Speisewalzen	5— 6 mm für indische Baumwolle
	8—10 „ „ amerikanische „
	11 „ „ ägyptische „

Zwischen dem Schläger und seinem Rost sind folgende Stellungen zu empfehlen:

Baumwollsorte	Zwischenraum an der ersten Schiene	Zwischenraum an der letzten Schiene
Indische und Amerikanische	8—10 mm	10—11 mm
Ägyptische . .	10—11 mm	12—14 mm

Abstreifschiene und Schläger haben gewöhnlich 2 mm Zwischenraum, diese Schiene ist aber zumeist nicht verstellbar.

Man vermeide ein Verdrehen zu Stricken und die Bildung von Ansammlungen, die leicht an rauhen Stellen vorkommen. Das Abzupfen derselben ist ein notwendiges Übel, ob es sich nun um zwei- oder dreischienige Schläger handelt, ein je weiter gehendes Auflockern der Baumwolle an den vorhergehenden Maschinen erfolgt, um so mehr wird das Auftreten von Baumwollklumpen oder Stricken verhindert.

Es ist zu beachten, daß die von der Speisewalze oder den Regelungstasten zugeführte Baumwolle vom Schläger höchstens zwei bis drei Schläge auf 1 mm erhält

$$\frac{\text{Umdr./m des Schlägers} \times \text{Zahl der Schienen}}{\text{Gelieferte Länge in mm in der Minute}} = \text{Schläge auf 1 mm.}$$

Die Pressung auf die Tasten oder Walzen soll durch Einstellung des Gewichtes auf dem Gewichtshebel geregelt werden. Es ist besser, wenn der Druck zu hoch ist, als eine zu leichte Pressung.

Roststäbe. Es ist zweckmäßig, die Stäbe so dicht als möglich einzubauen, jedoch mit genügend Zwischenraum zum Durchfallen der Unreinigkeiten. Die ersten Stäbe werden in einem Winkel von 45° eingelegt und die andere Seite des Winkels in die Berührungslinie des Schlagkreises. Die Lage der übrigen Stäbe ist nicht von derselben Bedeutung, es wird jedoch von Vorteil sein, wenn die obere Kante derart ausgeschnitten ist, daß dadurch ein größerer Zwischenraum zwischen den Stäben an ihrem unteren Ende erreicht wird. Der Einschnitt, der so in den Stäben erzielt wird, soll den Luftstrom ableiten und verhüten, daß ein Teil des Staubes usw. zurückkommt. Wenn man eine elektrische Lampe unter den Roststäben irgend einer Schlagmaschine oder eines Öffners anbringt, so wird man eine Menge Staub sehen, der sich innerhalb und außerhalb des Rostes bewegt. Bei Roststäben, deren Form Ausladungen oder Einschnitte aufweisen, wird diese Staubbewegung vermindert. Ein oder zwei tiefe Stäbe in einem Rost werden nach dieser Richtung eine entsprechende Wirkung ausüben. Roststäbe dürfen nicht als Werkzeuge zur Auflockerung angesehen werden, sie haben die Aufgabe der Reinigung, indem sie dem Staub und sonstigen Unreinigkeiten ermöglichen, aus der bereits aufgelockerten und aufgerüttelten Baumwollmasse auszufallen und sich abzuscheiden. Nur die ersten Roststäbe arbeiten unter der Wirkung des Schlages, den die Baumwolle erhält, und deshalb werden auch hier gleich die schwereren Unreinigkeiten ausgeworfen.

Der Rost, der zu den Siebtrommeln führt, sollte unter Berücksichtigung aller vernünftigen Gründe unbedingt querlaufende Roststäbe haben und nicht der Länge nach. Dieser Durchgang zu den Siebtrommeln soll zweifellos als Staubkasten dienen, die Roststäbe der Länge nach haben dagegen den Zweck, das Rollen der Baumwolle beim Durchgang zu vermeiden, was aber mit anderen Mitteln verhütet werden kann. Wenn die Baumwolle richtig gelockert ist, die Siebtrommeln richtig in ihrer Stellung sind und der Luftzug richtig reguliert ist, so wird ein Rollen der Baumwolle auf den Roststäben sowieso nicht stattfinden. Ein tiefer Roststab nach etwa 7 Stäben ist eine gute Verbesserung.

Ablieferung. Man achte auf eine gleichmäßige Verteilung der Baumwolle auf den Siebtrommeln. Von der unteren Siebtrommel soll nur ein kleiner Teil hervortreten, so daß dieser Raum gut mit Baumwolle bedeckt ist, damit wird auch das Rollen der Baumwolle entlang dem Rost im Durchgang verhütet.

Das Gebläse und den Luftdurchgang halte man frei von Staubflocken und sonstigen Unreinigkeiten. Das Gebläse soll keine höhere Geschwindigkeit haben als nötig ist, um die Baumwolle leicht auf die Oberfläche der Siebtrommel aufzulegen, keinesfalls soll die Baumwolle aufgeschlagen oder in die Siebtrommellöcher eingezogen werden. Man verhüte unbedingt das Eindringen von Luft am Wickelende. Die Abdichtungsbleche in den Siebtrommeln müssen richtig gestellt sein und müssen genau passen. Die Lederabdichtungen müssen gut abdichten und, wo das nicht der Fall ist, da müssen sie erneuert werden. In manchen Spinnereien oder auch in einzelnen Maschinen werden oft Einbauten bei den Siebtrommeln gemacht, die den Luftzug abdämpfen oder die Baumwolle längsgerichtet auf die Siebtrommeln streichen sollen, sie sind eine Quelle von Störungen und verursachen Ansammlungen von Flug und Schmutz in den Siebtrommeln. Sie sind zudem überflüssig, wenn die Siebtrommeln richtig abgedichtet sind und der Luftzug genau den Verhältnissen angepaßt ist.

Man sorge dafür, daß die Zahnstangen der Wickelmaschine ungehindert arbeiten können. Zunächst wende man eine leichte Rüttelbewegung an und bewege das Gewicht auf dem Hebel stufenweise vom Stützpunkt weg, bis eine richtige Größe des Wickels erzielt ist. Ein zu weicher Wickel neigt dazu, leicht beschädigt zu werden, während ein zu harter Wickel beim Abrollen leicht hängen bleibt, es ist also eine entsprechende Beobachtung notwendig, bis der richtige mittlere

Zustand erreicht ist. Beide Zahnstangen müssen richtig in ihren Kolben eingreifen und der Druck auf den beiden Wickelseiten muß gleichmäßig sein, weil sonst kegelförmige Wickel entstehen.

Man achte darauf, daß die Preßwalzen auf beiden Seiten gleichmäßig belastet sind und daß das Gewicht auf seinem Hebel festgeschraubt ist, um eine Verschiebung desselben zu vermeiden. Die Verhütung kegelförmiger Wickel ist dadurch zu ermöglichen, daß man das eine Preßwalzengewicht nach außen verstellt und dadurch eine stärkere Pressung erhält oder umgekehrt. Dieses Verfahren ist natürlich nicht das Richtige, man muß die tatsächlichen Störungen suchen und diese beseitigen.

Gewicht und Nummer der Wickel. Die nachfolgende Aufstellung gibt die übliche Reihe von Wickeln für die verschiedenen Zwecke. Es beruht auf einem gewissen Herkommen, daß man für einzelne Garnnummern bestimmte Wickelnummern der Schlagmaschine als notwendig ansieht. Man kann jedoch, sagen wir, die Nr. engl. 0,0016 für Garne von Nr. engl. 16 bis 120 verwenden, die Liste gibt also nur eine allgemeine Übersicht.

Wickel-Nr. engl.	Gramm auf 1 Yard	Unzen auf 1 Yard	Grän auf 1 Yard	Geeignet für Garn Nr. engl.
0,0019	284	10	4375	80 aufwärts
0,0018	298	10½	4594	
0,00173	312	11	4813	60—70
0,00165	326	11½	5031	
0,00158	341	12	5250	36—50
0,00152	355	12½	5469	
0,00146	370	13	5687	24—32
0,0014	385	13½	5906	
0,00136	397	14	6125	16—20
0,00131	411	14½	6344	
0,00127	425	15	6562	8—14
0,00123	439	15½	6781	
0,00119	453	16	7000	unter 8

Änderung der Wickelgewichte. Um einen schwereren Wickel zu erhalten, d. h. höheres Gewicht auf 1 Yard:

1. Auflage eines schwereren Öffnerwickels.
2. Erhöhung der Zuführgeschwindigkeit der Speise-

walzen durch Änderung der Tourenzahl der seitlichen Antriebswelle.

3. Erhöhung der Geschwindigkeit der Speisewalzen durch Änderung der Tourenzahl der unteren Kegeltrommel durch Änderung des Rädergetriebes.

Um leichtere Wickel zu erhalten:

1. Auflage eines leichteren Wickels auf die Schlagmaschine.
2. Verringerung der Tourenzahl der Seitenwelle.
3. Verringerung der Geschwindigkeit der unteren Kegeltrommel.

Berechnung der Wickelnummer aus 1 Yard oder 1 Meter:

$$\frac{\text{Schneller}}{\text{Pfund}} = \frac{1 \times \begin{matrix}\text{16 Unzen oder}\\ \text{7000 Grän oder 453 Gramm}\end{matrix}}{\text{840 Yard} \times \begin{matrix}\text{Unzen auf 1 Yard}\\ \text{Grän oder Gramm}\end{matrix}} = \text{Wickelnummer.}$$

1. Beispiel: 1 Yard = 284 g oder 10 Unzen oder 4375 Grän.

$$\text{Nr. engl.} = \frac{1 \times 453}{840 \times 284} = \frac{1 \times 16}{840 \times 10} = \frac{1 \times 7000}{840 \times 4375} = 0{,}0019.$$

2. Beispiel: 1 Meter = 310 g od. 10,9 Unzen od. 4785 Grän.

$$\text{Nr. engl.} = \frac{1 \times 453}{768 \times 310} = \frac{1 \times 16}{768 \times 10{,}9} = \frac{1 \times 7000}{768 \times 4785} = 0{,}0019.$$

Änderung der Wickellänge. Dazu wird das Wechselrad der Meßvorrichtung oder Abstellvorrichtung geändert. Springräder mit ineinandergreifenden Ansätzen, Schneckenräder oder auch Sperrklinken sind die gebräuchlichsten Vorrichtungen zum Abmessen der Wickel und zum Abstellen, wenn der Wickel voll ist..

Schwankungen im Wickelgewicht. Es ist notwendig, hierüber eine scharfe Aufsicht einzuführen und zweckmäßig das Gewicht jedes Wickels aufzuschreiben. Eine Grenze der zulässigen Schwankungen ist anzugeben und Wickel unter oder über dieser Grenze sind auszuscheiden. Diese Begrenzung geht auf 100 g über und unter dem festgesetzten Gewicht von, sagen wir, 15 kg, also insgesamt 1 bis 2%, es ist aber zulässig und oft zweckmäßig, diese Grenzen so eng als möglich festzusetzen, um Fahrlässigkeiten vorzubeugen.

Es muß darauf verwiesen werden, daß das Gesamtgewicht eines Wickels nichts mit der Auflockerungs- und Reinigungsarbeit der Maschine zu tun hat. Die Gewichtsfeststellung bezieht sich darauf, festzustellen, ob die Regelvorrichtung der Speisewalzen richtig arbeitet. Die Wickel können in beliebigem Zustand ihrer Bildung abgenommen werden. Wickel, die zu groß und umfangreich sind, werden sehr leicht beschädigt auf dem Wege, bis sie zu den Krempeln gelangen.

Die Wickel müssen weiter daraufhin untersucht werden, ob sie dicke und dünne Stellen aufweisen. Länge von ein oder zwei oder mehr Yard oder Meter sollten öfters nachgewogen werden, um festzustellen, ob die Maschine und vor allem die Zuführung gleichmäßig arbeitet.

Fehlerhafte Wickel. Die Geschwindigkeit des Gebläses halte man so niedrig als möglich; eine gleichmäßige Bewegung in der Baumwolle und keinerlei Stockungen über den Roststäben zeigt, daß der richtige Luftzug und also die richtige Tourenzahl des Gebläses vorhanden ist. Die richtige Regelung der Gebläseumdrehungen gibt richtige Enden der Wickelwatte und verhütet Undichtheiten der Watte. Man verwende möglichst wenig kleine Siebtrommeln, da sie leichter Ungleichheiten in der Wattendichte ergeben. Ein allzu starker Zug und die beiden Siebtrommeln gut mit Baumwolle bedeckt, ergibt leicht dicke und dünne oder zerrissene Wickel und stellenweise einfache und doppelte Watte. Einheitliche Pressung und freie ungehinderte Bewegung der Zahnstangen und Bremsvorrichtung wirken vorbeugend gegen das Auftreten von kegelförmigen Wickeln. Kegelförmige Wickel können auch entstehen, wenn Teile der Siebtrommeln durch Unreinigkeiten verstopft sind. Die Reglertasten können auf einer Seite der Maschine sich klemmen oder auch der Luftzug kann einseitig arbeiten, wenn auf einer Seite der Staubkammern Luft eindringt. Unregelmäßig gebogene Schlageisen an der Öffnertrommel können ebenfalls ungleiche Wickel ergeben.

Im allgemeinen ist das Aussehen des Wickels ein kennzeichnendes Merkmal, nach dem die Arbeitsweise der Maschine beurteilt wird, es ist deshalb bei den meisten Fachleuten üblich, auf fehlerhafte Wickel acht zu geben und ihre Fehler abzustellen, ehe man nach anderen Fehlern in der Maschine sucht. Das ist das richtige Verfahren, das allgemein anzuwenden ist, zumal fehlerhafte Wickel fast immer zu finden sind. Es sind das Fehler, wie schlechte Kanten, dicke und dünne Stellen, klumpige und gut gelockerte Baumwolle nebeneinander, schmutzige Wickel, ungleiche Gewichte auf den Meter bezogen und auf den ganzen Wickel, zusammengedrehte Baumwollstücke, zusammengeklebte Wickellagen. zerrissene Wickel usw. Ein jeder Fehler in einem Wickel kann zumeist auf verschiedene Ursachen in der Schlagmaschine und dem Öffner zurückgeführt werden und diese Fehler beruhen zumeist auf ungenügender Beachtung der Anforderungen, die die Maschinen stellen. Deshalb sollten vor allem die folgenden Punkte stets beachtet und ehestens verbessert werden: Stumpfe Schlagschienen, ausgelaufene Lager, abgenutzte Kegeltrommellagerung, klemmende Reglertasten, Tasten, die ungenügend auf die Speisewalze drücken, schlecht eingestellte Tragschiene für die Tasten, schleifende Riemen zum Gebläse, im Kegelgetriebe, zur Riemenscheibe der Wickelmaschine usw., klemmende Lattentücher oder solche, die auf ihren Trommeln schleifen, schlecht überlappte Riemen, zu weiter Spielraum in der Bewegung des Kegelriemens infolge zu weiter Riemengabel, Rückstauung in dem Luftzug, Ansammlung von Staub und Flaum in der Gebläsekammer und den Gängen, zu geringer Raum in den Staubkammern für die Anzahl der Gebläse, verschmutzte Träger und Glieder der Reglertasten, ungenügende Schmierung, zu hohe oder zu niedrige Tourenzahl der Gebläse, zu starke Bogen oder Kanten in den Rohren oder Gängen, manche Gebläse arbeiten richtig nur nach einer Richtung und muß das Gebläse umgedreht werden, wenn es verkehrt arbeitet, verstopfte und teilweise gebremste Siebtrommeln, Ansammlung von Flug an den Siebtrommelenden oder innerhalb der Siebtrommeln, abgebrochene Zähne an den Zahnrädern, vielfach schlechte Öffnerwickel, Ansammlung von Unreinigkeiten an den Roststäben, besonders in der Nähe der Seitenwände der Maschine, auch an der Abstreifschiene sammeln sich oft Baumwollflocken an, die für die Wickelbreite eingestellten Anschläge sind oft unrichtig angebracht oder nicht von der richtigen Stärke, rauhe Stellen in der Maschine, über die die Baumwolle hinweg muß, schlecht gemischte Baumwolle mit verschiedenem Grad der Auflockerung, feuchter Abfall mit der Baumwolle ungenügend vermischt, Ölverschmutzung an der Innenseite der Maschine usw., Ungleichmäßigkeit in dem Luftzug der Siebtrommeln, schlechte Einstellung, übertriebene Geschwindigkeit des Schlägers, zu langsame Geschwindigkeit des Schlägers, wenn die zugeführte Watte zu dick ist, zu große Speisung. Es ist auch kein guter Erfolg zu erwarten bei dem Versuch, eine erhöhte Leistung zu erhalten durch Änderung der Schlägerscheibe und Erhöhung der Schlägertouren, wodurch die Geschwindigkeit der ganzen Maschine zwecks einer höheren Lieferung erhöht wird.

Reinigung. Die Staubkasten sollen täglich mindestens viermal geleert werden. Alle Abfälle sollen wenigstens zweimal täglich weggeschafft werden. Die Maschine selbst soll wöchentlich geputzt werden. Jeden Monat sollen die Reglertasten, Speisewalzen und Siebtrommeln herausgenommen werden, dabei sind alle Lager, Ölzuführungen und das Innere der Maschine gut zu reinigen. Ansammlungen von Flug usw., die an irgendeinem Teil der Maschine wahrgenommen werden, sind natürlich sofort zu entfernen.

Alle Getriebe, Wellen, Riemen, Deckel und gefährliche Teile müssen gesichert sein, man prüfe dieselben. Keine Schutzdeckel dürfen geöffnet sein, während die Maschine in Betrieb ist.

Bei Anlegung des Wickelanfangs lasse man Anlegevorrichtungen benützen. Ebenso verwende man zum Glattstreichen der Oberfläche des Wickels einen Stab aus Holz und verwende zum Niederdrücken der Wickelfläche nicht die Hand. Man stelle keine zu großen Wickel her, weil sie sonst leicht beim Heben oder beim Wegbringen zu den Krempeln beschädigt werden.

Leitungen. Alle Gebläse, die an den Öffnern und Schlagmaschinen zur Verwendung kommen, sind Sauggebläse. Sie ziehen die Luft in ihrem Mittelpunkt ein und schaffen sie an ihrer Außenfläche wieder weg. Die Luft muß oft von weit her gezogen werden und wird durch Kasten oder Leitungen wieder weggebracht, zu gemeinsamen Staubkammern. Wenn diese Leitungen unzulänglich sind, die Luftmenge, die von dem Gebläse bewegt wird, aufzunehmen, so sind Luftwirbel und Rückstauungen die Folge und durch diese erhalten die Gebläse einen geringen Wirkungsgrad. Diese Luftgänge sollten so gut als möglich abgedichtet werden und öfters auf

Anstauungen untersucht und gegebenenfalls davon gereinigt werden, damit sie sich nicht verstopfen. Scharfe Bogen in den Leitungen sollten vermieden werden, ebenso rauhe oder scharfe Ecken oder Flächen. Für ein Gebläse sollte mindestens eine Fläche von einem Quadratmeter in der Staubkammer vorhanden sein, und zwar mindestens 3 m hoch.

Ein Staubturm, der bis zu dem höchsten Punkt der Spinnerei geführt wird, ermöglicht es, den Staub abzuführen. Zu dem geringen natürlichen Zug kann noch ein Gebläse eingebaut werden, um den Abzug zu verstärken.

In alten Spinnereien mit ungenügenden Leitungen entstehen große Schwierigkeiten für die Wirksamkeit der Gebläse. Änderungen in der Temperatur oder in der Windrichtung oder Öffnung von Türen und Fenstern oder Abstellen und Anlaufen anderer Maschinen können bedeutenden Unterschied in der Stärke des Luftzuges ergeben und Störungen im Reinigungsverfahren und in der Wickelbildung erzeugen. So entwickeln sich Aufgaben, deren Lösung nur an Ort und Stelle erfolgen kann unter genauer Prüfung der Verhältnisse. Die sicherste Lösung ist zumeist die Errichtung neuer Kasten und Leitungen gesondert zu jeder Maschine oder jedem Gebläse und für alle gemeinsam eine Kammer zu bauen, die groß genug ist. In den meisten neuzeitlichen Spinnereien ist eine große Staubkammer unter den Öffnern und Schlagmaschinen und von dieser Kammer geht eine genügend große Ableitung nach außen.

Der Verzug an Öffnern und Schlagmaschinen. Der gesamte Verzug setzt sich zusammen aus einer Anzahl kleiner Verzüge von der Speisewalze bis zur Wickelwalze. Das übliche Verfahren, um einen Verzug zu ändern, ist die Änderung der Tourenzahl der Speisewalze; alle anderen Verzüge bleiben unverändert. Die Wickelwalzen behalten gewöhnlich ihre gewohnte Geschwindigkeit, ihre Tourenzahl kann leicht geändert werden durch Auswechslung der Riemscheibe, durch die die Wickelmaschine getrieben wird. Diese Änderung wird aber selten vorgenommen.

Aus der Aufstellung der Getriebezahlen vom Schläger zu der Wickelwalze und von der Wickelwalze zu den Speisewalzen kann die Umfangsgeschwindigkeit der Speisewalze und der Wickelwalze berechnet werden. Das Verhältnis der Umfangsgeschwindigkeit der Speisewalze zu der Umfangsgeschwindigkeit der Wickelwalze ergibt den gesamten Verzug der Maschine. Das Gleiten der Riemen und Seile muß bei der Berechnung berücksichtigt werden, neue Riemen werden weniger Gleitverluste aufweisen, wie alte und schlaffe Riemen. Auch der Verlust durch Abfall muß in die Rechnung einbezogen werden. Die Walzen laufen langsam und ihre Umdrehungen können leicht festgestellt werden, so daß es sehr einfach ist, den Verzug durch folgende Berechnung zu erhalten:

$$\frac{\text{Umdr./m der Wickelwalze} \times \text{Durchmesser}}{\text{Umdr./m der Speisewalze} \times \text{Durchmesser}} = \text{Verzug.}$$

Hundertteile des Abfalls. Gewöhnlich werden durch Feststellung des Abfalls und der Menge der zugeführten Baumwolle die Abfallteile vom Hundert der Baumwolle berechnet.

Für eine genaue Feststellung ist es viel besser, sagen wir, zwei Yard an dem Gestell des Zufuhrlattentuches anzuzeichnen und während des üblichen Betriebes der Maschine das Zeichen auf die abgerollte mehrfache Watte auf dem Lattentuch zu übertragen. Diese gezeichneten zwei Yard der Auflage sind dann bei ihrem Erscheinen aus den Preßwalzen abzuschneiden und abzuwiegen. Der Gewichtsunterschied zwischen den zwei Yars der, sagen wir 4 Wickellagen und den, sagen wir 10 Yard abgelieferter Wickelwatte gibt uns den Verlust an Abfall.

Der Abfall kann nicht vollständig gesammelt werden, ein Teil desselben geht durch die Siebtrommeln als Flug und Staub in die Staubkammer und in die Luft und ein Teil besteht aus Feuchtigkeit, die während des Durchgangs durch die Maschine verdunstet ist. Diese beiden Verluste werden als die unsichtbaren Verluste bezeichnet.

Stachelwalzen in Schlagmaschinen. Es zeigt sich eine zunehmende Würdigung dieser Schlägerart als Ersatz für die zwei- und dreischienigen Schläger. Die Wirkung ist in der Hauptsache von der Anzahl der Schlageisen und deren Anordnung abhängig. Allzuharte Schläge sind nicht notwendig, zumal jedes Teilchen der Baumwollfasern über die ganze Breite der Maschine, ein- oder mehreremal während einer Umdrehung des Schlägers bearbeitet wird, so ist eine Höchstzahl von Schlageisen zu bestimmen. Wenn die Schlageisen sehr kurz sind, so sind desto mehr zu empfehlen. Hohe Tourenzahlen sind auch nicht notwendig. Es tritt dabei eine Kämmwirkung auf, die sehr erwünscht ist, verbunden mit der genügenden Kraft, um die größeren Unreinigkeiten sanft durch die ersten Roststäbe herauszuschleudern.

Kegeltrommeln. Nach der Feststellung des Durchschnittsgewichts der Öffnerwickel, indem man einen abwickelt und in gewissen Abständen ein oder mehrere Yard abschneidet, macht man dasselbe mit dem Wickel der Schlagmaschine. Wenn diese Wickel nun als richtig festgestellt sind, muß der Riemen auf den Kegeltrommeln richtig in der Mitte stehen. Falls die Reglervorrichtung richtig arbeitet, bei einer Auflage von vier Wickeln, so muß die Schlagmaschine denselben Wickel erzeugen, wenn nur drei Öffnerwickel aufgelegt werden.

Störungen infolge Abnutzung der Lager für die Kegeltrommeln machen sich oft bemerkbar, besonders bei derjenigen Trommel, die die Speisewalze antreibt. Es ist dann sofort ein neues Lager anzubringen, weil an dieser Stelle die Erwärmung sonst gefährlich werden kann. Das treibende Schneckenrad ergibt einen starken Druck auf das Lager und wenn sich eine Kegeltrommel durch Abnützung senkt, so ist die Gefahr vorhanden, daß der untere Teil des Kegels an seiner Lagerung reibt.

An dieser Stelle sollten unbedingt richtig gespannte Riemen vorhanden sein, um ein Gleiten zu verhüten. Ein Gleiten dieses Riemens wird alle Bemühungen, einen richtigen, gleichmäßigen Wickel zu erhalten, erfolglos machen.

Allgemeine Bemerkungen über die Maschinen der Schlägerei. Feuchte Baumwolle oder solche mit einem besonders hohen Feuchtigkeitsgehalt ist schwer zu lockern und zu reinigen. Diese Baumwolle läßt sich nicht leicht teilen und die Unreinigkeiten trennen sich schwer von den Fasern. Das führt manche Fachleute zu dem falschen Schluß, daß die Baumwolle eine sehr starke Bearbeitung nötig hat, um sie zu lockern und zu reinigen und, um das zu erreichen, lassen sie die Baumwolle durch eine größere Zahl von Maschinen gehen, als zweckmäßig ist, worunter die Baumwolle Schaden leidet. Dieses wiederholte Schlagen ist in Wirklichkeit nicht notwendig, denn die Wirksamkeit des Schlagens liegt vor allem in dem Umstand, daß die Baumwolle richtig trocken ist, während der Zeit, in der sie von den verschiedenen Maschinen bearbeitet wird. Mit andern Worten, ein Teil der Maschinen in der Schlägerei sind in Wirklichkeit vorwiegend Trockenmaschinen, und es ist durchaus nichts Überraschendes, daß erst die letzte Schlagmaschine als die eigentliche und wirksame Maschine für die Auflockerung und Reinigung angesehen wird.

Trockene Baumwolle ist also viel leichter zu lockern und zu reinigen, auf der andern Seite aber, falls sie zu trocken ist, läßt sie sich nicht so gut pressen, und daraus ergeben sich dann schlecht laufende Wickel. Die Elektrizität der Faser bei zu trockener Baumwolle verstärkt diese Wirkung.

Es muß also das richtige Mittelmaß zwischen feucht und trocken eingehalten werden, und zwar ist es am zweckmäßigsten, sich in der Nähe der Norm des zulässigen Feuchtigkeitsgehalts zu halten.

Wenn die Baumwolle zu viel Feuchtigkeit enthält, so ist es zweckmäßig, dieselbe in dünnen Lagen in einem Mischraum aufzulegen, damit sie trocknen kann, ehe sie in Bearbeitung kommt. Die feuchte Baumwolle kann sich dabei von der zu großen Feuchtigkeit trennen, während zu trockene Baumwolle, die in ähnlicher Weise ausgebreitet wird, durch Dampfzuführung Feuchtigkeit aufnehmen kann.

»Es ist nicht der Mühe wert«, wird mancher sagen, aber zweifellos ist es ein Zeichen guter Betriebsleitung, wenn diese Punkte beachtet werden, denn verschiedene wirtschaftliche Vorteile können dabei erzielt werden.

Ein anderer Weg, um die Baumwolle auf die richtige Feuchtigkeit zu bringen, ist der, die Baumwolle sorgfältig aufzulockern, ehe sie der Bearbeitung in der Schlägerei ausgesetzt wird und dann den Schlägereiraum in der richtigen, gleichmäßigen Feuchtigkeit zu erhalten. Dann wird auch die Baumwolle in der richtigen Feuchtigkeit gehalten und kann unmittelbar aus dem Ballen auf den Öffner kommen, ohne vorher im Mischraum gelagert zu werden.

Wenn eine Mischung aufgemacht wird, sei es für die Mischungsfächer oder für direkte Zuführung zum Öffner, so sollte entsprechende Anordnung getroffen werden, daß alle nassen Ballen oder nasse Teile davon auf die Seite gesetzt werden und nicht durch den Ballenbrecher gehen dürfen, ehe sie nicht vorher genügend getrocknet sind.

Die Abfälle an den Öffnern und Schlagmaschinen müssen sorgfältig und regelmäßig untersucht werden. Nur ganz kurze Fasern dürfen sich in den Abfällen vorfinden. Wenn Flocken in den Abfällen vorhanden sind, so kann daraus geschlossen werden, daß diese flockige Baumwolle in der Maschine entstanden ist, denn in der rohen Baumwolle sind sie in dieser Art nicht vorhanden. Solche flockigen Abfälle enthalten zweifellos eine Menge guter Fasern, was sich leicht feststellen läßt, indem man sie genau untersucht. Wo die Abfälle diese eigenartigen Flocken aufweisen, ist es außer Zweifel, daß noch viel mehr erzeugt worden sind, die aber nicht durch den Rost ausgeschieden wurden und somit nach der Krempel gelangen, wo sie allgemeine Schwierigkeiten im Krempelsaal veranlassen. Man darf sich in keiner Abteilung der Spinnerei über die Baumwolle tadelnd aussprechen, ehe man die vorhergehende Bearbeitung genau untersucht hat.

Es ist sehr einfach, sich zu helfen, wenn das Garn, Vorgarn usw. nicht zufriedenstellend ausfällt, indem man eine bessere Baumwolle beimischt und so als Ergebnis ein besseres Garn erhält. Wenn jedoch bekannt ist, daß eine bestimmte Baumwolle oder eine bestimmte Mischung ein bestimmtes Garn ergibt, das Ergebnis aber nicht dementsprechend ausfällt, dann werden zweifellos gewisse Verfahren oder gewisse Maschinen nicht richtig sein und die entsprechenden Mängel müssen gesucht und beseitigt werden. Es ist in diesem Fall ein kostspieliges Verfahren, bessere Baumwolle aufzuwenden und den Rohstoff zu verbessern, und wo das geschieht ist das zweifellos ein Zeichen schlechter Betriebsleitung.

Zum Zweck einer richtigen Beaufsichtigung ist es nötig, folgende Aufzeichnungen dauernd auf dem Laufenden zu halten:

Die Geschwindigkeiten der Schläger, Gebläse und Lieferwalzen, die zugehörigen Baumwollsorten und die Gewichte oder Nummern der zugeführten und abgelieferten Wickelwatten. Dazu die verschiedenen Abfallgewichte für jede Mischung.

Alle Schienen müssen in glattem Zustand gehalten werden, die zwei- und dreischienigen Schläger der Schlagmaschinen werden zweckmäßig umgekehrt, wenn die Schienen, abgenutzt, ungleich oder zackig werden. Wenn jedoch beide Seiten der

Schienen nicht mehr in Ordnung sind, so müssen sie abgehobelt werden.

Wo Gleichgültigkeit bezüglich der Reinigung auftritt, muß entschieden eingeschritten werden. Man sorge dafür, daß jede Maschine den besten Ausfall ergibt und vermeide, daß die Sorgfalt für einzelne Maschinen nachläßt in der Erwartung, daß die folgende Maschine den Schaden wieder ausbessern wird.

Vor allem vergesse man nie, daß die Krempel reine Baumwolle nötig hat und so sorge man dafür, daß in den Krempelsaal ein gut gereinigter Wickel geliefert wird. Ein staubiger Krempelsaal ist das Zeichen einer schlechten Schlägerei und überhaupt einer schlechten Aufsicht.

VII. Abschnitt.

Die Krempel.

Arbeitsvorgang. Auflockerung, Kämmen, und soweit noch notwendig, Reinigen der Baumwolle. Eine dicke Watte von Baumwolle muß zu einem dünnen Vlies verzogen werden und dieses Baumwollvlies wird in einen Strang, Krempelband genannt, zusammengefaßt. Dabei wird die Baumwolle noch vermischt.

Auflockerung. Das Auflockern geschieht durch eine mit Sägeband bezogene Walze, welche die Baumwolle aus der von einer Walze und einer Tischplatte gehaltenen Watte auskämmt. Die Baumwolle geht durch zwei Reihen Zähne, von denen die einen stärker arbeiten, als die anderen. Durch diesen Arbeitsvorgang wird die Baumwollmasse in ihre einzelnen Fasern geteilt.

Reinigung der Baumwolle. Bei der sehr wirksamen Auflockerungsarbeit können die Unreinigkeiten in der Hauptsache ausfallen oder sie werden in den Drahtbeschlag eingedrückt, oder von den Drahtspitzen festgehalten. Ein Abstreichkamm reinigt die Deckel, während die eingedrückten Unreinigkeiten auf der Trommel und dem Abnehmer durch Saugvorrichtungen ausgesogen oder durch Stahlbürsten herausgebürstet werden.

Das Vlies wird gebildet durch Aufnahme der einzelnen Fasern auf eine langsam bewegte Abnehmertrommel, die mit

Drahtbelag umgeben, eine dünne Baumwollschicht bildet, welche durch einen Kamm abgenommen wird.

Das Krempelband ergibt sich durch die Zusammenfassung des dünnen Vlieses und Führung desselben durch einen Trichter und zwei Abzugwalzen, aus denen es als Band herauskommt.

Das Vlies ist ein sehr geeignetes Mittel, um den Baumwollstoff zu untersuchen und daraus zu sehen, wie weit der Reinigungs- und Kämmvorgang wirksam gewesen ist.

Mischung. Das Vlies, so wie es von der Abnehmertrommel abgenommen und durch den Trichter geführt wird, bewegt sich nicht einheitlich. Die Seiten des Vlieses werden mit den übrigen Teilen vermischt, wodurch eine ziemlich weitgehende Vermischung der einzelnen Fasern stattfindet.

Dublierung oder Vereinigung. Ehe das Vlies von der Abnehmertrommel durch den Abnehmerkamm abgestrichen wird, findet auf der Krempel keinerlei Dublierung statt, das Vlies ist also mehr oder weniger eine Wiedergabe der Unregelmäßigkeiten der Schlagmaschinen-Wickel, aber durch das Zusammenfalten des Vlieses und die verschiedenartige Lage, die die Fasern erhalten, während sie durch den Trichter gehen, wird die Wirkung einer guten Dublierung erreicht. Ohne die verschiedenen Bewegungen der einzelnen Teile des Vlieses in Berücksichtigung zu ziehen, so ist schon der Umstand, daß das Vlies zu einem Band zusammengerollt wird, sowohl ein Dublierungsvorgang wie auch ein Mischvorgang.

Geschwindigkeiten.

Baumwollgattung	Tambour	Abnehmer	Speisewalze	Vorreißer
Indische . .	160—180	14—18	2—2,5	420 Umdr./m
Amerikaner .	170—180	15—20	2,5	400 »
Ägyptische .	160—170	10—12	2,3—2,8	360 »
Sea Island .	150—160	5—10	2,5—2,8	300 »

Die Lieferung wird gewöhnlich geändert durch die Auswechslung des sog. Abnehmerwechsel, vermittelst dessen die gesamte Maschine von der Trommelwelle aus angetrieben wird. Natürlich wird die Änderung der Lieferung ebenso erreicht, wenn man die Trommel selbst schneller oder langsamer laufen läßt, aber diese Änderung der Trommeltouren ist so wichtig, daß man sich vorher gut überlegen muß, ob die neue oder die seitherige Trommelgeschwindigkeit die beste ist, für die Arbeit der Trommel selbst. Es können bedeutend bessere Ergebnisse und höhere Wirtschaftlichkeit erzielt werden, wenn die Frage der Trommelgeschwindigkeit mit verständnisvoller Überlegung entschieden wird. Der Kolben an der Seitenwelle, der die Speisewalze treibt, der sog. Nummernwechsel, ändert den Verzug und damit die Nummer und die Lieferung.

Die gebräuchlichen Tourenzahlen der Trommel von 1270 mm Durchmesser sind:

Indische Baumwolle	180 Umdr./m
Amerikaner	170 »
Ägyptische Baumwolle	160 »
Sea Island	150 »

In bezug auf diese Geschwindigkeiten besteht keine feste Regel, die Geschwindigkeiten sind jedenfalls sehr verschieden und ihre Feststellung beruht mehr auf einer Überlieferung.

Vorreisser	240 mm Durchm.
Indische u. amerikan. Baumwolle . .	420 Umdr./m
Ägyptische Baumwolle	360 »
Sea Island	300 »

Die wandernden Deckel bewegen sich mit ungefähr 75 bis 100 mm in der Minute.

Leistung.

Die Lieferung der Krempel wird im allgemeinen aus dem gelieferten Krempelband berechnet unter Zugrundelegung der Umdrehungen oder vielmehr der Umfangsgeschwindigkeit des Abnehmers. Ein sehr gebräuchliches Maß für die Abnehmertrommel ist 630 mm Durchm., und zwar einschließlich des Drahtbelags, Trommeln von 660 mm Durchm. sind auch vielfach gebräuchlich.

Die üblichen Leistungsgrenzen lassen sich etwa wie folgt angeben:

Kurze und indische Baumwolle	60—90 kg	in	10	Std.
Amerikaner und gleichartige. .	50—80 „	„	10	„
Ägyptische Baumwolle	20—50 „	„	10	„
Sea Island Baumwolle	12—25 „	„	10	„

Lieferung der Krempeln in 10 Stunden.

Abfallverlust ist abgezogen, nicht aber Verlust für Stillstände.

Bandgewicht von 10 Yard Gramm	Bandgewicht von 10 Yard Grän	Band Nr. engl.	Minutl. Tourenzahl des Abnehmers von 630 mm Durchmesser 8	9	10	11	12	13	14	15	16	16½	17	17½	18
			kg	kg	kg	kg	kg	kg	kg	kg	kg	kg	kg	kg	kg
4,5	69,4	0,12	46	52	58	64	70	76	82	88	94	97	100	103	105
4.3	66,6	0,125	44	50	56	62	67	73	79	84	90	94	95	98	101
4.15	64,1	0,13	43	48	54	60	64	70	76	81	86	90	91	94	97
4,00	61,7	0,135	41	46	52	57	62	67	73	78	83	86	88	91	94
3,85	59,5	0,14	40	45	50	55	60	65	70	75	80	83	85	88	91
3,73	57,4	0,145	38	43	48	53	58	62	67	72	77	80	82	85	88
3,6	55,5	0,15	37	42	46	51	56	60	65	69	75	77	79	82	85
3,47	53,7	0,155	36	40	45	50	54	58	63	66	72	74	76	79	82
3,42	52,8	0,16	35	39	44	48	52	56	61	64	70	72	74	76	79
3,17	49,0	0,17	32	37	41	45	50	53	58	62	66	69	70	72	74
3,00	46,2	0,18	30	35	39	43	47	50	54	57	62	65	66	68	70
2,68	41,5	0,20	28	32	35	40	43	46	49	52	56	58	60	62	63
2,45	37,9	0,22	25	29	32	36	38	42	45	46	50	52	54	55	57
2,15	33,2	0,25	22	26	29	32	34	37	38	40	43	46	48	49	50
Schnellerlieferung			12,3	13,9	15,4	17	18,5	20	21,6	23,2	24,7	25,8	26,2	27	28

Die Leistungstafel, die nebenstehend aufgeführt ist, enthält die Lieferungen für Bandnummern und Abnehmergeschwindigkeiten in weitem Umfang.

Abfälle und Stillstände einer Arbeitswoche sind ungewisse Umstände, die von der jeweiligen Baumwolle und dem Zustand der Maschinen abhängen, und deshalb muß jede Spinnerei ihre diesbezüglichen Durchschnittszahlen selbst feststellen, so wie sie ihren Verhältnissen entsprechen. Bei einer Berechnung von der Hauptwelle, der Trommel, aus, über das gesamte Getriebe bis zu den Drehtopfwalzen, muß das Gleiten der Riemen mit in die Berechnung einbezogen werden. Nachstehendes Verfahren ist für die Leistungsberechnung anzuwenden.

$$\frac{\text{Abnehmer Umdr./m} \times \pi \times \text{Durchm. in mm}}{1000} \times \frac{\text{gramm von 1 m}}{1000} =$$
$$= \text{kg in 1 Minute}$$

$$\frac{10 \times 60 \times \text{Umdr./m des Abnehmers}}{1000} \times \frac{22}{7} \times \frac{630 \times \text{gramm von 1 m}}{1000} =$$
$$= \text{kg in 10 Std.}$$

Oder man wiegt einen leeren Krempeltopf, läßt dann für eine bestimmte Zeit, sagen wir 3 Minuten, die Krempel laufen und wiegt nun wieder, der Unterschied zwischen den beiden Gewichten ergibt das gelieferte Bandgewicht, aus dem dann die Lieferung in der Stunde, im Tag usw. berechnet wird. Die Stillstände müssen dabei noch abgezogen werden.

Wenn einmal die Lieferung einer Krempel festgestellt ist, für eine bestimmte Abnehmergeschwindigkeit und bestimmte Bandnummer, so ist es leicht, die Lieferung für eine geänderte Abnehmergeschwindigkeit und geänderte Bandnummer zu berechnen.

Angenommen die Lieferung einer Krempel in 10 Stunden sei bei Nr. engl. 0,12 und 16 Umdr./m des Abnehmers 94 kg, dann ist die Lieferung für eine neue Geschwindigkeit und eine neue Nummer:

$$\frac{94\ \text{kg} \times \text{neue Umdr./m} \times \text{alte Nr.}}{\text{alte Umdr./m} \times \text{neue Nr.}}$$

Beispiel für 10 Umdr./m. und Nr. engl. 0,14

$$\frac{94 \times 10 \times 0{,}12}{16 \times 0{,}14} = 50\ \text{kg in 10 Std.}$$

Jeder, der mit den Anfangsgründen der Algebra vertraut ist, kann in diesem Rechnungsansatz die Werte auswechseln und für eine bestimmte Lieferung die hierzu nötigen Geschwindigkeiten des Abnehmers oder die Bandnummern berechnen.

Für Baumwolle, die gekämmt werden soll, kann die Krempel mit großer Geschwindigkeit für große Lieferung laufen und für wenig Abfall eingestellt werden.

Zweckmäßige Band-Nr. Es ist üblich u d zweckmäßig, eine Aufstellung zu machen, welche Bandnummern auf den Krempeln zweckmäßig hergestellt werden, um bestimmte Garnnummern zu spinnen:

Indische Baumwolle .	bis Nr. engl.	20	Band Nr. engl.	0,12
Amerikaner " .	" " "	40	" " "	0,14
" " .	" " "	80	" " "	0,15
Ägyptische Baumwolle	" " "	120	" " "	0,17
Sea Island	über " "	100	" " "	0,24

Diese Zahlen sind natürlich in weitem Maße veränderlich und wenn sie nach den Meinungen der verantwortlichen Spinnereileiter in gewissen Grenzen festgelegt sind, so dürfen diese Zahlen keinesfalls von einer Spinnerei auf alle anderen ohne weiteres übertragen werden. Bei der Aufstellung eines neuen Maschinenplanes müssen notwendigerweise bestimmte Zahlen angenommen werden, um die Leistungen gegenseitig anzupassen. In der Spinnerei selbst steht es der Leitung zu, die Lieferung, die Geschwindigkeiten, die Verzüge usw. den Verhältnissen anzupassen, und es ist oft möglich, die Aufgabe auf verschiedenem Wege zu lösen in bezug auf Wirtschaftlichkeit der Arbeit, der Maschinen, des vorhandenen Raumes usw., ohne Nachteil für das Garn oder die Lieferung. Manche Spinnereien, die in weiten Grenzen die Nummern 20 bis 120 spinnen, liefern an den Krempeln ein gemeinsames Band in der Nummer 0,2 oder sogar 0,22 für sämtliche Garne.

Kratzenbelag. Der Drahtbelag wird nach Nummern bezeichnet, die die Anzahl Drahtspitzen angeben für eine bestimmte Fläche. Die folgende Aufstellung gibt die gebräuchliche Anwendung der Nummern.

Nummer der Kratzen.

Teil	Indische geringe	Indische gute	Brasilianer	Amerikaner	Ägyptische gewöhnl.	Ägyptische beste	Sea Island
Trommel .	80	90	90	100	110	120	130
Abnehmer .	90	100	100	110	120	130	140
Deckel . . .	90	100	100	110	120	130	130

Die Kratzennummer ergibt sich durch die Anzahl Spitzen auf einem Quadratzoll, dividiert durch fünf oder umgekehrt, wenn die obigen Nummern mit fünf multipliziert werden, so ergibt sich die Anzahl Drahtspitzen auf einem Quadratzoll. Ein Drahthäkchen wird gebogen und von rückwärts in das Kratzentuch eingeführt, ein solches Drahthäkchen hat zwei Spitzen und wird deshalb auch als Doppelhäkchen bezeichnet.

Kennzeichnung des Drahtbelages. Es besteht ein großer Unterschied zwischen den verschiedenen Drahtbelagen. Mancher Draht wird schnell abgenutzt, während anderer Draht noch nach 15 Jahren in brauchbarem Zustand ist. Wieder anderer Draht ergibt beim Schleifen Spitzen mit übermäßiger Gratbildung. Dann gibt es Draht, der von Anfang an den richtigen feinen Schliff hat und diesen lange Zeit behält, ehe ein Nachschleifen notwendig ist. Anderer Draht ist so sehr gehärtet, daß er leicht abspringt und dann gibt es wieder Draht, der so weich ist, daß er zu wenig Federung aufweist. Der Draht ist ein Fabrikerzeugnis, das die höchsten Anforderungen an Fertigkeit und Kenntnisse stellt, für die Vorbereitung und die Wahl der geeigneten Stahlsorte, es ist nicht möglich, in Worten genau auszudrücken, welcher Draht zu nehmen ist, oder genau den Winkel, den der Draht haben soll. Etwaige Muster müssen scharf untersucht und verglichen werden und nur Firmen mit bestem Ruf sollten mit der Lieferung betraut werden.

Der Belagstoff muß gut und stark sein, so daß seine, den Draht festhaltende Spannkraft noch nach Jahren anhält. Die Federung des Drahtes und die Spannkraft des Belagstoffes müssen dauernd in Einklang stehen.

Die wandernden Deckel. Die übliche Anzahl ist 106 bis 110 Deckel, von denen 40 bis 42 in Arbeit stehen. Die Breite der Deckel ist gewöhnlich 35 mm. Die Deckelenden sollen stets vollständig rein gehalten werden, man sorge dafür, daß sich keinerlei Abfall auf der Gleitfläche der Deckel festsetzt oder auf der Fläche des biegsamen Bogens. Die Deckel müssen richtig auf dem biegsamen Bogen laufen, ohne andere Berührung. Wenn die Kette der Deckel zu locker ist, so muß sofort nachgeholfen werden. Die Stützen für die Deckel müssen in Ordnung sein. Der Kamm zum Deckelreinigen muß genau gleichlaufend mit den Deckeln eingestellt werden, so daß die reinen Deckel ungehindert nach rückwärts gehen. Man achte darauf, daß kein Flug und Schmutz von darüberliegenden Rohrleitungen, Wellen, Deckenvorsprüngen usw. auf die Dekkel herunterfallen kann. Bei Deckeln, die schräg auf dem Bogen laufen, rührt dies oft von Flug und Schmutz her, die sich zwischen Deckel und Kette festgesetzt haben, man achte jedenfalls darauf, daß jeder Deckel gleichmäßig auf dem biegsamen Bogen aufliegt.

Das Krempeln erfolgt unter den Deckeln infolge der entgegengesetzten Neigung des Drahtbelags. Die Richtung, in der die Deckel laufen, hat wenig Einfluß auf die Krempelwirkung und es ist angezeigt, die Deckel so zu bauen, wie es bisher geschehen ist.

Geschwindigkeit der Deckel. Die Geschwindigkeit ist sehr verschieden, sie beeinflußt den Deckelabfall in bezug auf Menge und Güte, sie wird geändert durch Auswechslung der Riemscheibe. Die gebräuchlichen Geschwindigkeiten sind bei den 1270 mm Trommeln etwa 75 bis 100 mm in der Minute, in neuerer Zeit geht man noch etwas weiter, bis zu 130 mm.

Aufziehen des Kratzenbelags. Das ist eine besondere Arbeit, die vielfach durch geeignete Leute der Kratzenfabriken ausgeführt wird, und die mit den nötigen Vorrichtungen für diesen Zweck ausgerüstet sind. In manchen Spinnereien werden die Krempeln durch den Krempelmeister und seine Gehilfen aufgezogen.

Das Kratzenband lasse man vor seiner Verwendung mehrere Tage lang den Luftverhältnissen des Krempelsaales aussetzen oder jedenfalls der Luft eines wenigstens ebenso warmen und trockenen Raumes. Das Band ist kürzer, wenn es naß ist, als in trockenem Zustand, wird es nun in feuchtem Zustand auf die Trommel gezogen, so wird es nach und nach austrocknen und länger werden und so zweifellos sich aufwerfen und Blasen bilden. Die blanke Metallfläche der Trommel versehe man kurz vor dem Aufziehen mit einem weißen Farbanstrich. Die hölzernen Zapfen zum Annageln des Kratzenbandes müssen unbedingt mit der Trommelfläche glatt abschließen und außerdem gut festsitzen, daß sie sich nicht mehr verschieben. Man verwende passendes Hartholz für diese Zapfen, das gut trocken ist.

Die Anfangs- und Schlußstücke des Kratzenbandes müssen für das Aufziehen zugeschnitten werden, wozu eine gewisse Übung in dem einen oder anderen der verschiedenen Verfahren nötig ist. Eines dieser Verfahren ist in Fig. 4 dargestellt. Für die Praxis ist es zu empfehlen, eine, sagen wir, 150 mm Holztrommel zu benützen und Papierstreifen entsprechend auszuschneiden, um die verschiedenen Verfahren zu prüfen.

Es gibt Leute, die eine einfache Eisenstange verwenden, um beim Aufziehen des Kratzenbandes die nötige Spannung zu erhalten, dieses Verfahren ist aber nicht zu empfehlen. Die Aufziehmaschinen sind viel besser für eine gleichmäßige Spannung und für eine gleichmäßige schraubenförmige Lage mit engeren Anschluß der Bänder, ohne Überlappung. Die gebräuchliche Spannung ist 300 engl. Pfund oder 135 kg.

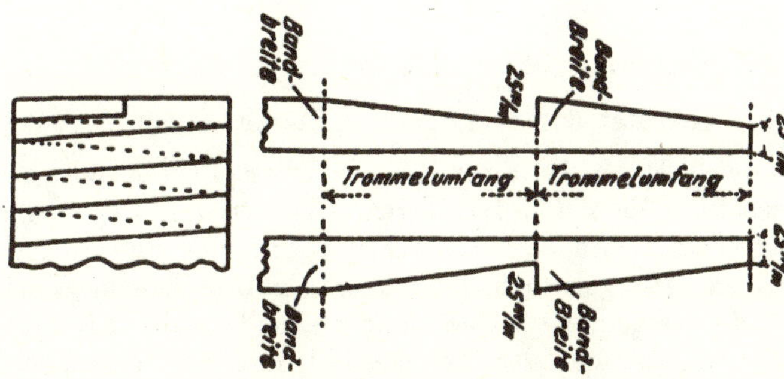

Fig. 4. Aufziehen des Kratzenbandes.

Erneuerung des Kratzenbelags. Die Zeit für die Erneuerung ist sehr verschieden. Manche Spinnereien warten, bis der Belag unbrauchbar ist, aber viele, die es so gemacht hatten, haben schon lange, ehe der Draht auf eine unbrauchbare Länge abgenützt war, feststellen müssen, daß die Krempelwirkung verschlechtert war. Zehn bis zwölf Jahre ist eine genügend lange Zeit, um die Krempel mit einem Belag arbeiten zu lassen, ehe er erneuert wird. In einer vollständig neuen Spinnerei würde das also bedeuten, daß man in etwa 10 Jahren beginnt, die Kratzen zu erneuern und um zu vermeiden, sie alle zugleich aufzuziehen, dies stufenweise durchzuführen, also bei 100 Krempeln etwa vier bis fünf im Monate, so daß die Erneuerung im Verlauf von 2 Jahren erfolgt. In alten Spinnereien ist das Verfahren üblich, die Kratzen zu erneuern, entsprechend der Fertigkeit der Leute eine bestimmte Anzahl im Monat.

Ein oder zwei Firmen machen heute Kratzenbeläge, die vier bis fünf Jahre länger halten als die gewöhnlichen. Über jede Krempel sollte genau Buch geführt werden, bezüglich der Erneuerung des Belags, der Art der Kratzen und über jedes besondere Vorkommnis.

Einstellung. Es bestehen keine festen Regeln für die Einstellung der Krempeln und die meisten Fachleute haben ihre besonderen Ansichten über diesen Gegenstand. Außerdem sind die Verhältnisse verschieden: Krempelart, Geschwindigkeit, Menge der Leistung, Zustand des Belags, Zustand der Lager, Art und Zustand der Baumwolle, geistige Veranlagung des Meisters und des Betriebsleiters, Zustand der vorhandenen Lehren usw.

Die Lehren sind nummeriert, z. B. Nr. 7 und diese Nummer bedeutet, daß die Lehre eine Stärke hat von $\frac{7}{1000}$ Zoll engl., das sind 0,18 mm. Einen Probesatz dieser Lehren sollte der Betriebsleiter für sich aufbewahren, allein zu dem Zweck, die in täglichem Gebrauch befindlichen Lehren von Zeit zu Zeit zu prüfen. Die gebräuchlichen Lehren nützen sich natürlich durch die fortgesetzte Verwendung ab, und da der Krempelmeister zumeist die feste Meinung hat, daß z. B. eine Lehre Nr. 7 unbedingt notwendig ist für die Einstellung der Deckel, so ist es nichts Ungewöhnliches, daß man bei dem Meister eine Lehre findet, die infolge Abnützung nur noch Nr. 3 oder 4 ist. Andererseits werden die Lehren oft leicht verbogen usw., und in solchen Fällen gibt die Lehre Nr. 7 in Wirklichkeit eine Einstellung bis Nr. 10 oder noch mehr. Man werfe deshalb alle mangelhaften und abgenützten Lehren weg, sie geben eine ungenaue Einstellung. Die folgenden Stellungen geben nur einen allgemeinen Anhalt:

		Zoll	mm
Zuführtisch zum Vorreißer . .	Nr. 10	$= \frac{10}{1000}$	$= 0{,}25$
Abfallmesser zum Vorreißer .	Nr. 10	$= \frac{10}{1000}$	$= 0{,}25$
Vorreißerrost zum Vorreißer .	Nr. 10	$= \frac{10}{1000}$	$= 0{,}25$
Vorreißer zur Trommel . . .	Nr. 7	$= \frac{7}{1000}$	$= 0{,}18$

		Zoll	mm
Deckel zur Trommel	Nr. 8	$= \frac{8}{1000}$	$= 0{,}2$
Abnehmer zur Trommel . . .	Nr. 9	$= \frac{9}{1000}$	$= 0{,}23$
Hackerkamm zum Abnehmer .	Nr. 20	$= \frac{20}{1000}$	$= 0{,}5$
Abstreifkamm zu den Deckeln	Nr. 15	$= \frac{15}{1000}$	$= 0{,}4.$

Infolge der Feinheit des Hackerkammes und der hohen Geschwindigkeit, mit der er bewegt wird, ist derselbe dauernd gebogen und dieser Schwingungsbogen erschwert eine enge Einstellung.

Diese Stellungen gelten für Amerikaner und für ägyptische Baumwolle. In manchen Spinnereien werden die Deckel am Anfang (auf der Vorreißerseite) etwas weiter gestellt und gegen das Ende zu (auf der Abnehmerseite) etwas enger. Der Vorreißerrost wird zum Vorreißer vielfach auf der Zufuhrseite ebenfalls weiter eingestellt als gegen die Trommel zu. Die Trommelabdeckungen werden gewöhnlich auf etwa Nr. 30 eingestellt, aber beide, das Vorder- und das Hinterblech, sind verstellbar. Diese Blechplatten werden durch ihre Einstellung benützt, die Menge des Deckelabfalles zu regeln, besonders dient dazu das Vorderblech und in den meisten Spinnereien wird nur an dieser Stelle der Abfall geregelt. In Wirklichkeit ist das nicht der richtige Ort, den Abfall zu regeln, aber es ist leicht zu machen und bedarf keiner großen Überlegung. Die Geschwindigkeit der Deckel zu ändern, ist ein richtigerer Weg. Die Einstellung mittels des Gehörs war und ist in vielen Fällen das gebräuchliche Verfahren, ähnlich wie das Einstellen der Schleifwalzen. Dieses Verfahren ist jedenfalls sehr unzuverlässig, weil es vollständig von menschlichen Fähigkeiten abhängt, die sehr unsicher sind, was man sehr leicht bei der Beaufsichtigung der zumeist nach dem Gehör eingestellten Schleifwalzen feststellen kann. Die Leistungen des Gehörs sind selbst bei derselben Person sehr verschieden, umsomehr bei zwei und mehr Personen.

Die Einstellung der Maschinen geschieht in der Regel bei deren Stillstand, die meisten Einstellungen können überhaupt nur bei Stillstand erfolgen. Bei breiten Krempeln, auch wenn die Deckel und andere Teile verstärkt wurden, ist eine genaue Einstellung schwierig, infolge der Durchbiegung. Man bevorzugt deshalb vielfach und mit Recht 920 mm breite Maschinen vor 1140 mm breiten.

Das so wichtige Nachstellen wird vielfach vernachlässigt, es muß so geregelt werden, daß es stets in angemessenen Zeitabschnitten, z. B. jeden Monat, erfolgt und nicht etwa abgewartet wird, bis am Vlies zu erkennen ist, daß die Krempel nicht mehr gut arbeitet.

Vorderes Stellblech. Wie schon oben angeführt, ist die vordere Blechplatte die Stelle, an der vielfach die Zunahme oder Abnahme des Deckelabfalls geregelt wird. Diese Einstellung erfordert ein gewisses Maß von Verständnis für die Abscheidung des Abfalls, aber auf jeden Fall ist es nicht die richtige Regelung. Vor allem muß darauf hingewiesen werden, daß in Wirklichkeit die Krempelwirkung beendet ist, in dem Zeitpunkt, wenn die Baumwolle an das vordere Stellblech gelangt, es wird somit die wichtige Frage aufgeworfen, woher eigentlich der zunehmende Deckelabfall kommt oder wohin der verminderte Abfall geht. Diese Sache verdient deshalb, daß man ihr einige Worte widmet.

In bezug auf die Stellungen bestehen große Unterschiede, man wird kaum zwei Spinnereien finden, die gleiche Stellungen haben. Darauf ist in gewissem Maße Rücksicht genommen bei der Anbringung der vorderen Lagerstützen für die Deckel, an denen auch der Antrieb der Deckel angebracht ist. Bei den meisten Krempeln ist diese Stütze so angebracht, daß die letzten ein oder zwei Deckel leicht von ihrem Führungsbogen aufgehoben oder abgedeckt sind, sobald der Deckel auf seine Tragrolle übergeht und während diese Deckel in dieser Stellung arbeiten, kommt die Größe der Einstellung des vorderen Stellbleches zur Wirkung. Während die letzten zwei Deckel von ihrem Führungsbogen in verschiedenen Graden gehoben werden, kann natürlich die Stellung des Vorderbleches in bezug auf die Entfernung vom Deckel geändert werden, und zwar kann dies ohne Berührung des Stellbleches erfolgen. Abweichungen in der Einstellung treten oft auf, je nachdem die Lehre bei auf der Riemscheibe liegenden Riemen des Deckelantriebs benützt wird, oder bei abgelegtem Riemen. Bei den meisten Krempeln kann allein der Umstand, daß dieser Riemen einen Schlag erhält, die Stellung verändern und es muß zugegeben werden, daß in vielen Fällen die Stellung nicht so ist, wie sie angenommen wird.

Wenn die Deckel mit der Lehre Nr. 5 gegen die Trommel eingestellt werden, und zwar derart, daß sie auf ihrem Bogen genau aufliegen, und das Vorderblech ist zu den Deckeln mit der Lehre Nr. 22 gestellt, dann wird das Stellblech ungefähr nach der Lehre Nr. 12 zur Trommel stehen. Unter diesen Verhältnissen werden die Deckel keinen Abfall aufweisen. Das betrifft einen Wickel Nr. engl. 0,0016 und Band Nr. engl. 0,22, bei ägyptischer Baumwolle, 160 Trommeltouren und Deckelgeschwindigkeit von 60 mm minutlich. Nochmehr, es ist sehr wahrscheinlich, daß wenn ein Deckel herausgenommen wird, und zwar über der Mitte der Trommel oder jedem anderen Platz irgend einer Krempel, so wird er ohne jede Baumwolle und ohne jeden Abfall sein. Das führt zu dem Schluß, daß die Deckel keinen Abfall aufnehmen, sondern nur helfen, die Baumwolle zu lockern und aufzulösen. Infolge dieser sehr wirksamen Auflösungsarbeit werden Staub, feine Teile von Unreinigkeiten und sehr kurze Fasern frei und fallen in den Drahtbelag der Trommel, und zu einem sehr geringen Teil können sie in den Belag der Deckel getrieben werden. Der Deckelabfall stellt demgemäß ein rein zufälliges Vorkommen dar und genau genommen, sollte er überhaupt nicht da sein. Zwei Gründe für den Deckelabfall und sein gewohntes Erscheinen seien hier angeführt. Die allgemeine Ungleichheit der von den Schlagmaschinen kommenden Wickel liefert an einzelnen Stellen des Trommelbelags einen Überschuß von Fasern und bei deren noch ziemlich verwirrtem Zustand werden viele Fasern nicht durch die Drahtspitzen festgehalten. Der Luftzug, der bei der Drehung der Trommel auftritt, bringt diese freien Fasern zum Auffliegen bei dem Austritt der Deckel am vorderen Stellblech und hier werden sie durch den Drahtbelag der Deckel, nahe bei dem Stellblech, aufgefangen. Der Staub usw., der hier ebenfalls reichlich auftritt, verschwindet gleichzeitig und findet sich in den aufgeflogenen Fasern, wodurch der Deckelabfall sein schmutziges Aussehen erhält. Bei vollständig gleichmäßigen Wickeln und gründlichem Auflockern der Baumwolle in der Schlägerei, wodurch dieselbe von Staub usw. befreit wird, sollten Deckelabfälle nicht vorkommen.

Mit den letzten zwei Deckeln, die sich von ihrem Bogen abheben, so wie es zumeist üblich ist, können dicke oder dünne Abfallstreifen auf den Deckeln erzeugt werden, je nachdem das Stellblech näher oder weiter gegen den Trommelbelag eingestellt wird. Man muß sich also klar darüber sein, daß nicht der geringste Grund vorliegt zu der Annahme, daß durch diese Einstellung eine bessere oder schlechtere Reinigung des Vlieses erfolgt oder daß hier geringer Abfall ausgeschieden oder zurückgehalten werden kann.

Speisung. Man achte darauf, daß die Wickel sorgfältig nach den Krempeln befördert werden. Zerdrückte oder zerrissene Wickel führen zu unregelmäßigem Krempeln. Weiter sehe man darauf, daß die Wickelenden am Wickelstab sich richtig abwickeln und die Wickel gleichmäßig ablaufen. Das Auflegen und Ansetzen der Wickel muß sorgfältig gemacht werden und wenn der Schluß des Wickels auf dem Stab verwickelt ist, also an der Schlagmaschine nachlässig angelegt wurde, so muß sofort dafür gesorgt werden, daß in der Schlägerei diese Nachlässigkeit sofort aufhört. Es muß vermieden werden, daß eine Anzahl Wickel gleichzeitig ausläuft, indem man dafür sorgt, daß ungleichlange Wickel auf die Krempeln kommen.

Die Leute müssen unterrichtet werden über den nachteiligen Einfluß schlecht angesetzter Wickel und schlechter Wickel überhaupt, indem man ihnen an einem Beispiel zeigt, welche Wirkung sich im Vlies ergibt.

Die Belastung der Speisewalze muß auf beiden Seiten gleichmäßig sein. Die Klemmung der Speisewalze auf dem Zufuhrtisch muß über die ganze Breite der Krempel einen gleichmäßigen Druck ausüben. Die Führungswinkel, die die Wickelbreite auf die Breite der Krempel verengen, sollen die Kanten nicht umlegen, weil dadurch harte Leisten entstehen. Die Reinigungsrolle auf der Speisewalze soll regelmäßig gereinigt werden, damit nicht Teile der Ansammlungen in die Krempel gelangen.

Die Abfälle von dem Messer unter dem Vorreißer sollen keine brauchbaren Fasern enthalten, sondern höchstens ganz kurze Fäserchen. Außerdem ist es eine sichere Tatsache, daß wirkliche Abfälle unter dem Vorreißer ein Beweis sind für ungenügende Lockerung und Reinigung in der Schlägerei.

Ungleichmäßige Wickel von der Schlagmaschine. Es soll hier untersucht werden, welche Wirkung die

Ungleichmäßigkeit der aufgelegten Wickel auf die Arbeit der Krempel ausübt. Die dünnen und dicken Stellen eines Wickels zerteilen sich ungleichmäßig auf die ausgebreitete Watte, und in der Klemmstelle der Speisewalze und des Zufuhrtisches befinden sich dicke und dünne Stellen. Eine dicke Stelle wird durch den Druck der Speisewalze festgepreßt, während die angrenzende dünne Stelle mit weit geringerem Druck gehalten wird, und wenn sie bedeutend dünner ist, dann wird sie überhaupt nicht festgehalten. Die Stelle, die genügend festgehalten ist, wird durch den Vorreißer sorgfältig ausgekämmt, aber die leicht gehaltene dünne Stelle wird in größeren Flocken herausgerissen als der dicke Teil, weil sie nicht genügend festgehalten wird. Es ist also einleuchtend, daß die Krempel zu Beginn ihrer Arbeitsweise das Bestreben hat, die ungleichen Wickel auszugleichen, und daß diese Unregelmäßigkeiten nicht ganz unverändert durch die Krempel gehen, daß sie aber, während dem Durchgang auseinandergezogen, im verdünnten Vlies noch ebenso vorhanden sind, wie im Wickel. Es gilt als Tatsache, daß die dicken Stellen eines Wickels die am besten bearbeiteten Teile sind, dagegen sind die dünnen Stellen, welche aus der Klemmstelle ausgerissen oder in Büscheln herausgezogen werden, die schlecht gekrempelten, durch sie entstehen die sog. Wolken im Vlies. Daraus ergibt sich, daß dicke und dünne Stellen im Vlies durch dünne und dicke Stellen im Wickel veranlaßt werden und nicht umgekehrt, wie vielfach angenommen wird. Jeder, der eine Krempel für einige Minuten zur Verfügung hat, kann das leicht selbst feststellen, indem er dicke und dünne Stellen in der Wickelwatte künstlich erzeugt. Wenn man dabei rote oder sonst gefärbte lose Baumwolle verwendet und mit derselben dicke und dünne Stellen in der Watte erzeugt, so kann man sofort die Wirkung im Vlies sehen.

Eine weitere nützliche Kennzeichnung ergibt sich, wenn z. B. ein Meter von einem Wickel abgeschnitten wurde und dann aufgerollt wird, in entgegengesetzter Richtung, als er auf den Wickel gerollt wurde, so ergibt sich eine Dublierung oder Ausgleichswirkung. Dasselbe wird sich ergeben, wenn man Streifen in der Länge des Wickel schneidet und dieselben aufeinanderlegt, genau wie die vier Wickel auf der Schlagmaschine dubliert werden. Wenn diese Länge von einem Meter zu 100 m verzogen wird, so ist das ein Verzug und Dublierung in diesem Ausmaß.

Auf der Krempel wird nun der Wickel bei der Auflage nicht dubliert, aber er wird 100fach verzogen und dann fassen wir das Vlies zu einem Strang oder Band zusammen, falls dabei nun dicke und dünne Stellen im Vlies sind, so können die dicken Stellen die dünnen ausgleichen und wir erhalten als Ergebnis einen sehr bedeutenden Ausgleich. Dieses Ergebnis ist gesondert von einer weiteren Dublierungswirkung, die auftritt, wenn das Vlies vom Abnehmer nach dem Abzugstrichter geht. Viele können sich nicht von dem Gedanken frei machen, daß sich das ganze Vlies derartig bewegt, daß der vom Abnehmer losgelöste Teil gleichzeitig gemeinsam den Trichter erreicht. Wenn man sich die Sache aber genau ansieht, so ergibt sich, daß die Entfernung zum Trichter an den Seiten des Abnehmers größer ist als wie in der Mitte, und da sich das Vlies über seine ganze Breite mit derselben Geschwindigkeit bewegt, so kommt natürlich der mittlere Teil zuerst an den Trichter, während die anderen Teile je nach ihrer größeren Entfernung später ankommen. An dem Eingang des Trichters findet also eine bedeutende Ausgleichswirkung statt. Ein Nachweis dieses Vorganges ergibt sich leicht, wenn man dicht am Abnehmer kleine Papierschnitzel in das Vlies legt und dann feststellt, in welcher Reihenfolge die Papierschnitzel den Trichter erreichen. Das Krempeln ist ein ziemlich schwieriger Arbeitsvorgang durch die auftretenden Ungleichmäßigkeiten, aber die Maschine würde das Spinnverfahren außerordentlich erschweren, wenn sie nicht auf der anderen Seite die Ungleichmäßigkeiten des Wickels ausgleichen würde.

Ablieferung. Ein vollkommen gleichmäßiges, »wolkenloses« Vlies von dem Abnehmer zu erhalten, muß das Bestreben sein. Das Vlies ist aber so fein, daß die Ungleichmäßigkeiten zumeist nicht bemerkbar sind, wenn die dicken und dünnen Stellen nicht wenigstens so stark hervortreten, daß sie als »wolkig« bezeichnet werden können. Wenn jedoch diese »Wolken« sichtbar hervortreten, dann ist das Vlies schon sehr ungleichmäßig. Ein Vlies, das nach oberflächlichem Ansehen sehr gut erscheint, ist in Wirklichkeit außerordentlich ungleich, man darf nur das Band in kurzen Längen abwiegen, um das herauszufinden.

Verstärkte Speisung gibt ein dichteres Vlies als eine leichte, aber die »Wolken« in dem dichteren Vlies sind auf gleichartige Ursachen zurückzuführen als wenn sie in einem dünnen Vlies erscheinen. Das Abstreichen des Vlieses von der Abnehmertrommel erfolgt oft nicht richtig und kann das auf verschiedene Ursachen zurückgeführt werden. Schlecht geschliffener Kratzendraht, vorstehender Draht, rostiger Draht, Wechsel der Feuchtigkeit oder Temperatur, was oft der Fall ist beim Anlaufen am Morgen, oder besonders nach Sonn- und Feiertagen, ein Hakerkamm, der beschädigt oder zu stark in Schwingung ist, ein Kamm, der zu hoch oder zu niedrig ist, ein Kamm, der nicht in der richtigen Entfernung zum Abnehmer steht, ein Abzugtrichter. der nicht vollständig rein und glatt gehalten ist, Abzugwalzen, die zu langsam gehen, oder da wo die obere Walze keinen ausdrücklichen Antrieb erhält, kann sie stehen bleiben, weil sie nicht vollständig rein gehalten wird. Hackerkamm, der zu langsam geht oder dessen Antriebsseil gleitet, Zug von offenen Türen und Fenstern oder Luftzug von der Maschine selbst oder von Riemen, wodurch das Vlies zerrissen werden kann.

Ungleichmäßiges Band. Das kann von der Krempel selbst herrühren, aber auch von der Schlägerei, falls die Wickel nicht gut geöffnet oder nicht gleichmäßig sind. Genaues Anlegen der Wickel, genaues Schleifen von Trommel und Abnehmer in gleichlaufender Richtung, Verhütung eines Luftzugs an den Trommelseiten, ungestörtes Ablaufen der Wickel und sorgfältige Einstellung entsprechend der Baumwolle und der Größe der Speisung.

»Wolken« im Vlies. Die Wolken sind auf verschiedene Ursachen zurückzuführen und ihre Ursache ist gleichzeitig auch ein Grund zu ungleichen Bändern, so daß die folgenden Ausführungen auch eine Ergänzung des vorigen Abschnittes sind.

Ausgelaufene Lager benachteiligen die ganze Einstellung der Krempel. Ein Trommellager, das infolge des Riemenzugs auf der einen Maschinenseite mehr ausgelaufen ist, als das andere Lager, verändert nicht nur die allgemeine Stellung, sondern macht auch die Stellung auf beiden Seiten der Maschine ungleich. Schwingungen der Maschine verursachen eine dauernde Beeinflussung der Stellungen. Schmutzige Speisewalzen, Vorreißer, Trommeln und Abnehmer, Stellungen, die nicht gleichlaufend sind, Krempel, die nicht oft genug ausgestoßen wird, schlechtes Ausstoßen der Trommel, stoßende Deckel infolge abgelaufener Tragrollen oder loser Kette, Abfall der Reinigungswalze an der Speisewalze, der mitgerissen wird, Deckelabfall, der auf den Abnehmer fällt, unrichtig gestelltes Stellblech und Mitreißen von Abfall von den Deckeln durch die Trommel (ein Weg, um den Abfall zu vermindern, wenn sorgfältig gemacht »keine Wolken« verursachend, der aber bei unrichtigem Einstellen »wolkige« Stellen erzeugt), mangelhafter Drahtbelag auf Trommel oder Deckel, offene Stellen im Drahtbelag (das kann »Wolken« verursachen oder auch nicht, es gibt Krempeln, die trotz offener Stellen gut arbeiten), Stellen mit ungleichmäßig gehärtetem Kratzendraht, Ungleichmäßigkeit des Schliffes infolge Verschiedenheit der Drahtsorte, das alles ergiebt schlechtes Arbeiten.

Deckelabfall. Die Mehrheit des Deckelausstoßes ist gute Baumwolle trotz des oft schmutzigen Aussehens. Die Deckel übernehmen denselben am Ende ihrer Laufbahn über der Trommel und sie erscheinen dort als gebogene Fasern und haben deshalb den Anschein, kurz zu sein, bis man sie zu ihrer vollen Länge auszieht. Sie werden in der Spinnerei wieder unverändert benützt, indem man sie in der Mischung oder im Kastenspeiser mit gewöhnlicher Baumwolle vermischt und sie so für gekämmte oder nur gekrempelte Garne verwendet. Für reinen Deckelabfall muß der Kastenspeiser schneller laufen, zweimal so schnell als für gewöhnliche Baumwolle.

Der Deckelabfall gibt ein genaues Kennzeichen von der Arbeitsweise und der Stellung der Trommel und der Deckel durch sein Aussehen, wenn er von den Deckeln ausgestoßen wird. Ungleichmäßiges Aussehen des Abfalls, wie breit und schmal, dick und dünn, sind ein Zeichen für den aufmerksamen Meister und Betriebsleiter, und diese Verhältnisse sind ein Maßstab für die Beurteilung des Mannes, der die Krempeln zu beaufsichtigen hat.

Schleifen. Wenn Trommel, Abnehmer und Deckel nicht in ihrer ganzen Fläche vollkommen glatt geschliffen sind, so wird es nicht möglich sein, sie genau nach der Lehre einzustellen. Wenn die Schleifwalze nicht vollständig gleichlaufend mit der Trommel usw. gestellt wird, so kann keine vollkommen ebene Drahtfläche erhalten werden. Ist die Schleifwalze nicht genau und vollständig rund, so ist ein ebenes Schleifen unmöglich

Es genügt nicht, die Lehre auf jeder Seite der Krempel einzuführen, die mittleren Punkte müssen ebenfalls untersucht werden, um eine richtige Einstellung zu erhalten.

Wenn die Schleifwalze auf der Trommel nicht genau gleichlaufend ist mit der Schleifwalze des Abnehmers, so können die beiden Grundflächen nicht gleichlaufend sein. Für das Schleifen ist also große Genauigkeit notwendig, weil sonst alle Mühe und Geschicklichkeit in der Anwendung feiner Lehren erfolglos ist.

Irgendwelche Nachlässigkeit im Schleifen, mit dem Ergebnis leicht kegelförmiger Trommeln oder Abnehmer, die entstehen, wenn auf der einen Seite etwas mehr abgeschliffen wird als auf der anderen, wird die Arbeit der Krempel nicht viel stören, die vor allem verlangt, daß die Fläche eben ist. Solche kegelförmige Oberfläche kann noch leicht zu jeder anderen geraden Fläche eingestellt werden und wird mit ihr gut zusammenarbeiten. Man wird aber doch die erste Gelegenheit bei einem erneuten Schleifen wahrnehmen, den Fehler auszubessern.

Die Lager und Spindeln der Schleifwalzen sollen stets sauber und rein gehalten werden.

Das Schleifgeräusch der Schmirgelwalze beim Schleifen soll ein gleichmäßiger, über die ganze Breite gehender Ton sein, das will heißen, unausgesetzt gleichförmig. Wenn das Geräusch ruckweise erscheint, so lauft die Schleifwalze falsch, die Lager schlagen oder die Riemen und Seile stoßen oder Blasen und lose Bänder usw. müssen als Ursache gesucht werden. Ein leichter Staub auf einer Schleifwalzenwelle kann die Genauigkeit des Schleifens stören, es muß jedenfalls eine große Sorgfalt aufgewendet werden, während die Walzen von Krempel zu Krempel gehen, es ist dafür eine fortwährende Beaufsichtigung notwendig.

Zweck des Schleifens. Die Spitzen des feinen Drahtbelags müssen geschärft werden. Glatte, runde Drahtspitzen würden ein Gleiten der Fasern ermöglichen und sind deshalb ungeeignet für ein Erfassen und Entwirren derselben. Eine besonders scharfgeschliffene Kante an der Spitze des Drahtes würde andererseits auch nicht zweckmäßig sein, da die Faser darüber weggleiten würde. Nun muß aber hervorgehoben werden, daß es die Spitze des Drahtes ist, die die Krempelwirkung ausübt. Um die Spitzen zu ihrer Arbeit des Entwirrens und des Kämmens zu bringen, müssen sie so gestaltet sein, daß sie die Fasern festhalten können. Das muß durch das Schleifen erreicht werden. Der Draht erhält eine schwach nach oben verlaufende Schneide; unter dem Mikroskop sieht man an der vorderen Seite deutlich sichtbar einen Haken, der nach der Seite hin verlauft. Dieser Haken hält die Baumwolle fest, und die einander gegenüberstehenden Haken von Deckel und Trommel führen dazu, daß die verwirrten Fasern auseinandergezogen und durch die schnell bewegte Trommel mitgerissen werden. Durch starkes Schleifen erhält man große Hackenenden und die Reibung ist dabei so groß, daß soviel Wärme erzeugt wird, um ein teilweises Schmelzen oder Erweichen zu verursachen, das den Drahtspitzen sehr auffallende Haken gibt. Das Schleifen muß also als eine schwierige Sache angesehen werden, die großen rauhen Haken können unter den empfindlichen Fasern während ihrer Bearbeitung eine große Verheerung anrichten.

Regelung des Schleifens. Die Arbeitsregelung ist für das Kratzenschleifen von Wichtigkeit. Die Richtschnur ist leichtes, aber oftmaliges Schleifen. Die sehr fein gerauhte Schneide des Drahtes wird bald abgestumpft und verlangt Erneuerung, und ein ganz leichtes Schleifen mit der Schleifwalze wird die Schneide wieder herstellen. Geschwindigkeit, Lieferung und die Art des Drahtbelages bedingen die Häufigkeit des Schleifens. Die Zeiten für das Schleifen sind in den einzelnen Spinnereien verschieden. Eine halbe Stunde zweimal in der Woche ist die höchste Grenze und auf der anderen Seite ist das äußerste einen Tag im Monat. Das erste ergibt gutes Krempeln und das andere Verfahren bedeutet Menge aber geringeren Stoff.

Schleifwalzen. Für neuen Drahtbelag nimmt man zuerst eine Vollwalze und dann zum Nachschleifen eine Schleifscheibe. Das Schmirgelband muß erneuert werden, sobald der Schmirgelbelag beschmutzt ist. Es ist zweckmäßig, das Erneuern des Schmirgelbandes nicht selbst in der Spinnerei auszuführen, in den Spezialwerkstätten, wo man die besonderen Werkzeuge zur Verfügung hat, ist es leichter, die notwendige, vollkommen runde Oberfläche der Schmirgelwalze zu erzielen. Diese Spezialarbeit sollte zudem nur durch Firmen ausgeführt werden, deren Leute Erfahrung haben in der Erzeugung einer tadellosen Schleiffläche, in den Spinnereien selbst, wo diese Arbeit nur nach längeren Zeitabschnitten notwendig wird, fehlt vielfach die Erfahrung. Schlecht aufgezogenes Schmirgelband ist oft die Ursache langandauernden schlechten Schleifens und schlechter Krempelung.

Schleifgeschwindigkeit. Die Trommel der Schleifkrempel läuft natürlich mit derselben Geschwindigkeit, wie beim Krempeln. Die Abnehmertrommel muß eine erhöhte Geschwindigkeit entsprechend der gleichen Umfangsgeschwindigkeit, wie die der großen Trommel erhalten. Die Schleifwalze erhält 500 bis 800 Umdr./m.

Beaufsichtigung des Schleifens. Unrichtiges Schleifen ist nicht immer leicht festzustellen und trotz strenger Aufsicht kommen immer wieder Nachlässigkeiten vor. Es sollten stets genaue Aufschreibungen gemacht werden, von jedem Schleifen, mit Datum und Dauer des Schleifens. Ein Bogen Papier wird in Felder eingeteilt und nummeriert mit den Nummern der Krempeln, und diese viereckigen Felder werden nun mit dem Datum usw. ausgefüllt, so daß eine fortlaufende Aufzeichnung entsteht, die vor allem das Übergehen einzelner Krempeln, das nicht selten vorkommt, verhindert. Ein täglicher Blick auf diese Aufstellung durch die Betriebsleitung ergibt sofort ein Bild, was getan wurde und was nicht, welches die neu geschliffenen Krempeln sind und welches die alten, um bei den ersteren und letzteren im Durchgehen schärfer zu prüfen, wie sie arbeiten.

Mit einem Vergrößerungsglas kann man feststellen, ob durch das Schleifen besonders große Haken entstanden sind, ob einzelne Spitzen aus der Reihe gedrückt wurden. Es wird uns auch zeigen, wenn einzelne Spitzen ungleich geschliffen wurden, was oft auf losen oder auch zu harten Draht, der gerade bei dem besten Kratzenbelag vorkommen kann, zurückzuführen ist. Milder Stahl, gehärtet, mit dem sogenannten Pflugschliff, gilt als der beste Draht für die Krempeln.

Deckelschleifen. Das wird in der Regel mit besonderen Apparaten ausgeführt, die die Deckel so festhalten müssen, daß sich eine genaue gleichmäßige Oberfläche ergibt. Von Zeit zu Zeit ist es empfehlenswert, die Deckel herauszunehmen, auf einer besonderen Deckelschleifmaschine wieder gleichmäßig zu schleifen und dann wieder einzusetzen. Durch dieses Schleifen wird die frühere Genauigkeit wieder hergestellt, vorausgesetzt, daß die Ständer, Ketten usw. und vor allem das Ausrichten der Ständer noch stimmen und die Teile keinen unzulässigen Spielraum haben. Nur wenige Betriebe machen sich die Mühe, die Deckel auf eine besondere Schleifmaschine herauszunehmen, es ist jedenfalls das beste Verfahren. In manchen Spinnereien ist es eine schwierige Sache, besonders wenn an Arbeitern gespart wird! Es müssen passende Schlüssel vorhanden sein, damit die Arbeit schnell erfolgen kann. Ein geübter Mann mit drei Hilfsarbeitern kann einen Satz Deckel in ungefähr einer Stunde wieder einsetzen. Wenn es an Arbeitern fehlt, kann das Herausnehmen und Einsetzen in Überstunden erfolgen, so daß die Schleifer und Ausstoßer nicht von ihrer gewöhnlichen Arbeit abgehalten werden.

Ein besonderer Punkt beim Schleifen der Deckel ist beachtenswert, das ist der sehr langsame Gang der Deckel und die schnellaufenden Schleifwalzen, ein Verfahren, das von dem Trommel- und Abnehmerschleifen sehr verschieden ist. Ein langsames Abnehmerschleifen ist oft gebräuchlich, das zweifellos die Neigung beseitigt, die Drahtspitzen zu erwärmen und ausgeprägte Hakenspitzen zu erzeugen.

Vorreißer-Sägezahnbelag. Dieser wird mit der Zeit abgenutzt, und das ist in Wirklichkeit nicht das schlimmste, wenn die Abnutzung überall gleichmäßig ist. Ist der Belag aber ungleichmäßig abgenutzt, so muß er wieder auf eine gleichmäßige Fläche abgeschliffen werden und wird dann wieder geschärft. Umgebogene Zähne werden, sobald man solche findet, wieder gerade gerichtet. Der Vorreißer wirkt auf schlecht gelockerte Baumwolle wie eine Säge-Entkörnungsmaschine.

Ausstoßen. Das Absaugverfahren ist überall eingeführt, es muß sorgfältig überwacht werden, der Zug darf nicht zu stark und nicht zu schwach sein. Die Düsen dürfen vor allem den Drahtbelag nicht angreifen, was an der Düse sofort sichtbar wird. Das Ausstoßen mittels Bürste muß streng beaufsichtigt werden, weil sonst das Ausstoßen dem Zufall überlassen bleibt. Regelmäßiges Ausstoßen ist notwendig, mindestens dreimal täglich: früh am Morgen, gegen Mittag und nachmittags. Die Ausstoßer können natürlich nicht alle Krempeln zugleich ausstoßen, es wird deshalb eine angemessene Zeit festgesetzt, wozu die notwendige Zeit für z. B. zehn Krempeln unauffällig gefunden wird, und dann empfiehlt es sich wieder, Aufschreibungen zu machen, wie beim Schleifen. In den meisten Spinnereien erfolgt das Ausstoßen schlecht und die Krempeln werden oft nicht ausgestoßen. Der Tiefgang der Ausstoßbürste in den Drahtbelag muß bestimmt werden, denn man kann nicht einfach sagen, daß das Ausstoßen z. B. 3 mm tief gehen soll. Es kann nicht von Vorteil für den Drahtbelag der Krempel sein, wenn die Drahtbürsten Riefen in denselben eingraben, weil sie zu tief in den Belag eingestellt sind. Nicht sorgfältig ausgestoßene Krempeln erhalten unausgestoßene Stellen oder Flecken und Streifen von Ausstoßbaumwolle oder schmutzige Stellen auf der Trommel. Oberflächliches Arbeiten in bezug auf die Geschwindigkeit der Ausstoßbürste kann leicht dazu führen, daß die Trommel den ganzen Ausstoß von der Bürste abstreift und das Krempelband verdirbt oder die Deckel verstopft.

Gute Ausstoßbürsten sind unbedingt notwendig, sie können lange Zeit halten, wenn sie vorsichtig behandelt werden. Wenn sie nicht mehr gut sind, müssen sie aber erneuert werden.

Reinigung. Die Reinigung ist zu bestimmten Zeiten üblich, aber gut eingearbeitete Arbeiter mit dem richtigen Arbeitsgeist sind immer am Reinigen, wann sie gerade Zeit haben. Nach dem Ausstoßen muß abgewischt werden und mindestens einmal täglich wird das Maschinengestell gereinigt. Samstag vormittags wird die Krempel vollständig abgestaubt. Die Abfälle vom Vorreißer werden einmal täglich herausgenommen, von der Trommel und dem Abnehmer einmal wöchentlich, bei besonders unreinem Rohstoff zwei- oder dreimal, je nachdem die Abfallräume unter den Trommeln sich anfüllen. Der Deckelausstoß wird nach Bedarf weggenommen, sobald sich so viel angesammelt hat.

Alle zwei oder drei Monate soll die Maschine sorgfältig in allen Teilen gereinigt werden, so daß keinerlei Spuren von Flug und Schmutz vorhanden sind. Man macht das vielfach auch gleichzeitig, wenn die Krempel zum Schleifen abgestellt wird, und zwar derart, daß das eine Mal die Abnehmerseite mit dem Drehtopf, ein anderes Mal der Vorreißer mit dem Zuführtisch abwechselnd zum Reinigen kommen. Alle Schmiergefäße und Ölleitungen sind zu reinigen. Geölt werden die schnell laufenden Teile zweimal täglich, die anderen einmal täglich. Die Deckelketten werden eingefettet, wenn sie sauber gereinigt sind. Man achte streng darauf, daß kein Öl in das Innere der Maschine gelangt, vor allem nicht in den Drahtbelag. Die Lagergehäuse prüfe man regelmäßig durch Anfühlen, ob sie nicht heiß laufen. Fett und Öl soll stets bereit stehen für den Fall des Heißlaufens.

Viele Krempeln haben ein Blech unter dem Speisetisch, an dem sich eine Menge Schmutz ansammelt, diese Stelle muß deshalb regelmäßig gereinigt werden. Durch das Abstauben der Wellen, Lagerböcke usw. am Ende der Woche fällt eine Menge von Staub und Unreinigkeiten in das Vlies, auf die Deckel usw. Man sorge dafür, daß dies alles wieder weggenommen wird, ehe die Krempel wieder in Betrieb kommt.

Bemerkungen. Nissen oder Finnen, die in der rohen Baumwolle zahlreich vorkommen, sind nicht leicht auszuscheiden, wenn das auf der Krempel nicht gelingt, sind sie im Garn und sogar oft noch im Gewebe vorhanden. Zahlreiche kleine Nissen, die sich oft im Vlies sehr auffallend bemerkbar machen, sind vielfach durch die Wirkung der Krempel selbst erzeugt. Dicke Auflage in der Baumwollzuführung und sehr enge Einstellung können sie verursachen. Abfall, der in die Trommel kommt, oder der von den Deckeln nicht ausgestoßen wird, einzelne Teile der Maschine mit rauhen Kanten oder Bogen oder verbogene Teile oder rauhe Flächen auf dem Weg, den die Baumwolle zu gehen hat, können Anlaß geben zu einem Verwickeln von Baumwolle und Schmutz und diese können nach und nach in das Vlies übergehen und dort Nissen erzeugen. Lange Drahthäkchen, verbogener Draht, hakenförmiger Draht, verkreuzter Draht, Drahtspitzen, die von der Trommel in die Deckel oder umgekehrt übergreifen, sie alle werden Veranlassung geben, daß Trommel und Abnehmer kleine Faserknoten erzeugen, die dann in der Gestalt und unter dem Namen von Nissen auftreten.

Man wird sich eine Menge von Mühe und Arbeit ersparen, wenn die rohe Baumwolle sorgfältig untersucht wird, ehe sie zur Verarbeitung gelangt, um dabei festzustellen, ob Nissen darin enthalten sind. Sind sie schon in der Baumwolle vorhanden, so können sie von der Krempel nicht vollständig ausgeschieden werden. Wenn sie aber von der Krempel herrühren, so muß der Meister darauf hingewiesen werden, daß ihr Vorkommen auf einen Mangel an Sorgfalt zurückzuführen ist und also von ihm verhütet werden kann. Es ist eigentümlich, daß manche Meister ihre Fähigkeit mehr darauf verwenden, Fehler auszubessern, anstatt ihnen vorzubeugen.

VIII. Abschnitt.

Die Strecken.

Zweck. Mehrere vereinigte Krempelbänder zu einem dünneren und längeren Band zu verziehen. Dabei werden die Fasern in der Längsrichtung des verzogenen Bandes gleichlaufend nebeneinander gelegt. Durch die Vereinigung verschiedener Bänder in einem verzogenen Band werden die dicken und dünnen Stellen gegeneinander ausgeglichen und so ein gleichmäßigeres Band erzielt. Mischung der Fasern aus den verschiedenen Bändern zu einem gleichmäßigen Fasergemisch.

Arbeitsweise. Die wesentlichen Bestandteile sind die Zylinderwalzen. Das Strecken oder Verziehen erfolgt dadurch, daß die Bänder zwischen hintereinanderfolgenden Walzenpaaren durchgehen, wobei jedes folgende Walzenpaar eine höhere Umfangsgeschwindigkeit hat, als das vorhergehende. Vier Paare dieser Zylinderwalzen sind im allgemeinen üblich. Während des Arbeitsvorganges werden die Fasern aus der zugeführten Masse herausgezogen und erhalten in dem verzogenen neuen Band eine vollständig neue Lage.

Die Fasern werden aus der Mitte der anderen herausgezogen, das gibt ihnen die Veranlassung, sich auszustrecken und so wird eine gleichlaufende Lage der Fasern erreicht.

Die Vereinigung oder Dublierung der Bänder vor, während oder nach dem Verzug gleicht die Unregelmäßigkeiten dadurch aus, daß mit ziemlicher Wahrscheinlichkeit dicke und dünne Stellen wenigstens teilweise zusammenkommen. Um diese Wahrscheinlichkeit zu verstärken, wird eine größere Zahl Bänder vereinigt oder dubliert.

Das Mischen der Fasern findet während des Verzugsvorgangs statt, und die Lage der Fasern zu einander wird dabei derart geändert, daß sie in dem bedeutend verlängerten Band eine in weitem Maßstab veränderte Lage einnehmen. Diese Mischung findet in desto größerem Umfang statt, je weitgehender die Vereinigung oder Dublierung ist, also je mehr Bänder zu einem Band vereinigt werden.

Zylinderwalzen. Die Zylinderwalzen, in der Spinnerei kurz Zylinder genannt, sind paarweise hintereinander angeordnet. Mehrere Bänder gehen gleichlaufend nebeneinander durch die verschiedenen Zylinderpaare, die Zahl der Bänder geht von vier bis zehn, gewöhnlich sind es sechs oder acht. Diese sechs oder acht Bänder werden, nachdem sie durch die Zylinder gegangen sind, auf der Vorderseite der Maschine zu einem Band vereinigt und werden als *eine Ablieferung* bezeichnet. Eine vollständige Maschine besteht nun aus mehreren solcher »Ablieferungen«, gewöhnlich vier bis acht, und diese Maschine von vier bis acht Ablieferungen wird als *ein* Kopf bezeichnet. Die Baumwolle wird nun aber nicht nur einmal verzogen oder gestreckt, sondern geht durch mehrere Maschinen oder Köpfe, in diesem Fall sprechen wir von zwei, drei oder vier Köpfen der Strecke und meinen damit, daß die Baumwolle durch zwei, drei oder vier zu einem Satz zusammengestellte Maschinen geht.

Zylinderdurchmesser. Der Durchmesser hängt von der Art der Baumwolle ab, oder genau gesagt von der Länge des Stapels. Mit dicken Zylindern kann man keine solch enge Einstellung machen, wie sie für kurze Baumwolle nötig ist. Auf dieser Grundlage gibt die folgende Aufstellung die praktisch zweckmäßigen Durchmesser.

	Vorderzylinder	2. Zylinder	3. Zylinder	Hinterzylinder
Indische Baumwolle.				
Unterzylinder .	28 mm	25 mm	28 mm	28 mm
Oberzylinder .	22 „	22 „	22 „	22 „
Gewöhnliche Amerikaner.				
Unterzylinder .	32 mm	25 mm	32 mm	32 mm
Oberzylinder .	25 „	25 „	25 „	25 „
Gute Amerikaner.				
Unterzylinder .	35 mm	28 mm	35 mm	35 mm
Oberzylinder .	28 „	28 „	28 „	28 „

Ägyptische und Sea Island.

	Vorderzylinder	2. Zylinder	3. Zylinder	Hinterzylinder
Unterzylinder.	38 mm	32 mm	38 mm	38 mm
Oberzylinder .	32 „	32 „	32 „	32 „

Der Durchmesser des Oberzylinders gilt für den Eisenzylinder.

Man sieht also, daß mit der Zunahme der Stapellänge der Zylinderdurchmesser ebenfalls zunimmt, und daß der zweite Zylinder das kleinste Maß aufweist. In allen Spinnereien der ganzen Welt wird man diese Durchmesser überall in annähernd diesen Zahlen vorfinden. Eine genaue Prüfung dieser Aufstellung wird zu Vergleichen und zum Nachdenken anregen und schon allein dieser Erfolg ist von Vorteil. Wenn man sich einen Satz von Zylindern herausgreift und zu den festgestellten Maßen 3 mm für jeden folgenden Satz zuschlägt, so erhält man das, was in der Aufstellung planmäßig zusammengestellt ist. Die Widerstandskraft des Zylinders ist die Hauptgrundlage zur Festsetzung des Durchmessers, der Zylinder muß vor allem gegen eine Verdrehung stark genug sein, außerdem muß er gegenüber dem Gewicht, mit dem er belastet wird, einer Durchbiegung widerstehen. Indische Baumwolle macht in dieser Beziehung dieselben Ansprüche wie ägyptische, nur mit dem Unterschied, daß die Zylinder für die letztere geringer belastet sind.

Aus der Aufstellung ergibt sich, daß der Vorderzylinder und der zweite Zylinder für indische Baumwolle als Mindestentfernung von Mitte zu Mitte $\frac{28 + 25}{2}$ also 26,5 mm aufweisen und eine Stellung von 27 mm auf der Strecke ist also das äußerste, mit dem man für Indische rechnet und jede weitere Stellung ist ohne weiteres möglich. Die Zylinder sind zweifellos auch stark genug, um die für sie gebräuchlichen Geschwindigkeiten auszuhalten, und so wirft sich nur die Frage auf: Warum sind die Zylinder für lange Baumwolle, wie die ägyptische, nicht von gleichem Durchmesser? Der Verzug der indischen Baumwolle erfolgt mit ihren dünneren Zylindern und so ergibt sich die weitere Frage: Warum verschieden starke Zylinder für ägyptische und die anderen Baumwollsorten, warum die Zylinder der ostindischen nicht für alle anderen auch? Man wird noch weitere Fragen stellen können, aber sie liegen alle in derselben Richtung, und die Antwort wird also wahrscheinlich überall dahin gehen, daß die in der Aufstellung angegebenen Zylinder einerseits stark genug sind und auf der anderen Seite lassen sie für die entsprechende Baumwolle die notwendigen Stellungen zu, sie können für die verschiedenen Schwankungen von den längsten bis zu den kürzesten Fasern verwendet werden. Die Durchmesser und Stellungen einer Spinnerei nachzumachen, weil dieselbe gutes Garn liefert, ist ein sehr unsicheres Verfahren, gutes Garn ist viel eher zurückzuführen auf die Verwendung eines Öffners mit stehendem Schläger, oder ähnliche von den Strecken weit entfernte Umstände. Und wenn das bessere Garn von besserer Baumwolle herrührt, dann ist es natürlich ein Fehler, die Zylinderstellungen nachzumachen.

Geschwindigkeiten. Je größer der Zylinderdurchmesser, desto niedriger können die Zylindertouren sein, für dünne Zylinder dagegen muß die Tourenzahl möglichst hoch sein, um eine angemessene Lieferung zu erhalten, obgleich natürlich für hohe Tourenzahlen die dünneren Zylinder weniger geeignet sind, als wie die dicken. Die Frage der zulässigen höchsten Tourenzahl betrifft also nur die dünnen Vorderzylinder, weil alle anderen sowieso keiner übertriebenen Tourenzahlen bedürfen. Die übliche Höchstgeschwindigkeit für einen 28-mm-Vorderzylinder sind 450 Umdr./min und demgemäß etwa 40 m/min. Für diese Höchstgeschwindigkeit sind bei einem 32-mm-Zylinder nur 400 Umdr./min und bei 35 mm Durchmesseer 360 Umdr./min notwendig. Für einen 32-mm-Zylinder sind 450 Umdr./min und damit 45 m/min Geschwindigkeit des Vlieses etwas viel.

Leistung. Die Leistung beruht auf der Umfangsgeschwindigkeit des Vorderzylinders und dem Gewicht des gelieferten Bandes. Wenn die Bänder durch zwei, drei oder vier Streckenköpfe gehen, so ist natürlich die Endablieferung der sogenannten End- oder Ausstrecke für die Leistung der Strecken maßgebend.

Die Berechnung der folgenden Leistungstafel ergibt sich in einfacher Weise:

$$\frac{\text{Umfang in mm} \times \text{Umdr./m des } V_z \times 60 \times \text{Arbeitsstunden} \times \text{Gramm von 1 Yard}}{\times\, 914 \times 1000} = \text{kg.}$$

Beispiel:

$$\frac{35 \cdot 22 \times 200 \times 60 \times 48 \times 5{,}4}{7 \times 914 \times \qquad 1000} = 373 \text{ kg.}$$

Leistung einer einfachen Streckenablieferung in Kilogramm in 10 Stunden.

Für Stillstand ist kein Abzug gemacht.

Nr. engl.	Grän auf 1 Yard	Gramm auf 1 Yard	Umdr./m des Vorderzylinders von 35 mm						
			200	250	280	300	320	350	400
			kg	kg	kg	kg	kg	kg	kg
0,1	83,3	5,4	77	97	108	116	124	136	154
0,115	72,4	4,7	66	83	93	100	106	118	135
0,12	69,4	4,5	64	80	89	96	100	113	128
0,125	66,6	4,3	62	78	86	93	98	108	123
0,13	64,1	4,15	59	74	82	90	95	104	120
0,135	61,8	4	57	72	80	88	92	100	117
0,14	59,5	3,85	55	70	78	86	89	96	114
0,145	57,5	3,7	53	68	76	84	85	93	111
0,15	55,5	3 6	51	66	74	82	83	90	105
0,155	53,7	3,48	50	64	72	80	81	87	103
0,16	52	3,37	49	62	70	78	79	84	97
0,165	50,5	3,27	48	60	68	75	76	81	94
0,17	49	3,17	46	58	65	70	72	80	91
0,18	46,3	3	43	54	60	65	68	75	86
0,2	41,7	2,7	38	48	54	58	62	68	77
0,22	37,9	2,45	35	44	49	53	56	60	70
0,25	33,3	2,15	31	38	43	47	50	54	62

Wenn eine neue Berechnung gemacht werden soll für bestimmte Tourenzahlen, Zylinderdurchmesser, Gewicht auf 1 Yard des Bandes, so ist es nicht notwendig, die ganze Rechnung zu wiederholen. Die ganze Tafel kann durch einfache Verhältnisrechnung festgestellt werden, für irgendwelche andere Umdrehungszahlen, Zylinderdurchmesser und Bandgewichte. Die Lieferung für jeden anderen Durchmesser ergibt sich aus dem Verhältnis der Zylinderdurchmesser zu dem obigen von 35 mm, oder in anderen Worten durch die Division der obigen Leistungszahlen durch 35 und die Multiplikation mit dem neuen Durchmesser, also für

28 mm Durchm. dividieren mit 35 und multiplizieren mit 28
32 „ „ „ „ 35 „ „ „ 32
35 „ „ „ „ 35 „ „ „ 35
38 „ „ „ „ 35 „ „ „ 38

Für Stillstand ist kein Abzug gemacht, es muß also noch im Durchschnitt etwa 20% abgezogen werden.

Es kommt nun noch darauf an, ob die Umdrehungszahl, die wir für die Berechnung annehmen, die theoretisch errechnete ist oder die praktische, am Vorderzylinder gemessene Tourenzahl. Von der theoretisch errechneten Tourenzahl muß für das Gleiten der Riemen der Gleitverlust abgezogen werden, der in den verschiedenen Spinnereien verschieden ist, und vor allem davon abhängt, ob von der Umdrehungszahl der Maschine oder der der Transmission gerechnet wurde. Der Verlust an der Umdrehungszahl und dementsprechend an der Lieferung kann deshalb 5 bis 20% betragen.

Die verschiedenen Baumwollsorten bedingen verschiedene Bandnummern und verschiedene Geschwindigkeiten des Vorderzylinders und dementsprechend erhält man verschiedene Leistungen. Als allgemeiner Anhalt kann folgende Aufstellung dienen, für die Leistung in 10 Stunden:

Indische Baumwolle	70 bis 80 kg
Amerikaner	50 „ 70 „
Ägyptische Baumwolle	30 „ 55 „
Sea Island	20 „ 30 „

Die üblichen Bandnummern sind die folgenden:

Indische und geringe Amerikaner . .	Nr. engl.	0,12 bis 0,14
Gewöhnliche Amerikaner	„ „	0,14 „ 0,17
Ägyptische Baumwolle	„ „	0,17 „ 0,23
Sea Island	„ „	0,23 „ 0,28

Diese einzelnen Baumwollsorten sind oft in weitem Maße verschieden und müssen sie je nachdem beurteilt und behandelt werden. Große Leistungen führen zu hohen Geschwindigkeiten des Vorderzylinders, während die Forderung eines hochklassigen Garnes lamgsame Umdrehungszahlen bedingt. Stellungen und Verzüge können eine Spinnerei in Stand setzen, in bezug auf Güte und Menge Besseres zu leisten, als eine andere.

Verzug. Der Gesamtverzug zwischen den vier Zylinderpaaren kann verschieden sein, je nach den Erfordernissen der Betriebsverhältnisse, feste Gesetze bestehen darüber nicht. Im allgemeinen ist der Verzug auf den Strecken gleich der Anzahl der vereinigten Bändern, so daß annähernd dasselbe

Band erzeugt wird, das an der Strecke zugeführt wurde. Dieser Gesamtverzug wird in drei Einzelverzüge geteilt, die in einer Reihe zunehmen: Ein geringer Verzug zwischen dem Hinterzylinder und dem dritten, ein etwas höherer Verzug zwischen dem zweiten und dritten und ein noch weiter erhöhter Verzug zwischen dem zweiten Zylinder und dem Vorderzylinder. Um Irrtümern vorzubeugen, sei darauf hingewiesen, daß in manchen Spinnereien die Bezeichnung der Zylinder umgekehrt ist, und der Hinterzylinder, bei dem die Bearbeitung beginnt, als erster und die folgenden als zweiter, dritter und Vorderzylinder bezeichnet werden.

Eine gebräuchliche Regel für die Einzelverzüge ist folgendes:

Verzug zwischen Vorder- und zweiten Zylinder: Quadratwurzel aus Gesamtverzug,

Verzug zwischen zweitem und drittem Zylinder: Kubikwurzel aus Gesamtverzug,

Verzug zwischen drittem und Hinterzylinder: der Rest.

Beispiel: Gesamtverzug 6.

$\sqrt{6} = 2{,}45$ der Verzug zwischen Vorder- u. 2. Zylinder

$\sqrt[3]{6} = 1{,}82$ „ „ „ 2. u. 3. Zylinder

$\frac{6}{2{,}45 \times 1{,}82} = 1{,}34$ „ „ „ 3. und Hinterzylinder

Gesamtverzug: $2{,}45 \times 1{,}82 \times 1{,}34 = 6$.

Beispiel: Gesamtverzug 8.

$\sqrt{8} = 2{,}83$ der Verzug zwischen Vorder- u. 2. Zylinder

$\sqrt[3]{8} = 2$ „ „ „ 2. u. 3. Zylinder

$\frac{8}{2{,}83 \times 2} = 1{,}4$ „ „ „ 3. und Hinterzylinder

Gesamtverzug: $2{,}83 \times 2 \times 1{,}4 = 8$.

Man sieht dabei, daß der »Rest« oder der erste Verzug zwischen dem Hinter- und dem dritten Zylinder der Quadratwurzel aus dem zweiten Verzug entspricht.

Beispiel: Gesamtverzug 8.

$\sqrt{8} = 2{,}83$ 3. Verzug

$\sqrt[3]{8} = 2$ 2. „

$\sqrt{2} = 1{,}4$ 1. „

Quadrat- und Kubikwurzeln.

Zahl	$\sqrt{\ }$ Quadrat-wurzel	$\sqrt[3]{\ }$ Kubik-wurzel	Zahl	$\sqrt{\ }$ Quadrat-wurzel	$\sqrt[3]{\ }$ Kubik-wurzel
4	2	1,58	6,25	2,5	1,84
4,25	2,06	1,62	6,5	2,55	1,86
4,5	2,12	1,66	6,75	2,6	1,89
4,75	2,18	1,68	7	2,65	1,91
5	2,24	1,71	7,25	2,69	1,93
5,25	2,29	1,74	7,5	2,73	1,95
5,5	2,34	1,76	7,75	2,78	1,98
5,75	2,4	1,79	8	2,83	2
6	2,45	1,82	8,25	2,87	2,02

Diese Wurzelregel wird von vielen Fachleuten angewendet, sie hat ein wissenschaftliches Ansehen.

Die Multiplikation der Einzelverzüge gibt, wie oben gezeigt, als Ergebnis den Gesamtverzug.

Verschiedene Maschinenfabriken halten sich nicht an die Wurzelregel und viele Maschinen laufen gut, so wie sie abgeliefert wurden. Die Verzüge in solchen Maschinen waren z. B.:

Vorder- und zweiter Zylinder . . . . = 2,75
Zweiter und dritter Zylinder . . . . = 1,75
Dritter und Hinterzylinder . . . . = 1,25
2,75 × 1,75 × 1,25 . . . . = 6.

Stellung der Zylinder. Als Grundlage dient die Stapellänge und die Entfernung zwischen der Mitte des Vorderzylinders und der Mitte des zweiten Zylinders, und zwar ist bei den Strecken diese Zylinderentfernung etwas größer als wie die durchschnittliche Stapellänge, z. B.:

Vorder- bis 2. Zylinder	=	3 mm	mehr als die durchschnittliche Stapellänge.
2. „ 3. „	=	6 mm	
3. „ 4. „	=	10 mm	

Gewichtsbelastung der Zylinder. Die Zylinderbelastung ist eine Sache, die vielfach den Maschinenfabriken zur Entscheidung überlassen wird. Die Gewichte sind deshalb zumeist verschieden, je nach der Herkunft der Maschinen, als allgemeiner Durchschnitt können folgende Gewichte gelten:

Baumwolle	Belastung des Oberzylinders			
	Vorder-zylinder	2.	3.	Hinter-zylinder
	kg	kg	kg	kg
Indische und geringe Amerikaner	9	9	9	9
Amerikaner und geringe Ägyptische . .	8	8	8	8
Ägyptische und Sea Island	7	7	7	7

In einzelnen Maschinen ist das Gewicht des zweiten Zylinders um 1 kg schwerer, das ist aber nicht zu empfehlen.

Diese Gewichtsbelastung der Zylinder ist ein Gegenstand, der ernstlich berücksichtigt werden muß, man darf nicht einfach alles annehmen, so wie es oft vorkommt, denn besonders bei hochklassigen Gespinnsten, wie feinen Makogarnen und dergleichen, machen sich unrichtige Gewichte unbedingt störend bemerkbar. Eine Federwage, die mit irgendeinem Teil des Oberzylinders verbunden wird, während ein Stück feines Band um den Zylinder geht, und wenn man dann die Federwage einhängt und den Zylinder anhebt, so gibt das ein Bild wie sich der Druck verändert, wenn ein Streckenband unregelmäßig hindurchgeht. Nur unter ganz vollkommenen Bandverhältnissen könnte der Druck über die ganze Zylinderlänge gleichmäßig sein.

Wenn auf die Erhaltung der Zylinderbelederung Wert gelegt wird, so müssen die Zylindergewichte niedrig gehalten werden, und es liegt kein Grund vor, höhere Gewichte, als wie die obigen, anzuwenden, wenn der Hauptzweck nur dahin geht, die Baumwolle durchzulassen. Hohe Gewichtsbelastung ist unnötig und unrichtig, aber viele Spinnereien haben diese unnötig hohen Gewichte.

Zylinderlager. Die Oberzylinder werden durch Reibung von den unteren Zylindern angetrieben und in Anbetracht der ausgebreiteten Watte von sechs oder acht Bändern kann man sagen, daß sie von dieser Watte getrieben werden. Die Reibung der Zylinder soll auf ein Mindestmaß herabgedrückt werden und deshalb hat man für die verschiedenen Verhältnisse jeweils besondere Lagerung, wie lose Lagerbüchsen an den Zylinderenden, lose Hülsenzylinder, ein- oder zweistufige Zylinder, für beide die Stufen fest oder als lose Hülsen. Das wird je nach Neigung ausgeführt. Zum Beispiel, einzelne wollen die Zylinder einstufig in einer Länge für jede Ablieferung haben, mit losen Messingbüchsen an den Enden. Andere bevorzugen die Zylinderfläche in zwei Teile geteilt, also zweistufig mit losen Messingbüchsen an den Enden. Wieder andere verlangen einen losen Hülsenzylinder für den Vorder- oder den Vorder- und zweiten Zylinder oder dasselbe zweistufig in der Ausführung von zwei halben Hülsen. Die losen Hülsenzylinder verlangen eine sorgfältigere Behandlung und natürlicherweise sind sie kostspielig, aber die Gewichtsbelastung ist besser verteilt und die Reibung ist geringer.

Zylinderlack. Man lasse alle Zylinder lackieren, sorge aber dafür, daß das Lackieren gut ausgeführt wird. Man wird natürlich an Arbeitszeit sparen, wenn nur der erste und zweite Zylinder lackiert wird. Es soll nur ein guter Lack verwendet werden, den man kaufen oder selbst machen kann. Der Lack wird gewöhnlich in der Zylindermacherei hergestellt und vielfach werden alle möglichen sogenannten Geheimmittel verwendet. Tierische Leime wie Fischleim (Hausenblase), Lederleim, Knochenleim und arabischer Gummi sind die Hauptbestandteile des Zylinderlacks. Diese Stoffe werden mit verschiedenen anderen Sachen gemischt, wie Chromsalz, Essigsäure. Grüne, rote oder schwarze Farbstoffe werden beigegeben und gewisse Flüssigkeiten von leicht trocknender Art. Geringe Beigaben gewisser Schutzmittel werden noch hinzugefügt, das ist gewöhnlich Hopfen-, Thymian- oder Dostenöl. Ein entsprechendes Verfahren ist im folgenden gegeben.

Man nimmt 200 g Leim und 100 g arabischen Gummi und lasse dieselben in $^3/_4$ l kaltem Wasser während 24 Stunden aufweichen. Die folgenden Stoffe werden in ein feines Pulver zermahlen und mit so viel Wasser vermischt, daß ein dicker Teig entsteht:

100 g Chromgelb (Bleichromat),
100 g Chromzinnober (basisches Bleichromat),
75 g grünfarbiges Trockenpulver,
50 g Graphitpulver.

Den Leim und Gummi bringt man in ein Zweilitergefäß und kocht sie auf. Nun gibt man den angemachten Chromatteig mit etwas Methylalkohol oder Weingeist hinzu, etwa zwei Eßlöffel voll. Wenn sorgfältig gemischt, erhält man nach dem Erkalten eine gallertartige, zähe Masse. Entsprechend der Anzahl Zylinder, die zu lackieren sind, schneidet man aus dieser Masse ein Stück heraus und wärmt es auf, und diesen Lack streicht man nun mit einem Kamelhaarpinsel oder Fischpinsel auf die Lederzylinder.

Der Lack muß in einer glatten Fläche aufgetragen werden und muß gleichmäßig trocknen. Die geringsten Zeichen von Rissen bedingen ein Erneuern des Lackes, weil sonst gute Fasern aus den Bändern hängen bleiben und von den Putzwalzen oder den Putztüchern mitgenommen werden. Wo die Lackfläche oder das Leder aufgesprungen sind, muß sofort abgeholfen werden. Das Erneuern der Zylinder in gewissen Zeitabschnitten ist zweckmäßig, der Arbeiter kann wöchentlich ein bis zwei Ersatzzylinder erhalten. Besser ist es jedoch, wenn man die Lederzylinder dauernd untersuchen läßt, wobei dann alle Zylinder, die die geringsten Zeichen einer rauhen oder unebenen Fläche oder von rissigem Lack aufweisen, ausgewechselt werden. Zuviel Leim oder Leim von geringer Sorte wird leicht klebrig, wenn die Luft sehr feucht ist. Eine heiße, trockene Luft ergibt leicht rissigen Lack.

Abstellvorrichtung. Die Abstell-Löffel oder Fühler müssen sofort in Ordnung gebracht werden, wenn sie irgendwie verbogen oder beschädigt sind. Man achte darauf, daß die Löffel genau im Gleichgewicht stehen. Die Löffel müssen leicht und schnell arbeiten und verlangen deshalb eine genaue Einstellung; die Oberfläche muß durchaus glatt sein. Die Hakenenden des Fühlers dürfen nirgends aufliegen, vor allem nicht auf der schwingenden Abstellschiene. Die Abzugtrichter müssen sauber gehalten werden und die Öffnungen zum Abziehen des fertigen Bandes in der richtigen Größe, jedenfalls nicht zu große, damit nicht Abfallklumpen hindurchgehen. Die Abstellstangen der Abzugtrichter müssen prompt in Wirkung treten und deshalb gut in Ordnung sein. Abstellvorrichtungen, die infolge Flug oder dicker Stellen im Band in Wirkung treten, werden die Unregelmäßigkeiten wegschaffen bis wieder angelegt wird.

Das fertige Band für die Nummerbestimmung soll genau gewogen und bezeichnet werden. Man lasse das sorgfältig machen, und wo eine Abweichung festgestellt wird, kann sie zurückgeführt werden auf ein Verziehen des Bandes, sei es vor oder nach dem Durchgang durch die Zylinder. Die Numerierung muß wiederholt werden, so daß der richtige Betrag des reinen Zylinderverzugs berechnet wird. Die Gänge in den Führungsplatten und die Platten selbst müssen vollständig glatt gehalten werden. Zackige Stellen oder rauhe Flächen, die oft durch Stoßen oder unsachgemäße Behandlung von Schraubenschlüsseln usw. veranlaßt sind, müssen sofort geglättet werden.

Vereinigung oder Dublierung. Das ist eine wichtige Arbeit der Strecken. Der Verzug ist nicht das eigentliche Merkmal der Arbeit an der Strecke, sondern das vielfache Vereinigen der Bänder gibt der Strecke ihre Bedeutung, die sie in der Spinnerei einnimmt. Es ist der Betrag der Vereinigung oder der Ausgleich der Unregelmäßigkeiten zu einem gewissen durchschnittlichen Ergebnis, die die Zahl der Strecken vorschreiben, die für den betreffenden Rohstoff notwendig sind.

8fache Vereinigung auf 3 Maschinen

$= 8 \times 8 \times 8 =$ 512 Dublierungen

6fache Vereinigung auf 4 Maschinen

$6 \times 6 \times 6 \times 6 =$ 1296 Dublierungen

6fache Vereinigung auf 2 Maschinen

$6 \times 6 =$ 36 Dublierungen

Diese Dublierungszahlen sind zweifellos irreleitend, ihrer Größe steht sicher in keiner Weise eine gleichgroße Verringerung der Unregelmäßigkeiten des Bandes gegenüber. Es würde zweifellos richtiger sein, die Vereinigungen für ihre Wirkung der Vergleichmäßigung zu addieren, um so Zahlenverhältnisse zu erhalten, die mit dem tatsächlichen Ergebnis besser übereinstimmen. In Wirklichkeit erfolgt auch die Vergleichmäßigung durch die Addition größerer und kleinerer Fasermengen zu einer Durchschnittszahl. Es soll damit nicht gesagt werden, daß die Dublierungen nicht miteinander multipliziert werden sollen, z. B. gegenüber den Multiplikationen der Verzüge, sondern nur, daß die großen Beträge aus den Faktoren der Dublierungen in der gesamten Spinnerei nicht das richtige Verhältnis geben zu dem Betrag der Vergleichmäßigung, wenn sie richtig wären, würde das bedeuten, daß die Ungleichmäßigkeiten vollständig aufgehoben sind. Das ist aber keineswegs der Fall, wie sich leicht bei der Numerierung feststellen läßt, und je mehr wir uns darüber klar sind, umso besser.

Zahl der Streckverfahren. Der Umfang des Streckens hängt von dem Zustand des Krempelbandes ab, wenn es sehr ungleichmäßig ist, müssen die Bänder so oft als möglich durch die Strecke gehen. Die Wirkung des Verzugs, hervorgerufen durch das Auseinanderziehen der Bänder, ist ein Längsstreichen der Fasern und da die Krempelbänder aus einer kreuz und quer liegenden Fasermasse bestehen, sei es indische Baumwolle oder die feinste Sea Island, so ist es für sie alle notwendig, sie durch einen entsprechenden Verzug gleichlaufend nebeneinander zu legen. Wenn für amerikanische Baumwolle, so wie man es zumeist antrifft, drei Strecken nötig sind, um ein so weit gleichmäßiges Band zu erhalten, wie es für die Grobbank verlangt wird, so ist die Annahme berechtigt, daß auch die anderen Baumwollsorten für gekrempeltes Garn dieselbe Bearbeitung verlangen. Wenn die Strecke die Fasern in dem wünschenswerten Ausmaß gleichrichtet, so könnte man annehmen, daß nach dem Durchgang durch drei Strecken die Fasern in ungewöhnlichem Maße gleichlaufend gerichtet seien; aber es sind mitunter sogar vier Strecken gebräuchlich. Für gekämmte Garne ist das folgende Verfahren üblich: Eine Strecke, eine Bandwickelstrecke, eine Wickelstrecke, eine Kämmaschine und dann noch zwei oder mehr Strecken. Das gekämmte Band umfaßt also nach dem gewöhnlichen Rechenverfahren eine ungewöhnlich hohe Zahl von Vereinigungen; es enthält auch tatsächlich ein hohes Maß von Gleichrichtung der Fasern, das denkbar ist und es geht ja auch durch zwei Strecken mehr als den üblichen Strecken, so daß es mindestens durch fünf Strecken geht und deshalb eine außergewöhnliche Zahl von Vereinigungen erreicht. Und dies alles geht vor sich, ehe das Band an die Grobbank gelangt. Das gibt einen Maßstab für den Umfang der Bearbeitung, der die Baumwolle ausgesetzt wird zu dem Zweck einen gewissen Grad der Gleichmäßigkeit und der Gleichgerichtetheit der Fasern zu erzielen, ehe das fertige Band erreicht ist.

In einzelnen Fällen läßt man die eine Strecke vor dem Kämmen wegfallen. Das veranlaßt eine gewisse Zunahme des Kämmlings, dieser vermehrte Abfall ist aber nicht so groß, um den Vorteil aufzuheben, der durch die Verringerung einer Maschine und die Verminderung an Arbeit, an Kosten und an Zubehör, die mit einer Strecke verbunden sind, entsteht. Es empfiehlt sich, diesbezügliche Versuche anzustellen und sie sollten unbedingt gemacht werden, um festzustellen, ob die Verwendung einer Maschine notwendig ist, und wenn das Ergebnis zeigt, daß sie überflüssig ist oder sich nicht bezahlt macht, so sollte die Maschine stillgesetzt werden. Es ist nicht zweckmäßig, eine dritte Streckenreihe anzuwenden, wenn diese dritten Strecken das Band nicht in einem entsprechenden Ausmaß verbessern.

Diese Ausführungen weisen darauf hin, daß eine Untersuchung über das Ergebnis der Maschinenleistung oft bestimmte Maschinen als ausschaltbar anzeigt. Ein entsprechendes Ergebnis soll noch angeführt werden, wobei festgestellt wurde, daß wenn das Band von der Kämmaschine unmittelbar auf die Grobbank kommt, ein ebenso gutes Garn erzielt wird, als wenn die üblichen Strecken benutzt wurden, die gewöhnlich zwischen Kämmaschine und Grobbank eingeschaltet sind. Wenn die Kämmaschinen mit einer Abstellvorrichtung ausgerüstet sind und sorgfältig gearbeitet wird, so kann durch Verwendung von weniger Maschinen eine große Ersparnis erreicht werden. Eine gute Bandwickelstrecke, mit richtig arbeitender Abstellvorrichtung, dürfte meistens als Vorbereitung des Krempelbandes für die Kämmaschine ausreichen.

Reinigen und Ölen. Die Strecke muß öfters abgestaubt werden, mindestens dreimal täglich. Das Putzen der Maschine erfolgt ein- oder zweimal in der Woche. Arbeiter, die für die Belange ihrer Maschinen sorgen, werden von selbst daraufsehen, daß alle blanken Teile durchaus glatt gehalten werden, geeignete Glättepulver, wie Schlemmkreide, dürfen deshalb in dieser Abteilung der Spinnerei nicht gespart, sondern müssen reichlich zur Verfügung gestellt werden. Die Strecke ist täglich zu ölen, mit Ausnahme der losen Hülsenzylinder, die nur 14tägig geölt werden. Öl, das leicht trocknet und dabei eine feine Haut dünnen Lackes auf den Maschinenteilen zurückläßt, sollte nicht verwendet werden. Jede Maschine mit diesem braunen Lack ist ein Zeichen der Verwendung eines geringen Schmiermittels. Ein geringer Auftrag eines guten Schmierfettes ist für den Zapfen des Druckzylinders geeigneter als Öl.

Das Großputzen und Abdecken soll alle sechs Monate erfolgen, insbesondere müssen die Lager, Schmierlöcher usw. gereinigt werden. Dabei untersucht man die Lager, die Putztücher oder Putzwalzen, die Zylinderzapfen usw. auf ihre Abnutzung und erneuere die nötigen Teile. Besonders auch die Zähne der Räder müssen auf ihren Zustand untersucht und gereinigt werden und die Räder selbst werden nachgestellt, mit dem richtigen Spielraum. Die Maschine muß wasserrecht gestellt werden, falls der Boden nachgegeben hat oder die Unterlagen verschoben sind. Die Riemen werden nachgesehen, nachgespannt, die Verbindungen in Ordnung gemacht, unter Vermeidung von Überlappungen, wo die Riemen aber genäht werden, achte man darauf, daß die Enden verjüngt werden und die innere Überlappung entgegen der Laufrichtung verläuft. Gutes Riemenleder ist wesentlich zur Verringerung des Riemenreißens, des Riemenflickens und überhaupt des Riemenverbrauchs.

Die Streckenkannen bedürfen ebenfalls einer regelmäßigen Beaufsichtigung, Beschädigungen müssen sofort ausgebessert werden, sie erschweren das Hantieren der Arbeiter und stören das richtige Einlegen und Herausziehen der Bänder.

Wenn die Zylinder gereinigt werden, sind sie vorsichtig herauszulegen, um ein Verbiegen derselben zu vermeiden. Man legt sie mit ihren Enden und mit einigen dazwischenliegenden Lagerzapfen auf Holzständern oder wenigstens auf Holzklötzen in spitzwinklige Einschnitte.

Die Gewichtsentlastung soll stets angewendet werden, wenn eine Strecke längere Zeit steht, vor allem außerhalb der Arbeitszeit.

Bemerkungen. Sauberkeit ist von großer Wichtigkeit für die Strecke. Der Flug sollte andauernd mit einem Staubfeger zusammengefegt werden und der Staubfeger muß regelmäßig gereinigt werden durch Abwischen oder Abzupfen der Flocken von den Borsten und Sammeln des Abfalles in Kannen oder Kasten. Das Schlagen oder Wegwehen des Fluges muß unbedingt verboten werden. Wenn die Maschine abgekehrt wird, so muß man sie abstellen und aller Abfall muß entfernt werden, ehe sie wieder anläuft. Die Reinigungswalzen und Reinigungstücher über und unter den Zylindern müssen möglichst oft geputzt werden.

Schlechte Bänder werden verursacht durch schlechtes Anlegen, vor allem zu weites Überlappen, durch Abfallstücke, die sich von den Reinigungswalzen loslösen und in das Band fallen, unsachgemäßes Abstauben der Lagerstöcke und der Zylinderdeckel, Ansammlung von Flug an der Bandführung, Bandlöffel, die festsitzen und nicht sofort abstellen, Bänder, die durch rauhe Kanten der Streckentöpfe zerrissen werden. Weitergebrauch von Reinigungswalzen, deren Tücher abgenutzt oder beschmutzt sind.

An den Strecken muß besonders vorsichtiges Ölen eingeführt werden.

Heiße, trockene Luft kann in der Baumwolle einen elektrischen Zustand hervorrufen, so daß sich die Fasern aufrechtstellen, oft in solchem Ausmaß, daß dadurch Stockungen und schlechte Bänder entstehen. Die Arbeiter können auch einen leichten elektrischen Schlag erhalten, wenn eine Stromführung durch Verbindung oder Erdung hervorgerufen wird. Das Auftreten dieser Elektrizität in den Fasern ist ein sichtbares Zeichen von dem Auftreten eines den Spinnvorgang störenden Zustandes. Man kann durch eine gute Erdleitung dem Zustand abhelfen, es ist aber zweifellos richtiger, der eigentlichen Ursache der zu trockenen Luft abzuhelfen.

IX. Abschnitt.

Kämmaschine und Vorbereitung.

Vorbereitungsmaschinen. Um ein gutes Ergebnis auf der Kämmaschine zu erhalten, ist ein guter Wickel von gleichmäßiger Dicke auf der ganzen Breite und von großer Gleichmäßigkeit in der Länge notwendig.

Der Wickel wird dadurch hergestellt, daß man eine Anzahl Bänder regelmäßig nebeneinander legt. Die Zahl der Bänder ist abhängig von deren Nummer und von der Breite des Wickels, die übliche Zahl sind 14 bis 22 Bänder. Für die Herstellung des Wickels sind zwei Maschinen in Verwendung, das eine ist die Bandwickelstrecke, welche die Krempelbänder zu einem Wickel verarbeitet, das andere eine Wickelstrecke, welche eine Anzahl Wickel vereinigt und zu einem neuen vergleichmäßigten Wickel verzieht.

Bandwickelstrecke. Das ist eine zusammenhängende Maschine. Krempel- oder Streckentöpfe sind auf der hinteren Seite aufgestellt, deren Bänder durch Führungsplatten und über Fühlerlöffel gehen. Die Bänder gehen dann durch die Streckzylinder und weiter zu den Wickelwalzen, wo sie zu einem Wickel aufgewickelt werden. Wenn eine Maschine in Betrieb ist mit Töpfen, die ungleich voll sind, so daß schließlich eine Kanne als die erste leer wird, so kommt das Anlegen der neuen Bänder nach und nach in ungleichmäßigen Zeitabschnitten und die Anlagestellen sind ungleichmäßig, bald nahe, bald weit voneinander: Die Abstell-Löffel müssen besonders leicht und schnell arbeiten. Die Spinntöpfe müssen so aufgestellt werden, daß die Bänder nicht verkreuzt, sondern durchaus gleichlaufend bewegt werden und mit einem Mindestmaß von Ecken und Bogen. Ein unmittelbarer, gerader Durchgang der Bänder durch die Führungsplatten wird übermäßige Reibung und sogenannten falschen Verzug vermeiden.

Wenn der Wickel von der Bandwickelstrecke unmittelbar zur Kämmaschine kommt, so werden vier Reihen Zylinder verwendet, kommt der Wickel aber auf die Wickelstrecke, so ist es üblich, nur drei Reihen Zylinder zu nehmen. Außerdem werden die Wickel in letzterem Fall 20 bis 30 mm schmäler gemacht, damit sie sich auf der Wickelstrecke noch etwas verbreitern können.

Geschwindigkeit. Die Wickelwalze macht zweckmäßig 40 Umdr./min, sie schwankt jedoch vielfach zwischen 25 und 50 Umdr./min.

Leistung. Die Maschine liefert 200 bis 300 kg in 10 Stunden. Hohe Lieferungen sind nicht zu empfehlen, sie kommen aber oft vor, wenn die Lieferung für die Leistung der Kämmmaschinen nicht zureichen will, so wird oft versucht, die Lieferung zu steigern und das Ergebnis ist gewöhnlich, daß nicht sorgfältig gearbeitet wird und vor allem zusammenklebende Wickel entstehen.

Zylinderstellung und Verzug. Die Stellung der Zylinder entspricht annähernd den Verhältnissen an den Strecken, nur sind die einzelnen Stellungen zwischen den Zylinderpaaren etwas größer, mit Rüchsicht auf die dickere Baumwollschicht. Die Stellung zwischen Vorderzylinder und zweitem Zylinder ist etwa 6 bis 10 mm weiter, als die durchschnittliche Länge des Baumwollstapels, und die Stellungen der übrigen Zylinder sind in demselben Maßstab erhöht.

Der Verzug ist durchweg gering und im allgemeinen nicht über 2 bis $2\frac{1}{2}$, wovon auch wieder der Hauptanteil auf die Streckzylinder und vor allem auf die vorderen Paare fällt. In den anderen Teilen der Maschine ist nur ein leichter Verzug zum Anspannen der Watte.

Bemerkungen. Die Wickelbreite muß der Kämmmaschine angepaßt werden und schwankt zwischen 190 u. 270 mm. Sind die Wickel jedoch für eine Wickelstrecke bestimmt, so erhalten sie dort erst die Breite für die Kämmmaschine und werden auf der Bandwickelstrecke 20 bis 30 mm schmäler gemacht, so daß sie auf der Wickelstrecke die richtige Breite haben.

Die Bänder müssen sehr gleichmäßig und gleichlaufend durch die Zylinder gehen, irgendwelche Verkreuzungen oder Aufbauchungen wirken sehr nachteilig. Verknotung der Bänder gibt späterhin vielfach Anlaß zu Bandbrüchen.

Überall, wo die Bänder aufliegen, müssen die Maschinenteile durchaus glatt sein. Die Wickelscheiben, zwischen denen die Holzspulen für den Wickel befestigt werden, müssen vollkommen glatt sein und dürfen nicht mit den geriffelten Wickelwalzen in Berührung stehen. Der Wickel wird durch die Reibung der Wickelwalzen mitgenommen, die Bremsvorrichtung muß dabei sorgfältig eingestellt werden, so daß sie genau arbeitet, Gewichte oder Gewichtshebel dürfen nicht den Boden berühren. Die Bremstrommel muß von Zeit zu Zeit nachgeprüft werden, ob das Bremsleder oder sonstiger Belag in Ordnung ist, es darf nicht durch Abnutzung zu glatt oder bis aufs Eisen abgearbeitet sein, oder bis auf die Befestigungsbolzen. Die Gewichtsbelastung muß auf beiden Seiten gleichmäßig wirken. Die Zahnstangen müssen sich vollständig frei bewegen und dürfen keinenfalls ruckweise arbeiten. Die Räder der Zahnstangen müssen zu den Zahnstangen auf beiden Seiten gleich eingestellt sein, so daß nicht etwa infolge ungleichen Spielraums in den Zähnen die eine Seite etwas höher ist als die andere.

Eine Abstellvorrichtung für vollen Wickel ist zweckmäßig, doch kann der Wickel jederzeit herausgenommen werden, in beliebiger Größe, so daß die Wickel auf den Kämmaschinen nicht alle gleichzeitig ablaufen.

Band-Wickelstrecke mit >-Auflegetisch. Diese Maschine tritt vielfach an Stelle der vorigen. Die Spinntöpfe werden auf beiden Seiten des winkelförmigen Zuführtisches aufgestellt und nicht auf einem Haufen, wie bei der vorigen Maschine. Das Verkreuzen und Verknüpfen der Bänder wird vermindert und das Anlegen der Bänder und das Aufstellen der neuen Spinnkannen, wenn sie leer geworden sind, verlangt weniger Mühe und Sorgfalt. Die Absteckvorrichtung muß gut in Stand gehalten werden und der Tisch darf nicht staubig sein und muß frei gehalten werden von allen rauhen Stellen und von allem, was den Durchgang der Bänder aufhalten kann. Für Wickel, die für eine Wickelstrecke bestimmt sind, werden drei Reihen Streckzylinder verwendet, falls der Wickel unmittelbar auf die Kämmaschine gelangt, kommen vier Zylinderreihen zur Anwendung. Die Herstellung des Wickels ist im übrigen dieselbe wie bei der vorigen Maschine und die dortigen Bemerkungen gelten auch für diese Maschine.

Leistung. Je nach Größe 200 bis 300 kg in 10 Stunden.

Die Breite der Wickel ist ebenfalls 190 bis 270 mm und, falls für die Wickelstrecke bestimmt, ebenfalls 20 bis 30 mm schmäler.

Wickelstrecke. Wenn eine Anzahl Bänder auf der Bandwickelstrecke nebeneinander gelegt werden, so kann das nicht so genau gemacht werden, daß nicht dicke und dünne Stellen nebeneinander entstehen. Bei gleichmäßigem Einlegen der Bänder lasen sich dünne Stellen ziemlich vermeiden. Um alle Schwierigkeiten zu vermeiden, kann man nun mit den Wickeln ebenso verfahren, wie mit den Kardenbändern auf den Strecken, indem man mehrere von den Wickelwatten vereinigt, damit etwaige ungleiche Stellen ausgleicht und die vereinigten Watten wieder zu einer Watte von der ursprünglichen Dicke verzieht. Die Wickelstrecke hat diese Aufgabe zu erfüllen, sie verzieht die einzelnen Watten und vereinigt, sagen wir, sechs Wickelwatten wieder zu einer Watte. Das dünne Vlies von jedem Streckwerk wird so geführt, daß es sich mit den anderen vereinigt, so daß dieselbe Wattendicke, die einzeln aufgelegt wurde, wieder entsteht. Die dicken und dünnen Stellen gleichen sich dabei zum Teil aus. Es darf dabei natürlich nicht übersehen werden, daß, wenn diese übereinander gelegten Wickel, genau einer auf den anderen gelegt wird, auch dicke Stellen wieder auf dicke und dünne Stellen wieder auf dünne zu liegen kommen, aber ein Teil derselben wird sich doch ausgleichen. Die dicken und dünnen Streifen der einzelnen Bänder in ihrer Längsrichtung können leicht beobachtet werden, wenn das dünne Vlies des einzelnen Wickels aus dem Streckwerk heraustritt, hält man das Vlies gegen das Licht, so zeigen sich deutlich die einzelnen Streifen. Um nun zu verhüten, daß sich die einzelnen Streifen des einen wieder auf die einzelnen Streifen des anderen Wickels legen, versetzt man die Bogenplatten gegeneinander und stellt sie außerdem so, daß der Wickel 20 bis 30 mm schmäler wird.

Leistung: 200 bis 300 kg täglich, je nach Größe.

Zylinder und deren Stellung. Die Zylinderdurchmesser entsprechen etwa den höheren Zahlen für langstapelige Baumwolle auf der Strecke, also 38 mm, 32 mm, 38 mm, 38 mm, ohne daß man an diese Zahlen gebunden ist. Die Zylinder erhalten eine ähnliche Gewichtsbelastung wie auf den Strecken, also bis 9 kg.

Die Stellung zwischen dem Vorderzylinder und dem zweiten Zylinder ist etwa 8 mm weiter, als wie die durchschnittliche Stapellänge und für die weiteren Zylinderpaare nimmt die Stellung je 3 mm zu.

Abstellvorrichtung. Die Vorrichtung, die die Maschine abstellt, tritt in Wirkung, wenn einer der aufgelegten Wickel ablauft, und wenn der neue Wickel voll ist. Man achte darauf, daß diese Vorrichtung gut wirkt und nicht Ansammlungen von Flug ihre Wirkung beeinträchtigen. Es sollen keine gleichgroßen Wickel aufgelegt sein, damit nicht mehrere Wickel gleichzeitig ablaufen und gleichzeitig aufgelegt werden müssen.

Bemerkungen. Das aus dem Streckwerk kommende Vlies ist äußerst empfindlich und zerreißt leicht, man vermeide deshalb, die Maschine dort aufzustellen, wo ein Luftzug das Vlies beschädigen kann. Die Bogenbleche und den Tisch halte man in vollständig glattem Zustand, selbst bei deren bestem Zustand in bezug auf Glätte und Form ist die erzielte Nummer verschieden von der berechneten Nummer, infolge des durch Reibung verursachten Verzugs, eine Beeinflussung, die nicht übersehen werden darf. An manchen Maschinen ist dieser sogenannte »falsche« Verzug bedeutend. Das Vernickeln der Platten und Tische ist deshalb vielfach gebräuchlich, aber die Vernicklung hat oft den Fehler, mit der Zeit abzuspringen und solche Platten geben erst recht Veranlassung zum Verziehen der Bänder und zum Zurückhalten der Fasern. Ein Abwischen mit Schlemmkreide am Morgen beim Anlaufen wird ein gutes Laufen ermöglichen.

Dem Tisch entlang sollten drei Paar schmale Leitwalzen angebracht werden, und zwar mit richtigem mittelbarem Antrieb. Ebenso sollten die beiden großen Preßwalzen am Ende des Tisches durch Rädergetriebe angetrieben werden, damit die unteren Walzen nicht die oberen durch Reibung mitnehmen müssen. Die Gewichtsbelastung muß auf beiden Seiten gleich sein, dementsprechend hat die Einstellung des Gewichtes zu erfolgen. Für die Preßwalzen sind Kugellager zu empfehlen.

Die Bremsvorrichtung verlangt besondere Aufmerksamkeit. Sowohl die Lederbremse als auch die Bandbremse müssen von Öl und Flug freigehalten werden und dürfen in ihren Teilen nicht abgenutzt sein. Die Pressung ist am wichtigsten für den ersten Teil des Wickels, damit sich dieser nicht durch den äußeren Druck verschiebt. Wenn der Druck während der Bildung des Wickels zunimmt, so wird sich der weichere Teil in Falten legen und der Wickel wird nicht brauchbar sein. Um das zu verhüten, empfiehlt es sich, eine Verminderung des Bremsdruckes vorzunehmen mit der Zunahme des Wickels.

Mit entsprechender Sorgfalt lassen sich Band- oder Wattenbrüche verhüten. Wenn eine Watte zerreist und eine Lücke entsteht, so muß ein Stück eingelegt werden mit einem Stück von einem anderen Wickel. Wenn durch irgendwelche Veranlassung ein einzelnes Zylindervlies zerreißt, so ist es besser, die fehlerhafte Stelle auszuscheiden. Vor allem muß auch die Sperrvorrichtung in Ordnung gehalten werden.

Eine heiße, trockene Luft in diesem Raum ist nachteilig für die Arbeit dieser Maschine, der dabei auftretende elektrische Zustand bringt die Fasern des Streckvlieses in Unordnung und veranlaßt zusammenklebende Wickel. In trockener Luft ist es schwierig, zufriedenstellend zu arbeiten.

Hebevorrichtung für die Zylindergewichte sind zu empfehlen.

Wenn an Stelle der üblichen sechs Köpfe nur fünf für die Wickelstrecke angewendet werden, so bringt das Vorteile in verschiedener Richtung und es hat nur den geringen Nachteil, daß ein kleiner Teil des üblichen Verzuges verlorengeht.

Kämmaschine. In England sind zwei Maschinen dieser Gattung in Betrieb, die Heilmannsche Kämmaschine und eine Abart derselben, die Nasmith. Ein Vergleich zwischen diesen beiden Maschinen erübrigt sich heute, aber in der ersten Zeit, als die Nasmith aufkam, ergaben sich zahlreiche Meinungsverschiedenheiten über die besonderen Vorteile der beiden Maschinen. Diese Meinungsverschiedenheiten oder richtiger gesagt, Vorurteile sind auf dieselben Gründe zurückzuführen, die vielen anderen Neuerungen der Baumwollspinnerei die Einführung in die Spinnerei erschweren. Die Beherrschung der Baumwollspinnerei beruht auf einer langen Erfahrung und einer gründlichen Kenntnis aller Feinheiten der Spinnereitechnik und der Wirkung aller technischen Einzelheiten auf die Baumwolle von verschiedener Stapellänge, auf die verschiedenen Garnnummern usw. Die Einführung einer Neuerung wirft nun diese Erfahrungen und tatsächlichen Kenntnisse teilweise um und bedingt eine Umstellung der gelernten Tatsachen oder wenigstens eine Neueinstellung bestimmter Einzelheiten auf die neuen Verhältnisse. Ein solcher Umsturz der Meinungen veranlaßt zumeist gegenüber der Einführung von neuen Verfahren einen passiven, oft aber auch einen aktiven Widerstand und die Folge davon ist, daß Verbesserungen sich ihren Weg zur allgemeinen Einführung erst nach langer Zeit erzwingen. Unsere neuere Zeit, mit ihrer weitgehenden technischen Bildung, geht leichter auf Verbesserungen und die Gründe für deren Ergebnisse ein und macht sich vertraut mit den Grundlagen der neuen Verfahren und ihren Vorgängen. Ein zeitgemäßer Spinnereileiter ist imstande, die Vorteile und Nachteile in der Spinnerei selbst festzustellen und Neuerungen und Verbesserungen aufzunehmen, die seinen Betrieb vorwärts bringen.

Die drei Punkte, Anzahl der Schläge, Gewicht von 1 m aufgelegten Wickels und Wickelbreite beeinflussen die Leistung. Der Kämmling (Abfall) kann auf jeden gewünschten Betrag eingestellt werden und beruht zumeist auf einem Vergleich zwischen der gewünschten Reinheit des fertigen Bandes und dem Abfall, den man als Verlust zulassen will.

Leistung und Geschwindigkeiten.

Heilmannsche Kämmaschine.

Minutl. Schläge	Wickel-gewicht Gramm/m	Wickel-breite mm	Abfall %	kg auf 1 Kopf in 10 Std.	Baumwolle
80	13,5	190	20	2,9	Sea Island
80	15,5	215	20	3,3	„ „
80	18,5	270	20	4	„ „
80	15,5	190	18	3,4	Ägyptische
80	18	215	18	4	„
80	22	270	18	5	„
80	15,5	190	18	3,4	Amerikaner
80	18	215	18	4	„
80	22	270	18	5	„

Kammwalze. Die Walze ist in vier Abschnitte eingeteilt, 110° des Kreises sind mit Nadeln besetzt, 70° sind geriffelt, die den Nadeln gegenüber liegen, so daß zwischen der ersten Nadelreihe und den Riffeln und der letzten Nadelreihe und den Riffeln je eine glatte Fläche von 70° und 110° frei bleibt. Gewöhnlich sind 17 Nadelreihen auf der Walze, und zwar erhöht sich sowohl die Anzahl der Nadeln als ihre Feinheit von der ersten Reihe bis zur letzten. Die Stärke der Nadeln wird nach der Birminghamer Drahtlehre bezeichnet, sie geht im allgemeinen von 20er bis 80er. Die Anzahl der Nadeln in einer Reihe wird nach der Anzahl, die auf einem Zoll stehen, bezeichnet. Die Nadeln sind in einer Reihe dicht aneinander gelötet, so daß aus der Länge des Streifens der Durchmesser des Drahtes berechnet werden kann und daraus die Drahtnummern. Fast jede Spinnerei hat ihre eigenen Ansichten über die Anordnung der Nadeln, in folgender Aufstellung ist ein Beispiel wiedergegeben für einen Wickel von 270 mm.

Reihen	Nadeln auf 1 Zoll	Gesamtnadeln
1, 2, 3	56	1764
4, 5, 6	58	1827
7, 8, 9	62	1953
10, 11, 12	70	2205
13, 14, 15	72	2265
16, 17	77	1616
	zusammen	11630

Alle diese Nadeln gehen durch die Wickelwatte 70 bis 95 mal in der Minute. Mit jedem Schlag werden 5 bis 7 mm Baumwolle gespeist und diese Länge der Baumwollwatte wird jedesmal der Kammwirkung von über 11000 Nadeln unterworfen. Bei diesem offenbar sehr großen Betrag an Kämmwirkung wird aber doch nur etwa jede vierte Faser von einer Nadel berührt. Es ist jedenfalls notwendig, daß die Nadeln die ganze Tiefe der Wattendicke des zugeführten Wickels durchdringen, weil andernfalls die Kämmwirkung ungenügend ist und der Einstechkamm eine Menge guter Fasern ausscheidet. Neue Kämme oder Nadelwalzen sollen vor der Ingebrauchnahme sorgfältig mit einem Vergrößerungsglas untersucht werden. Manches schlecht gekämmte Band kommt von schlechter Ausbesserung, von stumpfen, flachen Nadelspitzen, die oft vom Schleifen der Nadelfläche auf dem Schleifstein herrühren. Die Nadeln müssen alle scharfe Spitzen haben, sie dürfen vor allem keine angeschliffenen Haken aufweisen. Gebogene Nadelspitzen müssen gerade gerichtet werden. Ersatz-Nadelstäbe sollen stets zur Verfügung sein, während ein anderer Teil derselben in Ausbesserung ist. Die Riffelplatten sollen stets sauber sein, man halte sie gut geriffelt. Die Kämmwalze darf nicht im geringsten Spielraum haben, es müssen deshalb die Lager in bestem Zustande gehalten werden.

Stellungen und Stell-Lehren. Mit den verschiedenen Stellungen, die üblich sind, könnte man ein ganzes Buch füllen, es wird kaum zwei Leute geben, die, selbst bei denselben Verhältnissen, übereinstimmende Stellungen haben, nichtsdestoweniger glaubt jeder, seine Stellungen seien die besten. Die Zahlen am Stellrad können leicht gestellt werden und das Einstellen mit den Lehren ist eine zweckmäßige Einrichtung. Es müssen dabei eine ganze Anzahl Punkte miteinander übereinstimmen. Die oberen und unteren Zangenbacken müssen mit den Nadeln der Kämmwalze vollständig gleichlaufend stehen. Ober- und Unterzange müssen in ihrer ganzen Breite gleichzeitig zusammentreffen und die Watte einheitlich auf ihrer vollen Breite erfassen.

Der Zangendruck wird auch bei leichten Ungleichmäßigkeiten der Watte wirksam sein, aber es ist selbstverständlich, daß nennenswerte Unregelmäßigkeiten es der Zange unmöglich machen, alle Fasern gleichermaßen festzuhalten und in solchen Fällen können auch lange Fasern durch die Kammnadeln herausgezogen werden. Ungenügend vorbereitete Wickel und hohe Geschwindigkeiten sind vielfach der Anlaß für übermäßigen Abfall und für ungenügende Kämmung.

Speisezylinder und Abreißzylinder, der eine aus Stahl, der andere mit Leder, müssen mit der Kämmwalze in allen Lagen vollständig gleichlaufend stehen. Der Lederabreißzylinder muß mit den Riffeln in einem Augenblick über die ganze Breite gleichzeitig in Berührung kommen. Der Zustand des Lederüberzugs wird es unzweifelhaft aufweisen, wenn der Zylinder nicht richtig gestellt ist; beim Vorbeigehen an den Kämmaschinen genügt ein einfacher Blick, um das festzustellen. Die Zylinder dürfen nicht in ihren Lagern festsitzen, Flug und öliger Abfall müssen stets entfernt werden. Die Riffeln sollen rein gehalten werden, rissige, klebrige und abgenützte Lederzylinder müssen erneuert werden. Man warte aber nicht, bis sich diese Fehler bemerkbar machen, sondern man komme deren Auftreten zuvor, indem man die Erneuerung anordnet, in bestimmten Zeitabschnitten, die durch Versuche festgestellt werden. Wenn durch Unfälle oder andere unvorhergesehene Vorkommnisse der Lederüberzug und dergleichen beschädigt sind, müssen sie sofort erneuert werden. Wenn man sich jedoch allein an diese Zeitpunkte für die Erneuerung hält, so können dabei fortgesetzt Fehler auftreten, bis die festgesetzte Zeit für Erneuerung eintritt. Das muß durch eine dauernde Beaufsichtigung verhütet werden und jedenfalls stelle man stets den Grund fest, falls eine vorzeitige Erneuerung nötig wird.

Einige Ausführungen über die Stellungen sollen hier folgen, aber diese können nur als allgemeine Unterlagen dienen.

Die Kämmwalze hat eine feste Stellung. Diese Lage wird eingestellt durch Verstellen des Stellrades auf 5 und dann wird die Walze auf ihrer Welle gedreht, bis eine Lehre von 28 mm eingestellt werden kann, zwischen dem unteren eisernen Abreißzylinder und der Vorderkante der Riffelplatte. Die Stellehre hat auf der einen Seite einen kreisförmigen Ausschnitt, um ihn dem Zylinder anzupassen, während die andere Seite spitz endet oder nur mit einer kleinen Fläche. Dabei muß man darauf achten, daß die Kante der Riffelplatte nicht abgenützt ist, weil sonst die betreffende Kämmwalze eine andere Stellung erhält. Man schraubt nun die Walze bis in die Stellung dieser 28 mm Lehre.

Die Entfernung zwischen der Oberfläche des Speisezylinders und dem unteren, eisernen Abreißzylinder ist 45 mm für ägyptische Baumwolle und 50 mm für Sea Island. Diese Entfernungen schwanken entsprechend der Stapellänge, sie sind demgemäß für Amerikaner noch kleiner.

Die Entfernung zwischen dem unteren eisernen Abreißzylinder und der Vorderkante der Unterzange ist ebenfalls veranderlich und richtet sich auch nach der Stapellänge. Für ägyptische Baumwolle etwa 30 mm, für Sea Island 35 mm.

Die Zangen müssen zusammengestellt werden auf die Dicke eines gewöhnlichen Schreibpapieres, gleichmäßig an beiden Enden. Papier wird verwendet, weil es sich den Kanten anpaßt, man prüft dann durch Ziehen ob der Griff der Zange gleichmäßig ist. Die untere Zangenplatte muß, wie oben gesagt, bei offener Zange 30 mm vom eisernen Abreißzylinder entfernt sein, die Stellschraube der Unterzange muß etwa 6 mm vorstehen und die Kanten der Unterzange auf 19er oder 21er Lehre von den Kammwalzennadeln, nachdem eine 10 mm Lehre zwischen die Stellschraube und die Zange gestellt wurde. Man entfernt die Lehre und stellt die andere Schraube genau, daß sie die Stelle berührt. Nun wird nachgeprüft, ob die Entfernung zwischen dem unteren eisernen Abreißzylinder und der Kante der Unterzange sich nicht verändert hat. Dann legt man die Federn auf. Jetzt wird die Steuerscheibe rundgedreht, bis die Rollen auf dem kreisförmigen Teil der Steuerscheibe stehen, man legt nun eine 10 mm Lehre unter die Zangen-Stellschraube und stellt dann die Verbindungsstange mittels der Schraubenmuttern so ein, daß die 10 mm-Lehre noch leicht durchgeht. Man dreht die Steuerscheibe der Zange weiter, bis die Spitzen der Zangen-Stellschraube von ihrer Auflagestelle frei sind und dreht dann die Steuerscheibe wieder zurück in ihre vorige Stellung und prüfe, ob der Zwischenraum zwischen Unterzangenplatte und Nadeln noch der Lehre entspricht.

Eine kurze Zusammenfassung ist:

Die Zange wird eingestellt

mit 19er Lehre gegen die Nadeln der Kammwalze für ägyptische Baumwolle,

mit 21er Lehre für Sea Island.

Der Einstechkamm wird auf einen Winkel von 28° gestellt. Es sei darauf hingewiesen, daß die Zahnreihe gegen die Platte geneigt angelötet ist, und dieser Neigungswinkel ist also festgelegt und nicht einstellbar, demgemäß ist die Platte selbst als die Grundlage genommen worden für die Einstellung, und sie wird nach dem bestimmten Winkel gestellt. Für diese Einstellung wird zumeist eine Winkellehre verwendet, die auf dem Einstechkamm eingehängt wird, wobei ein Bleilot den Winkel auf einer Einteilung anzeigt. Mit einer solchen Winkellehre wird der Kamm derart eingestellt, daß für ägyptische Baumwolle die Gradeinteilung 14° anzeigt. Dieser Winkel hat einen gewissen Einfluß auf die Menge des Abfalls und wird zweckmäßig für verschiedene Stapellängen etwas geändert, z. B. je mehr der Kamm geneigt wird, desto mehr Abfall wird sich ergeben. Der Einstechkamm muß gerade knapp vor dem belederten Abreißzylinder anhalten.

Speisezylinder. Die Entfernung zwischen der Oberfläche des Speisezylinders und dem unteren Abreißzylinder ist für ägyptische Baumwolle 45 mm und für Sea Island 50 mm.

Die Bürste soll so gestellt werden, daß die Borsten bis auf das Metall der Nadelstäbe, zwischen dem die Nadeln der Kammwalze sitzen, eingreifen. In einer neuen Maschine mit durchaus neuen Bürsten kann entsprechend der Stellung einer Bürste eine Lehre gemacht und für alle Bürsten verwendet werden, die Bürsten werden jedoch ungleich abgenützt und verlangen eine Nachstellung, wobei jede Bürste für sich eingestellt werden muß, je nach ihrer Abnützung.

Das Blechverdeck der Bürsten soll auf einen Zwischenraum von 3 mm eingestellt werden.

Die Wickelhalter müssen gleichlaufend mit dem Speisezylinder gestellt werden und 6 mm weiter als die Wickel.

Für die Einstellung des ledernen Abreißzylinders wird das 80er Zahnrad auf der Steuerwelle außer Eingriff gebracht. Dadurch ist es möglich, die Steuerwelle zu drehen. Man dreht nun die Steuerwelle, bis der Radbogen nach vorwärts geht, und stellt dann das Stellrad auf 6. Der Zylinder muß die Riffeln bei 6½ erreichen. Die Hubstangen stellt man alle gleich ein, man nimmt ein Stück Papier als Lehre, das die Stangen berühren müssen.

Der obere geriffelte Abreißzylinder muß mit dem unteren vollständig gleichlaufend stehen und muß von dem ledernen Abreißzylinder vollständig frei sein, wenn dieser letztere mit den Riffeln in Berührung kommt.

Einstellung der Arbeitszeiten. Es sind die verschiedensten Zeiteinteilungen für das Zusammenarbeiten der verschiedenen Verrichtungen üblich, nachfolgende Zusammenstellung kann als Anhalt für ägyptische Baumwolle dienen:

Die Zahnkupplung soll eingreifen bei	$^3/_4 = 3$	
Die Speisung bei	$5 = 20$	Zähne
Der Einstechkamm ist unten bei	$5^1/_2 = 22$	des
Vorwärtsgang des Abreißzylinders bei	$6 = 24$	Stell-
Abreißen bei	$6^1/_2 = 26$	rades.
Zangenschluß bei	$9 = 36$	

Besondere Verhältnisse, veranlaßt durch die Stapellänge, Wickelnummer, Menge des auszukämmenden Abfalles, Reinheit der Baumwolle bedingen verschiedene Zeiteinstellung. Verschiedenheiten in dem Bau der Maschinen bringen vor allem Änderungen in der Einstellung mit sich. Es werden kaum zwei Maschinen genau gleich arbeiten und deshalb ist große Sorgfalt in der Einstellung notwendig, um ein möglichst gleiches Arbeiten zu erzielen.

Kämmling. Für viele ist die Frage des Abfalls die wichtigste Sache, sie stellen sich auf den Standpunkt, daß allein die Menge des Kämmlings die Güte des gekämmten Garnes bestimmt. Daher rührt die große Menge an Kämmling, die in manchen Spinnereien vorkommt. Wenn die Kämmaschine auch in ihrer Bedeutung als Streckwerk und als Gleichrichter der Fasern angesehen und nach dieser Richtung mehr gearbeitet würde, als es geschieht, so würde vor allem auch die Baumwolle besser verarbeitet, als es sonst gemacht wird und durch all das wird ein besseres Garn erzeugt. Es ist nicht schwer, festzustellen, ob das erzielte Garn im richtigen Verhältnis steht zu der Menge des Kämmlings. Eine Spinnerei, die mehr als 15% Kämmling erhält, muß unter besonderen Verhältnissen arbeiten und hier ist zweifellos eine gründliche Nachprüfung am Platze.

Ein allgemeiner Durchschnitt von etwa 12 bis 14% Kämmling ist ein Betrag, der als Richtschnur dienen kann für alle richtig gekämmten Garne und nur unter besonderen Verhältnissen, vor allem in bezug auf den Rohstoff, sollte er überschritten werden.

Es ist leicht, viel Kämmling zu erzielen, oder richtiger, das was als Kämmling bezeichnet wird. Eine Untersuchung des Kämmlings wird ergeben, daß derselbe vielfach gute Fasern enthält. Bei gelegentlichen Untersuchungen wird der Kämmling eine Menge krauser Fasern aufweisen, die nach den verschiedensten Richtungen gebogen und verdreht sind, durchsetzt mit Nissen und ähnlichen Sachen, die Tätigkeit der Bürsten und Abnehmer würde aber die gesamten gekämmten Fasern in diesem Zustand versetzen, wenn sie durch die Bürsten gelangten. Die Bürsten werden schlecht beaufsichtigt; sie nützen sich ungleichmäßig ab und ihre Umdrehungszahl bleibt oft unverändert, trotzdem sie abgenützt und kleiner sind, so daß der Abfall unvollständig aus den Nadeln der Kammwalze herausgeholt und ungenügend von der Abnehmerwalze entfernt wird. In solchen Fällen werden die ausgekämmten guten Fasern in einen sehr schlecht aussehenden Stoff verwickelt und das führt leicht zu der Meinung, daß es für das Garn besser ist, wenn all dieses gering aussehende Abfallgemisch herausgekämmt wird. Es ist deshalb notwendig, daß der Kämmling sorgfältig geprüft wird, und zwar nicht nur gelegentlich, außerdem begnüge man sich nicht mit einer Prüfung auf lange Fasern durch Stapelziehen von Hand, das ist ein Verfahren, das oft täuscht.

Je größer der Winkel des Einstechkammes, desto mehr Abfall wird herausgekämmt werden. Je später der Zangenschluß eintritt, desto mehr wird der Abfall zunehmen. Erfolgt die Speisung später, so wird der Abfall weiter zunehmen. Wenn die Stellung zu eng ist, so wird noch mehr Kämmling erzeugt.

Es ist klar, warum in den obigen Fällen mehr Abfall entsteht, aber von welcher Art wird nun der Abfall sein? Es sind nur zwei Maschinenteile vorhanden, die die Fasern usw. ausscheiden, die Nadeln der Kammwalze und der Einstechkamm! Die Kammwalze scheidet den Abfall unabhängig vom Einstechkamm aus, der Einstechkamm dagegen kämmt denjenigen Abfall heraus, den die Kammwalze zurückgelassen oder vielleicht überhaupt nicht berührt hat. Wenn die Baumwolle für die Kämmerei gut vorbereitet wurde, die Fasern also in der erforderlichen Weise gleichlaufend gelegt sind, so wie ein richtiger Verzug die Baumwolle ordnet, dann wird der Einstechkamm nur die letzten Enden der gekämmten Watte reinigen und nur einige wenige kurze Fasern herauskämmen, wenn das Vlies abgerissen wird. Vielfach wird aber durch den Einstechkamm ein großer Teil des Abfalles erzeugt. Durch eine einfache Prüfung kann festgestellt werden, welcher Anteil am Abfall von dem Einstechkamm herrührt.

Beispiele:

1. Heilmann Kämmaschine, 90 Schläge minutlich. Wickelgewicht: 28 g, 1 m.
   Einstechkamm eingesetzt. Durchschn. Kämmling 16,7%, Band-Nr. 0,064.
   Einstechkamm hoch. Durchschn. Kämmling 0,18%, Band-Nr. 0,052.
2. Heilmann Kämmaschine, 95 Schläge minutlich, Wickelgewicht: 25,5 g, 1 m.
   Einstechkamm eingesetzt. Durchschn. Kämmling 14,5%, Band-Nr. 0,214.
   Einstechkamm hoch. Durchschn. Kämmling 1,19%, Band-Nr. 0,186.
3. Nasmith Kämmaschine, 97 Schläge minutlich, Wickelgewicht 31 g, 1 m.
   Einstechkamm eingesetzt. Durchschn. Kämmling 12,4%, Band-Nr. 0,208.
   Einstechkamm hoch. Durchschn. Kämmling 13,17 v. H., Band-Nr. 0,208.
   Ein zweiter Versuch auf dieser Maschine ergab 8,4 v. H. bei hochgenommenem Einstechkamm.
4. Beispiel.

Kämmlingsergebnis in Hundertteilen.

Maschine	Gesamtabfall v. H.	Kammwalze v. H.	Einstechkamm v. H.
Nasmith. . .	14,83	6,47	8,36
» . . .	14,92	6,84	8,08
Durchschnitt	14,87	6,65	8,22
Heilmann . .	11,3	2,53	8,77
» . .	11,1	2,67	8,43
Durchschnitt	11,2	2,6	8,6

Die vorstehenden Beispiele stammen aus gut geleiteten Spinnereien, die ein gutes Garn liefern. Die Proben erfolgten bei der üblichen Arbeitsweise, die in keiner Weise gestört wurde und die Einstellungen usw. waren unverändert. Das eine Kämmwerkzeug, die Kammwalze, hatte 17 Reihen Nadeln und das andere, der Einstechkamm, eine Reihe. Welches der beiden reinigt nun am besten und welches ist der Unterschied in dem Ausfall des Kämmlings, wie er von den verschiedenen Kämmen hervorgebracht wird. Der entsprechende Unterschied im Kämmling und der diesbezügliche Unterschied der Kämme sind also die Punkte, die für das Kämmen in Betracht gezogen werden müssen, ebenso die beiden verschiedenen Verfahren, die Fasern zu kämmen, und die Art der Fasern, die dabei ausgeschieden werden. Es ist außer Zweifel, daß die obigen Versuche nicht die richtigen Verfahren sind, um die tatsächlichen Kämmwirkungen des Einstechkammes und der Kammwalze festzustellen, aber sie zeigen darauf hin, was in der Kämmaschine vorgeht.

Hundertteile des Kämmlings. Es wird regelmäßig für jeden Kopf der Kämmling und der Kammzug festgestellt, z. B. für sechs Minuten Lieferung:

Kämmling	12 g,
Kammzug	70 g

und damit ergibt sich mit dem Rechnungsansatz

$$\frac{\text{Kämmling} \times 100}{\text{Kämmling} + \text{Kammzug}} = \text{Kämmling v. H.}$$

folgendes Ergebnis:

$$\frac{12 \times 100}{12 + 70} = 14{,}6 \text{ v. H.}$$

Mit dieser Feststellung der Lieferung von sechs Minuten erhalten wir zugleich auch die Zahlen für eine Leistungsberechnung:

$$\frac{70 \times 60 \times 10}{6} = 7000 \text{ Gramm in 10 Std.}$$

Bemerkungen. Jeder Kopf einer Kämmaschine muß für sich in gleicher Weise gestellt werden. Jede Einstellung muß sicher und zuverlässig erfolgen, so daß keinerlei Störungen in den Stellungen vorkommen. Die Bewegungen der bewegten

Teile müssen in voller Freiheit vor sich gehen, zu viel Spielraum darf dagegen nicht vorhanden sein.

Man mache regelmäßig Nummernproben mit dem fertigen Kammzug, mindestens zweimal täglich, man prüfe dabei gelegentlich das Band von jedem Wickel und beschränke sich nicht einfach auf das vereinigte Band aus dem Streckkopf, man wird dabei nennenswerte Unterschiede feststellen. Der Kämmling von den sechs verschiedenen Wickeln ist niemals gleich, man prüfe das regelmäßig.

Man stelle fest, ob die Kammnadeln die zugeführte Watte durchdringen, wenn sie nicht vollständig durchgehen, so wird ein Teil des Vlieses nicht gekämmt. Das hat Anlaß gegeben zu der Ansicht, daß bei der Änderung der Entfernung zwischen der Unterzange und den Nadeln der Betrag des Kämmlings geändert wird. Das kommt aber in Wirklichkiet nur davon, daß ein Teil des Vlieses nicht gekämmt wurde, denn wenn die Zange zu weit entfernt wird, so kann die Kämmwalze überhaupt nicht mehr kämmen.

Kräuseln des Vlieses kann veranlaßt werden durch rauhe oder beschädigte Abreißzylinder oder wenn der Abreißzylinder die Kammwalze nicht gleichmäßig oder nicht rechtzeitig erfaßt, oder wenn er nicht genau gleichlaufend zum Unterzylinder eingestellt ist.

Einheitliche Federn sind für einen gleichmäßigen Druck notwendig, man prüfe deshalb alle Federn mittels einer starken Federnwage. Weiter stelle man fest, ob alle Gewichtshaken in ihrer richtigen Stellung sind und die Gewichte in keiner Weise beengt und mit keinem Teil der Maschine in störender Weise in Berührung kommen.

Wenn die Nadeln der Kammwalze verstopft sind, so ist die Bürste nicht richtig gestellt oder lose geworden. Gebrochene Zähne müssen sofort ausgebessert werden. Die Zahnkupplungen müssen, falls sie abgenützt sind, sofort erneuert werden; die Zähne der Kupplung müssen derart gestaltet sein, daß sie andauernd die Getriebe schnell ein- und ausschalten. Alle Teile der Maschine, auf denen Baumwolle bewegt wird, müssen gut geglättet sein und frei von irgendwelchen Ansätzen. Es sollen die Bleche vollständig glatt sein, die Abzugtrichter sauber, Abstellvorrichtungen sollen schnell abstellen. Die Federn müssen stets daraufhin nachgeprüft werden, daß sie richtig eingehängt sind.

Man achte auf genaues Anlegen der neuen Wickel und der Bänder und auf große Reinlichkeit. Wie bei der Wickelstrecke und den anderen Strecken, so ist auch für die Kämmaschine eine heiße, trockene Luft unzweckmäßig, sie verursacht ein Kleben der Wickel, ein Kräuseln der Fasern im Vlies und bringt eine Störung in den gewohnten Kämmlingsabgang. Die Maschine wird unter solchen Luftverhältnissen von elektrischen Strömungen beeinflußt, die sich durch Funken und durch elektrische Schläge bemerkbar machen. Wenn die Wickel für die Kämmerei schlecht vorbereitet sind, so hat das verschiedene Arten von Fehlern zur Folge. Dicke und dünne Stellen, schlechte Kanten usw. müssen auf den vorhergehenden Maschinen verhütet werden, weil die Kämmaschine solche Fehler nicht beseitigen kann.

Wenn der Wickel durch Reibung mitgenommen wird, durch sein auf der Wickelwalze lastendes Gewicht, so achte man darauf, daß nicht durch Gleiten die richtige Speisung verhindert wird, oder daß bei dem ruckweisen Speisen durch das Sternrad die Holzwalze nicht gedreht wird, ohne dabei den Wickel mitzunehmen. Die Folgen sind dünne Streifen im Vlies, die zumeist auf einen Fehler in der Speisung zurückzuführen sind.

Nasmiths Kämmaschine. Das ist heute eine allgemeine Bezeichnung, nachdem diese Maschine von den meisten Maschinenfabriken in gleicher Weise, nur mit geringen Abweichungen, hergestellt wird. Diese Maschine kann für alle Stapellängen verwendet werden, soweit die Fasern noch durch die Zangen zu halten sind, und alle gewünschten Abfallergebnisse lassen sich erzielen. Sie ist dabei, die Heilmannsche Maschine zu ersetzen, selbst für die beste Sea Island.

Leistung und Geschwindigkeiten. 80 bis 100 Schläge in der Minute, dabei wird aber durch die unterbrochene Arbeitsweise eine Menge Zeit gewonnen. Schwerere Wickel können verwendet werden und die Leistung ist hoch. Ein 50 g-Wickel kann für grobe Kämmung verwendet werden, bis herunter zu 20 g auf 1 m für die feinste Baumwolle. Die Leistung ist demgemäß entsprechend dem Gewicht der Wickel sehr verschieden und weiter abhängig von der Menge des Kämmlings, der Geschwindigkeit und der Zahl der Köpfe. Man kann sagen: für eine sechsköpfige Maschine 20 bis 55 kg in 10 Stunden.

Einstellung der Arbeitsvorgänge. Bei der Stellung der Vorderkante des glatten Kammwalzenabschnittes auf 65 mm vom Abreißzylinder und der Einstellung des Stellrades auf $2\frac{1}{2}$ muß der eiserne Abreißzylinder an der Stellmarke stehen. Wenn er durch irgendwelche Ursache nicht auf dieser Stellmarke steht, so ist er vorher darauf einzustellen, ehe die Zylinder gestellt werden. Die Bürste sollte $1\frac{1}{2}$ mm an der Unterseite des hinteren eisernen Abreißzylinders herankommen.

Zangenstift. Der Stift am Stellrad wird in einer Richtung von der Stellmarke 37 bis zu der Achsenmitte gedreht. Diese Einstellung bestimmt die Zeit, wann die Zange ihren nächsten Punkt gegen den Abreißzylinder erreicht und damit das Anlegen bestimmt. Wenn die Zange zu früh ankommt, ehe der Abreißzylinder die Vorwärtsbewegung beginnt, so werden die vorstehenden Fasern an den Zylinder stoßen und sich umlegen. Ein weiterer Nachteil, wenn die Zange zu früh kommt, wird sein, daß der Abreißzylinder die Fasern zu weit vorwärts bringt und damit ein richtiges Löten verhindert. Wenn die Zange zu spät kommt, so wird ein sehr ungleiches Abreißen erfolgen, mit einer sehr unordentlichen Abreißstelle, und so werden natürlich beim Kämmen die losen Enden in den Abfall kommen.

Zange. Wenn die Zange eingestellt wird, so muß die Stellschraube lose auf dem Zangenhebel sein. Die untere Zangenbacke bringt man auf ihre vorderste Stellung auf die Zahl 19. Diese Zangenplatte wird nun gleichlaufend gestellt durch die Schraubenmutter an der Verbindungsstange. Mittels der Meßlehre wird das Ende der Zangenplatte in die richtige Entfernung zum Abreißzylinder gebracht. Diese Entfernung beträgt 6 bis 12 mm; wobei die Unterteilung der Lehren 1 mm beträgt. Die angewandte Entfernung hängt von der Länge der Fasern ab, für 45 mm Stapellänge wird mit der 10 mm Lehre eingestellt.

Dieser Einstellung der Nasmith-Kämmaschine muß die größte Bedeutung beigelegt werden, denn sie ist die Hauptstellung, oder eigentlich die einzige, die den Betrag des zu erzielenden Kämmlings bestimmt. Für geringen Kämmling von kurzer Baumwolle ist die 6 mm Lehre angebracht und entsprechend der Zunahme der Stapellänge wird eine größere Lehre verwendet bis zu der 12 mm Lehre für Sea Island-Baumwolle. Ein hoher Kämmlingsbetrag wird erreicht werden mit einer Lehre von 13 mm. Die Stellung von 9 bis 10 mm bei guter ägyptischer Baumwolle ergibt etwa 16 v. H. Kämmling.

Bei der Stellzahl 33 stellt man die untere Zangenbacke auf 0,6 mm zu den Nadeln, diese Einstellung erfolgt ohne Baumwolle und bei entlasteten Federn. Dann werden die Schrauben gelöst, die die Plattenarme an den Zangenträgern befestigen und die Stellschrauben werden leicht angezogen. Beide Enden der Zangenplatte müssen so sorgfältig eingestellt werden. Nachdem die Schrauben angezogen sind, wird mit der Lehre nachgeprüft, ob die Stellung richtig ist.

Öffnen der Zange. Das Öffnen erfolgt so spät als möglich, beim Schließen muß jedoch sorgfältig darauf gesehen werden, daß die Watte nicht gegen den Einstechkamm gepreßt wird. Wenn das der Fall ist, so muß das Öffnen etwas früher erfolgen.

Bei der Stellzahl 27 stelle man den geneigten Teil tief, bis die Neigung an die Rolle am oberen Zangenhebel reicht. Man sehe, daß die Neigung richtig festgestellt ist. Der Umfang der Öffnung wird eingestellt durch Drehen des Stellrades auf 19, die Meßlehre läßt man auf dem Abreißzylinder und bringt die 10 mm Lehre zwischen die Zangenbacken. Die Neigung muß nun so weit gehen, daß die Enden an der Rolle des Zangenhebels anliegen.

Das Löten oder Anlegen des Vlieses wird gestört, wenn die Zange nicht weit genug geöffnet wird, für dieses Einstellen ist also einiges Verständnis notwendig. Kurze Baumwolle verlangt im allgemeinen ein weiteres Öffnen, also in diesem Fall 11 mm.

Einstechkamm. Die Entfernung vom Abreißzylinder muß mindestens 1 mm sein, wenn das Stellrad auf 19 steht. Das ist leicht auszuführen. Der Winkel des Kammes ist verstellbar, der Kamm kann geneigt werden. Für allgemeine Verhältnisse ist es üblich, den Kamm so weit zu neigen, daß ungefähr 15 mm des Armes über den Kammrücken vorstehen.

Tiefstellung des Einstechkamms. Das ist eine empfindliche Sache und verlangt eine sorgfältige Einstellung. Der Kamm sollte nicht weiter herabgelassen werden, als in der folgenden Einstellung angegeben ist. Eine Lehre von 0,15 mm kommt auf die zwei eisernen Zylinder; der Kamm wird dann mit den Stellschrauben herabgelassen, bis die Nadelspitzen die Lehre niederdrücken und das andere Ende der Lehre von 1 mm über den vorderen Abreißzylinder heben. Das ist nun zu tief, die Lehre soll nicht von den Zähnen gehoben werden.

Es ist nicht das richtige Verfahren, den Kämmlingsbetrag dadurch zu erhöhen, daß man den Einstechkamm tiefer stellt oder den Winkel desselben verändert, dadurch werden nur die guten Fasern mit dem Abfall ausgeschieden. Der richtige Weg ist, die Zange zurückzustellen und so den Kamm weiter vorwärts in das Vlies einfallen zu lassen. Wenn langstaplige Baumwolle verwendet wird und ein leichter Wickel, so wird der größere Zwischenraum zwischen Zange und Abreißzylinder leichte Verstellungen des Winkels des Einstechkammes und des Tiefstandes und des Durchdringens der Nadeln durch die Watte zulassen. Wenn die Zangeneinstellung geändert ist in eine nähere Stellung zum Abreißzylinder zu dem Zweck, den Kämmlingsbetrag zu verringern, so muß mit Sorgfalt darauf gesehen werden, daß der Einstechkamm nicht in den Abreißzylinder gedrückt wird. Wenn diese Stellungsänderung vorgenommen ist, so muß der Einstechkamm nachgestellt werden.

Hubstangen des Einstechkammes. Der Einstechkamm soll nicht gehoben werden ehe die Trennung erfolgt ist. Er wird vielfach zu früh ausgehoben, in der Absicht, den Abfall zu verringern, und es ist einleuchtend, warum dadurch der Kämmlingsbetrag verringert wird, aber es ist ein durchaus unerwünschter Weg, der nicht zugelassen werden sollte. Die Arbeitseinstellung erfolgt durch die Stellung des Stellrades auf 11, wobei die Hubstangen an die Rollen anliegen müssen. Wenn das eingestellt ist, so muß nachgesehen werden, daß die Schrauben der Hubstangen fest angezogen sind.

Speisezylinder. Für langstapelige Baumwolle werden die Zylinder weit zurückgestellt und für kurze Baumwolle bis zu 6 mm weiter vor. Üblich ist eine Speisung von 6 mm, und diese wird mit einer Zuführung von 5 Zähnen erreicht; dementsprechend kann, wenn nötig, etwas mehr oder etwas weniger eingestellt werden. Wenn der Wickel am Speisezylinder Falten wirft, so wechselt man das Schaltrad auf geringere Speisung, und wenn die Speisung zu knapp ist, so stellt man auf schnellere Zuführung.

Die Speisezylinder sollen nicht zu viel Druck erhalten durch zu starke Spannung der Spannfedern, eine leichte Anspannung genügt durchaus.

Abreißzylinder. Dieser Zylinder muß seine Rückwärtsbewegung beginnen, wenn das Stellrad auf 1 steht; dann wird die Steuerscheibe gelöst und vorwärts gedreht, bis der Zylinder seine Rückwärtsbewegung beginnt. Nachdem die Steuerscheibe festgeschraubt ist, wird nochmals durch Drehung von Hand nachgeprüft.

Leder-Abreißzylinder. Die Umdrehung dieses Zylinders erfolgt natürlich genau mit dem unteren Abreißzylinder, aber seine wirkliche Vor- und Rückwärtsbewegung ist durch seine Steuerscheibe gegeben. Diese Steuerscheibe muß so gestellt werden, daß der Hebelarm sich gerade nach einwärts zu bewegen beginnt, wenn das Stellrad auf 20 steht. Bei 21 muß der Oberzylinder so nahe am Einstechkamm stehen, wie wenn er arbeitet. Wenn er zu weit vom Einstechkamm entfernt ist, so wird eine Menge Abfall entstehen. Die Zapfen der Lederzylinder sollen mit Fett und nicht mit Öl geschmiert werden.

Umfang der Kämmung. Die weitgehenden Bestimmungen über den Umfang der Kämmung ermöglichen das Kämmen einer weiten Reihe von Stapellängen. Diese Kämmverfahren lassen das Herauskämmen einer fast beliebigen Menge Abfall zu. Es muß dabei hervorgehoben werden, daß die Beschränkung des Kämmlings auf einen bestimmten Hundertteil zumeist auf eine beschränkte Kämmwirkung hinausläuft. Es besteht eine große Reihe von Möglichkeiten, das Garn zu verbessern und gerade in solchen Fällen wird oft ein geringer Betrag an Kämmling ausgeschieden. Einige dieser Fälle seien hier aufgeführt.

Gekämmtes Garn. Das ist das gewöhnliche Ergebnis der Kämmerei bei einem angemessenen Krempeln und etwa 12 bis 15 v. H. Kämmling.

Hochgekämmtes Garn. Gebräuchlich bei besser gekrempeltem Garn, von dem auf der Krempel etwa 7 bis 8 v. H. Abfall ausgeschieden wurden. Etwa 17 v. H. Kämmling wird auf der Kämmaschine erzeugt.

Zweifach gekämmtes Garn. Zweimal durch die Kämmaschine gegangen und somit mit einem zweimaligen Kämmlingsabgang. Der Kämmlingsbetrag ist verschieden, ein üblicher Durchschnitt ist 17 v. H. beim ersten und 5 v. H. beim zweiten Kämmen.

Dreifach gekämmtes Garn. Das ist eine sehr feine Arbeit von zweifelhafter Zweckmäßigkeit. Der übliche Kämmlingsabgang ist in den drei aufeinander folgenden Kämmungen etwa 16 v. H., 6 v. H. und 4 v. H.

Grobgekämmtes oder halbgekämmtes Garn. Dieses Garn ist etwa gleichwertig mit feingekrempeltem und wird erzeugt aus gering gekrempelter Baumwolle. Die Krempel wird dabei auf etwa 4 v. H. Abfall eingestellt und die Kämmmaschine auf 5 bis 8 v. H. Kämmling, bei schweren Wickeln.

Jede Baumwolle kann nach diesen verschiedenen Verfahren gekämmt werden und zudem sind noch weitere Möglichkeiten vorhanden. Ein oder mehrere gewöhnlich gekämmte Bänder oder verschiedene Arten von grobgekämmten können auf der Strecke mit gekrempelten Bändern vermischt werden.

Es sei darauf hingewiesen, daß Garne vielfach als zweifach gekämmt verkauft werden, die nur einfach gekämmt sind, und es ist selten, daß grobgekämmte Garne unter einem besonders gekennzeichneten Namen verkauft werden, sondern einfach als gekämmte Garne.

Leistung, Geschwindigkeiten und Wickelgewichte. Die Wickel sind im allgemeinen 270 mm breit, sie werden jedoch bis herunter auf 190 mm Breite verwendet. In der folgenden Aufstellung ist ein durchschnittlicher Kämmlingsabgang von 15 v. H. angenommen und die Stillstände sind eingerechnet.

Wenn eine Reihe von Bedingungen, wie Kämmlingsanteil, Wickelbreite, Wickelgewicht einer Längeneinheit, Geschwindigkeit oder Anzahl der Schläge eine bestimmte Lieferung für eine gewisse Zeiteinheit erzeugen, so wird durch eine einfache Verhältnisrechnung sich die entsprechende Lieferung für irgend welche Veränderungen dieser Verhältnisse ergeben.

Leistung von 6 Köpfen in 10 Stunden.

Baumwolle	Wickelbreite	Wickelgewicht auf 1 Yard	Wickelgewicht auf 1 Meter	Lieferung in 10 Std.	Schläge minutl.
	mm	Grän	Gramm	kg	
Sea Island	270	288	20,4	26,5	85
" "	270	312	22	28	85
" "	270	336	23,8	30,5	85
" "	270	360	25,5	33	85
" "	270	384	27,2	35,5	85
" "	270	408	28,9	38	85
Florida	270	432	30,6	41	90
"	270	456	32,3	43,5	90
"	270	480	34	46	90
"	270	504	35,7	48,5	90
Ägyptische und Amerikaner . .	270	528	37,4	56,5	100
" " "	270	552	39,2	59	100
" " "	270	576	40,9	61,5	100
" " "	270	600	42,6	64	100
" " "	270	624	44,3	66,5	100
" " "	270	648	46	69	100
" " "	270	672	47,7	71,5	100
" " "	270	696	49,4	74	100
" " "	270	720	51	76,5	100
" " "	270	744	52,8	79	100
" " "	270	768	54,5	81,5	100

Bemerkungen. Viele der Bemerkungen der Heilmann-Kämmaschine gelten auch hier und umgekehrt.

Die belederten Zylinder müssen in gutem Zustand gehalten werden. Der belederte Abreißzylinder wird zuerst eine Abnützung aufweisen; um zu sparen, können die beiden Lederzylinder gegeneinander ausgewechselt werden, falls der Vorderzylinder noch in gutem Zustand ist.

Die Kammnadeln verlangen besondere Sorgfalt, und zwar sowohl die vom Einstechkamm wie auch die der Kammwalzen, sobald sich verbogene Nadeln vorfinden, müssen sie sofort ausgebessert werden. Eine Nadel mehr oder weniger ist nicht von sehr großer Bedeutung; wenn sich also ausgebrochene Nadeln vorfinden oder wenn einzelne verbogene Nadeln beim Geraderichten abbrechen, so besteht keine dringende Notwendigkeit für die sofortige Erneuerung des Einstechkamms oder eines Nadelkamms der Kammwalzen.

Dagegen müssen alle rauhen Nadeln, die rauhen Kanten vom Löten usw. beseitigt werden, damit nicht die Fasern daran hängen bleiben oder davon zerrissen werden.

Ein Staubsauger ist ein für die Kämmerei sehr zweckmäßiger Apparat. um damit den Flug und Staub zu sammeln und die Reinhaltung der Kämmerei zu sichern.

Das Sperrad und die Sperrklinke für die Zylinderspeisung müssen richtig arbeiten, es dürfen keine Zähne fehlen oder übersprungen werden. Das Anlegen der neuen Wickel muß sorgfältig erfolgen.

Irgendwelche lose Schrauben in der Maschine führen sicher zu fehlerhaftem Arbeiten, und die erste Feststellung bei auftretenden Fehlern gilt den in Frage kommenden Schrauben, ob sie lose sind und ob Einstellungen sich geändert haben.

Alle Federn müssen sorgfältig eingestellt sein, damit sie die richtige Spannung haben. Ein ungenaues zufälliges Anziehen der Federn muß vermieden werden, es führt zu klumpigem Speisen, zu ungleicher Belastung der Zylinderenden usw.

Man achte darauf, daß die Wickel gleichmäßig ablaufen in Übereinstimmung mit dem Speisezylinder, so daß weder gespannte noch zu lose Watten entstehen.

Die Speisung des Zufuhrzylinders beträgt vier Zähne, das gibt eine Speisung von 6 mm. Ein Zahn mehr oder weniger Speisung erfolgt für besondere Umstände.

Ein Wickeln des vorderen unteren Abreißzylinders darf nicht vorkommen. Dieser Zylinder ist auf annähernd $\frac{1}{2}$ mm an die Nadeln herangestellt und ein Zylinderwickel, der mit den Nadeln in Berührung kommt, verursacht eine Verwüstung in den Nadeln. Ein Zylinderwickel auf dem vorderen Abreißzylinder kann den hinteren Abreißzylinder durchbiegen und dieser wird dadurch den Nadeln in den Weg kommen und sie zerstören.

Bei der Zeiteinstellung des Rückwärtsganges der Abreißzylinder sehe man, daß keine Baumwolle nach rückwärts in die Nadeln der Kammwalze gelangt, weil sonst eine Menge Fasern mitgenommen wird, wenn die Nadeln durch den herunterhängenden Faserbart gehen. Man lasse also die letzten Nadeln vorbeigehen, ehe der Abreißzylinder seinen Rückwärtsgang beginnt.

Die Abstellvorrichtung am Bandabzug versagt oft und verlangt deshalb besondere Aufmerksamkeit. Falls das Band »einfach« ist, d. h. durch irgendwelche Umstände verringert wurde, also nur $\frac{1}{2}$ oder $\frac{3}{4}$ seines Umfanges hat, so muß dieses fehlerhafte Stück aus dem Drehtopf herausgenommen werden, weil es späterhin zu weiteren Störungen führt. Man achte auf den ablaufenden Wickel, ob in ihm nicht irgendwelche Fehlstellen zu sehen sind, durch fehlende Bänder u. dgl. Ein guter Arbeiter wird solche Fehler beachten und veranlassen, daß auf der Bandwickelstrecke mehr Sorgfalt aufgewendet wird.

Die Wirkung elektrischer Ströme an der Kämmaschine kann zumeist aufgehoben werden durch eine kupferne Erdleitung, die die Maschine mit Säulen, Rohrleitungen usw. verbindet, oder noch einfacher durch eine in den Boden eingetriebene Eisenstange, mit der der Draht verbunden wird. Der einfachste Weg ist jedoch die Beseitigung der Ursachen der elektrischen Strömungen, wie trockene Luft usw.

Treibriemen sollen nicht über der Maschine laufen; wo es nicht zu umgehen ist, müssen entsprechende Schutzvorrichtungen angebracht werden, die die daruntersteheuden Kämmaschinen davor schützen, daß Unreinigkeiten in das Vlies fallen.

Eine beachtenswerte Beobachtungsstelle in der Kämmerei ist dort, wo das gekämmte Band in das Streckwerk der Kämmmaschine eintritt und dort, wo es wieder herauskommt. Das zusammengefaßte Vlies geht durch einen engen Trichter, wodurch das gekämmte Band auf seiner Oberfläche ein gewisses flaumiges Aussehen erhält. Diese Erscheinung haftet tatsächlich nur der Oberfläche an, die inneren Fasern des Bandes sind vollständig gleichlaufend. Wenn nun die sechs gekämmten Bänder durch das Streckwerk der Kämmaschine gehen, so werden diese flaumigen Fasern der Oberfläche in die allgemeine Fasermasse eingeschlossen und das eine neue Band, das nun entsteht, hat ein bedeutend verbessertes Aussehen. Bei den weiteren Vereinigungen und Streckungen dieser gekämmten Bänder wird das gute Aussehen beibehalten oder vielleicht noch verbessert, wie ja überhaupt das folgende Streckverfahren das Bestreben hat, Ungleichheiten aufzuheben, wozu sowohl das Dublieren oder Vereinigen, wie auch das Verstrecken beitragen wird, wobei jedoch das eine Verfahren das andere aufheben kann. Es wäre dann die Folgerung angebracht, daß ein ebenso gutes Garn erzeugt werden kann, wenn das Band der Kämmmaschine unmittelbar auf die Grobbank kommt, anstatt es erst durch mehrere Strecken laufen zu lassen. Es ist tatsächlich gemacht worden und wird heute noch gemacht, und zwar wirtschaftlich mit großen Vorteilen und wenn es dasselbe Garn ergeben würde, so wären das große Ersparnisse an Maschinen, Arbeitskosten usw.

Zeiteinstellung. Es kommt oft vor, daß Unerfahrene Auskunft verlangen über die zeitliche Folge der Arbeitsvorgänge und über ihre Einstellung. Es kann nicht scharf genug erklärt werden, daß man niemand diese Fragen vorlegen sollte, der nicht vorher Gelegenheit gehabt hat, die zur Verwendung kommende Baumwolle sorgfältig zu prüfen und der nicht die Kämmaschine und ihren Zustand genau kennt. Es sind so viele Punkte in Berücksichtigung zu ziehen, die bei der einen Baumwolle eine andere Wirkung haben, als wie bei der anderen. Die Kämmaschinen bieten Gelegenheit zu scharfen Überlegungen, plumpe Regeln sind hier nicht anwendbar.

Kammnadeln. Es sind ziemlich dieselben Nadeln wie in der Heilmann-Kämmaschine. Zwischen der ersten und letzten der 17 Reihen kann eine verschiedene Zusammenstellung von groben und feinen Kämmen erfolgen. Hier mag darauf hingewiesen werden, daß die erste Reihe grober Nadeln in Wirklichkeit nicht kämmt, es findet seitens derselben nur ein leichtes Berühren der unteren Seite des Vlieses statt. Diese Nadeln werden natürlich nie beschädigt, es sei denn durch einen besonderen Unfall, sicher aber nicht durch das Kämmen; sie sind deshalb auch frei von irgendwelchem Abfall. Die wenigen letzten feinen Kämme leisten die Hauptarbeit des Kämmens, diese werden natürlich mit der Hauptmasse des Kämmlings gefüllt und sie sind auch diejenigen, die zumeist beschädigt und abgenützt werden, während sie die eigentliche Arbeit des Kämmens leisten. Wenn die erste Kammreihe feiner wäre, so würde die geringe Kämmwirkung wenigstens so weit zur Geltung kommen, daß sie das Kämmvlies für die folgenden Nadeln wenigstens etwas vorbereiten würde.

Reinigen und Ölen. Flug u. dgl. muß dauernd entfernt werden, wo er sich bemerkbar macht. Man lasse den Flug nicht einfach wegwehen oder wegblasen, sondern gebe den Arbeitern Handfeger oder Pinsel und lasse den Flug von den Handfegern von Hand wegnehmen. Für das Reinigen ist es zweckmäßig, die Maschine abzustellen, denn das Reinigen mag noch so sorgfältig erfolgen, so werden doch Flug- und Staubteile auf das Vlies geweht werden, die mit dem Band in den Drehtopf gehen und dort mit einem längeren Bandstück herausgenommen werden müssen, oder wenn das übersehen wird, so gehen die Unreinigkeiten weiter bis zum Garn.

Zum Schmieren der Abreißzylinder nimmt man etwas Fett, das am besten mit dem Finger oder noch besser mit einem kleinen Farbpinsel erfolgt.

Wo ein Staubsauger verwendet wird, findet man eine Ansammlung von Sand, Laub und Schalen in dem unteren Teil desselben. Dieser Abfall steigt zu einem nennenswerten Betrag im Verlauf der Jahre, die ganze Kämmerei zusammengenommen. Man sieht daraus deutlich das Versagen der Krempel, die diese Art von Unreinigkeiten ausscheiden sollte.

X. Abschnitt.

Vorspinnerei. Spulbänke.

Das sind der Hauptsache nach Streckmaschinen, nur daß hier das Band der Strecken so fein ausgezogen wird, daß es nicht mehr zweckmäßig ist, dieses Vorgarn in einen Spinntopf zu legen. Es wird deshalb auf eine Spule gewunden, und um das ausführen zu können, muß das dünne Vorgarn etwas mehr Halt bekommen, indem man ihm mit Hilfe der Spinnflügel eine leichte Drehung erteilt. Die Verfeinerung des Bandes zu Vorgarn erfolgt in mehreren Stufen, bis zu vier, also auf ein bis vier Spulbänken, die als Grobbank, Mittelbank, Feinbank und Doppelfeinbank bezeichnet werden. Ein für die Spulbänke ebenfalls angewendete Bezeichnung ist Fleier oder Spuler.

Leistung und Geschwindigkeiten. Die Leistung hängt von einer Menge von Umständen ab, die sich ändern, je nach der Baumwolle und dem Garn, das gesponnen werden soll. Auch die Verhältnisse in den verschiedenen Spinnereien sind Umstände, die hierbei mitwirken; die Betriebsleitung und die unterschiedliche Reglung der Arbeit veranlassen Abweichungen in der Aufwendung von Zeit für das Abnehmen, das Reinigen usw. In nachstehender Aufstellung sind hierfür durchschnittliche Werte gegeben.

Arbeitsverhältnisse an Spulbänken.

Maschine	Baumwolle	Spindel-Umdrehg. minutlich	Durchm. Vorderzylinder	Hub engl. Zoll	Hub mm	Zeitverlust f. Abziehen usw. Minuten	Durchmesser der vollen Spule	Gewicht der vollen Spule
			mm			1 Abzug	mm	g
Grobbank	Indische und kurze Amerik.	500	28	10	250	14	150	850
	Amerikaner . .	500	32	10	250	14	140	800
	Ägyptische und Sea Island . .	400	35	10	250	14	140	750
Mittelbank	Indische und kurze Amerik.	750	28	10	250	14	120	700
	Amerikaner . .	700	32	9	225	14	120	600
	Ägyptische und Sea Island .	650	35	9	225	14	115	550
Feinbank	Indische und kurze Amerik.	1100	28	7	175	13	95	300
	Amerikaner . .	1100	32	7	175	13	95	300
	Ägyptische und Sea Island . .	900	32	8	200	13	90	275
Doppelfeinbank	Ägyptische . . ,	1120	32	7	175	13	75	225
	Sea Island . . .	1050	32	6	150	13	70	175

Unter Zugrundelegung dieser Unterlagen ergibt sich dann beifolgende Leistungstafel, die in weitem Umfang für verschiedene Nummern, Baumwolle und Maschinen die Lieferungen enthält.

Für die Aufstellung solcher Leistungstafeln müssen die Arbeitsverhältnisse an den Maschinen zu verschiedenen Zeiten und wiederholt festgestellt werden, besonders die Zeiten für Abziehen, Aufstecken, Reinigen usw., es werden dazu vielfach die Zeiten, Maße und Gewichte der vollen Spulen aufgeschrieben, und zwar der Durchschnitt einer größeren Anzahl. Dazu kommen die Geschwindigkeiten aus vielfachen Feststellungen. Nachdem so eine Anzahl Nummern der verschiedenen Abteilungen festgestellt sind, werden die übrigen Zahlen im Verhältnis berechnet.

Leistungstafel für Spulbänke.

Kg in 10 Stunden.

Verlust für Abziehen, Reinigen usw. verrechnet.

Nr. engl.	Grobbank			Mittelbank			Feinbank			Doppel-Feinbank	
	Indische und kurze Amerikan.	Amerikan.	Ägyptische und Sea Island	Indische und kurze Amerikan.	Amerikan.	Ägyptische und Sea Island	Indische und kurze Amerikan.	Amerikan.	Ägyptische und Sea Island	Ägyptische	Sea Island
0,4	10,5										
0,5	8,3										
0,6	6,7										
0,625	6,4	7,7									
0,7	5,5	6,7	6,8								
0,75	5	6,2	6,3								
0,8	4,7	5,75	5,85	6,2							
0,875		5,1	5,2	—							
0,9		5	5,1	5,4							
1		4,3	4,4	4,7							
1,1		3,8	3,9	4,2							
1,125		3,7	3,8	—							
1,2		3,2	3,5	3,75	3,5						
1,25		3,4	3,3	3,5	3,3						
1,3		3	3,1	3,3	3,1						
1,4		2,7	2,8	3	2,9						
1,5		2,5	2,6	2,75	2,7	3,4					
1,6		2,3	2,35	2,5	2,4	3,1					
1,7		2,1	2,15	2,3	2,2	2,9					
1,75		2	2,05	2,2	2,1	2,8					
1,8		1,9	1,95		2	2,7					
1,9		1,8	1,85		1,9	2,55					
2		1,7	1,75		1,8	2,4	2	2,3			
2,2					1,6	2,1	1,8	2			
2,25					—	2	1,7	1,9			
2,4					1,4	1,9	1,6	1,75			
2,5					1,3	1,8	1,5	1,6			
2,6					1,25	1,7	1,4	1,5			
2,8					1,1	1,5	1,3	1,4			
3					1	1,4	1,2	1,3			
3,5						1,1	0,95	1,15			
4,						0,9	0,8	0,95	0,85		
4,5						0,8		0,85	0,75		

Nr. engl.	Grobbank			Mittelbank			Feinbank			Doppel-Feinbank	
	Indische und kurze Amerikan.	Amerikan.	Ägyptische und Sea Island	Indische und kurze Amerikan.	Amerikan.	Ägyptische und Sea Island	Indische und kurze Amerikan.	Amerikan.	Ägyptische und Sea Island	Ägyptische	Sea Island
5						0,7		0,75	0,65		
5,5						0,6		0,6	0,55		
6						0,5		0,5	0,45		
6,5						0,45		0,45	0,4		
7						0,4		0,4	0,35	0,55	
7,5									0,33	0,5	
8									0,3	0,45	
8,5									0,28	0,43	
9									0,26	0,4	
9,5									0,24	0,36	
10									0,23	0,34	
10,5										0,32	
11										0,3	
12										0,26	
13										0,23	
14										0,2	
15										0,18	0,17
16										0,165	0,155
17										0,15	0,14
18										0,14	0,13
19										0,13	0,12
20										0,12	0,11
21											0,1
22											0,095
23											0,09
24											0,085
25											0,08
26											0,075
27											0,07
28											0,066
29											0,063
30											0,06

Spindelgeschwindigkeiten. Die Umdrehungszahl der Spindeln ist vor allem abhängig von der zulässigen Belastung der Maschinen und des Spinnstoffes. In der Hauptsache ist es die Frage des Gewichtsausgleichs bei der Spindeldrehung und außerdem haben die langen Flügelarme die Neigung, bei ihren Umdrehungen aus dem Gleichgewicht zu kommen. Man kann das leicht durch einen Versuch feststellen, indem man die Spindelgeschwindigkeit stufenweise erhöht und während die Geschwindigkeit zunimmt, haben die Arme der Flügel das Bestreben, sich auszubreiten, so daß die in ihnen geführten Vorgarnfäden bei zu weit getriebener Spindelgeschwindigkeit aus den Flügeln geschleudert werden. Ein weiter zu beachtender Punkt ist der Druck, den der Flügelfinger auf die Spule ausübt. Dieser Druck wird durch das Gegengewicht des Fingerhalters erzeugt, der sich durch die Schleuderkraft in entgegengesetzter Richtung um den Flügelarm dreht. Dieser Fingerhalter oder Fingerstab ist schwerer als der Finger und indem er durch die Schleuderkraft nach außen gedreht wird, weil seine Schleuderkraft größer ist als die des Fingers, so dreht er den Finger einwärts. Wenn nun die Spule an Durchmesser zunimmt, so geht der Flügelfinger nach außen und der Fingerstab wird nach innen gedreht. Die Folge ist nun, daß der Fingerdruck auf die Spule geringer wird als zu Beginn der Aufwindung und je höher die Geschwindigkeit der Spindel, desto größer ist dieser Unterschied des Druckes. Infolgedessen werden die Spulen mit der Zunahme ihrer Dicke weicher und dazu kommt, daß sowieso mit der Zunahme jeder Windung die Unterlage für jede folgende Windung weicher wird. So kommt schließlich für die Spulenbildung eine Kegeltrommel zur Ausführung unter einer Reihe von Bedingungen, die der genauen theoretischen Form oder richtiger gesagt, der berechneten Linie widerstreiten. Wenn nun aber diese Bedingungen verändert werden, so wird sich zeigen, daß die Kegeltrommeln nicht mehr richtig sind und nicht mehr genau arbeiten. Unter diesem Gesichtspunkt ergibt sich ohne weiteres, daß erhöhte Geschwindigkeiten Veränderungen veranlassen, und wenn die Spindelgeschwindigkeiten erhöht werden, wir die Bedingungen für die Aufwindung den Verhältnissen anpassen müssen. Eine höhere Produktion wird immer gewisse Opfer verlangen. Abnutzung der Spindeln und Büchsen und früherer Verbrauch der Maschinen ist zumeist die Folge. Bei sorgfältiger Wartung und Schmierung können aber schnellaufende Maschinen länger halten, als langsamlaufende mit geringer Wartung. Man kann also sehr wohl auf hohe Geschwindigkeiten gehen, wo es wünschenswert erscheint, und Grobbänke mit 800 und Feinbänke mit 1400 Umdr./min laufen lassen. Es kann dabei gutes oder weniger gutes Garn erzeugt werden und selbst das weniger gute wird verkauft. Die Spindelgeschwindigkeit ist also einerseits eine Frage der Leistungsfähigkeit der Betriebsleitung, andererseits eine Frage der geschäftlichen Zweckmäßigkeit. Wo vor allem bestes Garn verlangt und entsprechend bezahlt wird, kann eine geringere Geschwindigkeit und geringere Lieferung zweckmäßig sein.

Die Drehung oder der Draht. Jede Umdrehung der Spindel ergibt eine Drehung des Vorgarnes. Die Anzahl der Drehungen, die dem Vorgarnfaden erteilt werden, wird durch die Umfangsgeschwindigkeit des Vorderzylinders geregelt. Daraus folgt bei der Erhöhung der Spindelgeschwindigkeit, wenn dieselbe Drehung beibehalten werden soll, so muß die Geschwindigkeit des Vorderzylinders ebenfalls entsprechend erhöht werden und es ergibt sich immer eine erhöhte Lieferung. Wenn wir bei einer geringeren Drehung die Spindelgeschwindigkeit unverändert beibehalten wollen, so muß der Vorderzylinder eine entsprechend höhere Umfangsgeschwindigkeit erhalten und es ergibt sich eine vermehrte Lieferung. Umgekehrt bedingt eine erhöhte Drehung des Fadens eine verminderte Zylindergeschwindigkeit und damit eine geringere Lieferung.

Die Drehung oder der Draht, im allgemeinen auf einen englischen Zoll (oder auf einen Zentimeter oder einen Dezimeter) berechnet, ist eine veränderliche Größe. Sie sind beim Vorgarn nur so groß, um für das Aufwinden und Abwinden auf die Spulen den nötigen Halt zu geben. Das Vorgarn muß den dabei ausgeübten Zug aushalten können. Die Bedingungen der Fasern in dem Vorgarnfaden beruhen auf den bekannten Verhältnissen, ob lang oder kurz, gut gelockert und gereinigt, gut gekrempelt usw., und ob die Zylinder richtig stehen und der Verzug genau erfolgt. Wo diesen Umständen nicht genügend Beachtung geschenkt wird, da wird zu viel Drehung nötig und die Folge davon ist eine Verminderung der Lieferung. Durch einen Versuch kann die richtige Drehung festgestellt werden, der Faden muß soweit haltbar sein, daß er weder im Gatter noch auf der Spule Störungen veranlaßt.

Verhältniszahlen der Drehung oder Drehungseinheiten. Wenn diese Verhältniszahl mit a und die Nr. engl. mit Ne bezeichnet wird, so ist

$$\sqrt{Ne} \times a = \text{Drehung auf 1 Zoll engl.}$$

Diese Drehungseinheit a erhält man umgekehrt aus der Drehung T (Torsion) durch

$$\frac{T}{\sqrt{Ne}} = a,$$

indem man auf jeder Maschine die Drehung feststellt, aus der minutlich vom Vorderzylinder gelieferten Länge in Zoll und den minutlichen Umdrehungen der Spindeln. Die so erhaltene Drehungseinheit a kann nun zur Berechnung der Drehung jeder anderen Nummer verwendet werden, so weit es sich um denselben Rohstoff handelt.

Die verschiedenen Baumwollsorten, kurz- oder langstapelig, gekrempelt oder gekämmt, bedingen jede für sich eine veränderte Drehung und demgemäß besondere Verhältniszahlen, die auf Versuchen und Erfahrungen beruhen.

Verhältniszahlen der Vorgarndrehung.

	Indische und geringe Amerikaner	Amerikaner und geringe Ägyptische	Gute Ägyptische und Sea Island
Grobbank . . .	1,2	1	0,7
Mittelbank . .	1,2	1,1	0,8
Feinbank . . .	1,5	1,2	0,9
Doppelfeinbank	—	1,2	0,9

Kurze Baumwolle erhält demgemäß mehr Drehung, als lange Baumwolle, andererseits nimmt die Drehung auf den folgenden Maschinen zu für dieselbe Baumwolle. Diese Zahlen geben natürlich nur einen allgemeinen Anhalt, es ist Sache jeder Betriebsleitung, die Drehung ihren Verhältnissen und ihren Baumwollsorten genau anzupassen. Zu viel oder zu wenig Drehung ist beides unwirtschaftlich.

Drahtwechsel oder Zwirnrad. Dieses Wechselrad erhält man durch unmittelbare Berechnung. Es ist ein treibendes Rad zum Vorderzylinder und deshalb erhöht ein größerer Drahtwechsel die Geschwindigkeit des Vorderzylinders und verringert die Drehungszahl, während ein kleinerer Wechse umgekehrt wirkt und damit den Draht erhöht.

Die Drehungszahl muß in demselben Verhältnis geändert werden, wie die Quadratwurzel aus der Nummer. Das bedeutet daß das feinere Vorgarn, durch eine höhere Nummer bezeichnet, höhere Drehung erhält, als die niedrigere Nummer eines dickeren Fadens.

Dementsprechend ergibt sich die Zähnezahl des gesuchten neuen Draht-Wechselrades aus

$$\sqrt{\frac{\text{alter Wechsel}^2 \times \text{alte Nummer}}{\text{neue Nummer}}} = \text{neuer Wechsel.}$$

Für gewisse Fälle, besonders für sehr feines Vorgarn auf Doppelfeinflyer, ist noch eine weitere Räderübersetzung eingeschaltet und dabei der Drahtwechsel als getriebenes Rad ausgeführt. Damit wird seine Wirkung umgekehrt.

Vereinigung oder Dublierung. Zwei Fäden gehen gemeinsam durch das Streckwerk und werden daraufhin zu einem Faden zusammengedreht. An dem zusammengedrehten Faden kann man ohne weiteres ersehen, ob er aus zwei Fäden besteht oder nur einfach ist. Auf der Grobbank wird nur einfach gesponnen, während auf den folgenden Spulbänken stets zwei Fäden zusammengesponnen werden.

Das Ergebnis, wenn zwei Fäden vereinigt werden, ist in bezug auf die Garnnummer die Verminderung der Nummer auf die Hälfte, vorausgesetzt, daß beide Nummern gleich sind. Wenn jedoch die beiden Nummern verschieden sind, so ist die aus den beiden sich ergebende Nummer

$$N = \frac{N_1 \times N_2}{N_1 + N_2}.$$

Beispiel:

Zwei Fäden von Nr. 0,5 gibt Nr. 0,25
„ „ „ „ 4 „ „ 2
„ „ „ „ 20 „ „ 10.

Zwei Fäden, der eine Nr. 0,5, der andere Nr. 0,6, gibt:

$$\frac{0{,}5 \times 0{,}6}{0{,}5 + 0{,}6} = \frac{0{,}3}{1{,}1} = 0.272.$$

Zwei Fäden, der eine Nr. 11, der andere Nr. 12, gibt:

$$\frac{11 \times 12}{11 + 12} = \frac{132}{23} = 5{,}74.$$

Vorgarn-Nummern. Diese ergeben sich aus den in weitem Maße veränderlichen Verzügen, die noch nicht in zwei

Spinnereien gleich sind. So wie in anderen Punkten des Spinnereibetriebes ist auch hierin eine genaue Nachahmung anderer Spinnereien selten anzutreffen, es müßte schon alles von Anfang an nachgemacht werden.

Aus folgenden Beispielen ergibt sich eine Reihe von Verzügen und Nummern für die Spulbänke. Wir beginnen mit einem Band von 13 g auf 6 Yard von der Strecke

$$\text{engl. Nr.} = \frac{6 \times 453}{840 \times 13} = 0{,}25.$$

Dieses Band der Nr. 0,25 von der Strecke kommt auf die Grobbank, die auf einen Verzug von 5,1fach eingestellt sei und demgemäß eine 5,1mal feinere Nummer abliefert:

$$\text{Nr. engl.} = 5{,}1 \times 0{,}25 = 1{,}275$$

$$\text{oder } \frac{30 \times 7000}{840 \times 1{,}275} = 196 \text{ Grän auf 30 Yard}$$

$$\text{oder } \frac{30 \times 453}{840 \times 1{,}275} = 12{,}7 \text{ Gramm auf 30 Yard.}$$

Die Grobspulen kommen auf die Mittelbank, und zwar zwei Fäden vereinigt, das gibt Nr. 0,6375. Der Verzug auf dem Mittelflyer sei 6,6fach, somit ist die erzielte

$$\text{Nr.} = \frac{1{,}275}{2} \times 6{,}6 = 4{,}21\ (4{,}2075)$$

$$\text{oder } \frac{60 \times 7000}{840 \times 4{,}21} = 118 \text{ Grän auf 60 Yard.}$$

Diese Mittelspulen kommen auf die Feinbank und ebenfalls wieder zwei Fäden vereinigt, also Nr. 2,104. Der Verzug auf der Feinbank ist 6,1 und somit die gelieferte

$$\text{Nr.} = 2{,}104 \times 6{,}1 = 12{,}83$$

$$\text{und } \frac{120 \times 7000}{840 \times 12{,}83} = 77 \text{ Grän auf 120 Yard.}$$

Wenn nun diese Nr. 12,83 auf die Spinnmaschine kommt, ebenfalls wieder 2fach aufgesteckt, das ist Nr. 6,42 und dort auf etwa Nr. 90 ausgesponnen wird, so gibt das auf der Spinnmaschine einen 14fachen Verzug.

Anmerkungen hierzu. Wenn die Nr. der Grobbank von 1,275 mit den folgenden Verzügen auf einen Zähler gebracht und mit den Dublierungs- oder Vereinigungszahlen dividiert wird, so ergibt sich als Endnummer für das gesponnene Garn:

$$\text{Nr. engl.} = \frac{1{,}275 \times 6{,}6 \times 6{,}1 \times 14}{2 \times 2 \times 2} = 89{,}83.$$

Die Verzüge an der Grobbank und der Mittelbank sind in diesem Beispiel reichlich hoch, zumeist wird für Nr. 90 viermal vorgesponnen und also noch eine Doppelfeinbank verwendet, dann werden natürlich die Verzüge bedeutend gemäßigter. Vor allem könnte der Verzug an der Feinbank höher sein, als an der Mittelbank.

Es sind viele Möglichkeiten für die Verzüge vorhanden und auch die Nummern lassen einen weiten Spielraum zu. Die erzielten Nummern stimmen aber nicht immer mit den theoretischen Berechnungen überein, woraus man schließen muß, daß auf einer der Maschinen irgendwelche Unregelmäßigkeiten aufgetreten sind, denen man nachgehen muß; vielfach machen sich falsche Verzüge durch zu große Fadenspannung und dergleichen bemerkbar. Die Nummern, die sich aus den Berechnungen ergeben, werden zumeist etwas feiner ausgesponnen, weil der Faden immer etwas dünner wird. Diese Abweichung ist in der Berechnung zu berücksichtigen, etwa 5 v. H. ist der übliche Betrag, um den die Rechnung auf gröbere Nummer umzustellen ist, damit zum Schluß der richtige Ausgleich erzielt wird. Je mehr und je besser die Baumwolle vorbereitet ist, desto geringer wird der Betrag sein, den wir als Ausgleich verrechnen müssen.

Als Beispiel nehmen wir folgenden Spinnplan für Garn Nr. 50:

Grobbank	Nr. 1,2		
Mittelbank	Nr. 3,5	Verzug	5,83
Feinbank	Nr. 12	„	6,28
Spinnmaschine	Nr. 50	„	8,33

$$\text{Nr.} = \frac{1{,}2 \times 5{,}83 \times 6{,}28 \times 8{,}33}{2 \times 2 \times 2} = 50{,}73.$$

Mit dieser Zahl 50,73 wird also die Nummer überschritten und es ist nötig, die Verzüge etwas zu verringern, so daß rechnerisch etwa die Nr. 48 erzielt wird.

Die Höhe der Verzüge auf den Spulbänken ist begrenzt. Über 6fachen Verzug geht man selten hinaus und dann nur für Feinbank und Doppelfeinbank. Für die Grobbank sollte man nicht über 5fachen Verzug gehen, da hier noch das Band von der Strecke, also eine verhältnismäßig grobe Lunte, zu verziehen ist, und zwar nicht wie auf der Strecke mit vier, sondern nur mit drei Zylinderpaaren. An diesen Maschinen höhere Verzüge anzuwenden, in der Absicht eine Spulbank zu ersparen, zeigt, daß nicht die richtige Leitung vorhanden ist, oder daß ungünstige Verhältnisse bestehen, die jedenfalls in besonderem Maße eine sorgfältige Wartung der Maschinen und vorsichtige Einstellung der Zylinder verlangen. Andererseits soll der Verzug auch nicht zu gering sein, weil sonst die Maschinen mit geringen Geschwindigkeiten laufen müssen und damit geringe Lieferungen ergeben. Denn, sobald die Maschinen auch bei geringen Verzügen hohe Geschwindigkeiten erhalten, so werden die Hinterzylinder allzu schnell laufen und das Vorgarn im Aufsteckgatter zu schnell abziehen, wobei leicht falsche Verzüge vorkommen und die Spulen sich vielfach überlaufen.

Wenn man sich die Spulbänke für irgendwelche zu spinnende Garnnummern herrichtet, so muß man zunächst die nötigen Verzüge bestimmen und darnach die Nummern für jede Maschine berechnen.

Vorgarn-Nummern.

Baumwolle	Garn-Nr.	Grobbank-Nr.	Mittelbank-Nr	Feinbank-Nr.
Indische	10—12	0,625	1—	1,75 —2,75
	12—18	0,5	1,125	
	20—26	0,625	1,25	3 —3,25
	25—30	0,75	1,5	3,25 —3,75
Amerikaner	16—24	0,5	1—1,125	2,5 —3,25
	26—30	0,625	1,25	3,375—4,25
	32—38	0,75	1,5	4 —4,75
	40	0,812	1,7	4,5 —5
	44	0,875	1,75	4 —5,25
	50	0,875	1,875	5
	60	0,875	2	5,5
Ägyptische	40—50	0,875—1	2,75—3	9 —9,5
	60	1—1,125	3,25—3,5	11 —11,5
	70	1,125—1,25	3,75	12 —13
	80	1,25 —1,375	4	14
	90	1,375—1,5	4,25	15 —16
	100	1,5	4,5	16 —17

Weitere Unterlagen für die Nummern geben die folgenden Spinnpläne.

Verzug. An der Grobbank beginnt man mit einem geringen Verzug, der an dieser Maschine 5 nicht überschreiten soll. An jeder der folgenden Maschinen kann der Verzug eine Steigerung erfahren. Zumeist wird ein und dieselbe Krempelband-Nummer für eine ganze Reihe von Garn-Nummern verwendet und dementsprechend ebenfalls eine einheitliche Einteilung der Verzüge und Nummern auf den Spulbänken. Die Berechnung erfolgt dabei so, daß der Rechnungsansatz

$$\frac{\text{Nr.} \times \text{Mittelbank-Verzug} \times \text{Feinbank-Verzug} \times \text{Spinnverzug}}{\text{Dublierung } 2 \times 2 \times 2} =$$

5 v. H. weniger ergibt als die verlangte Nummer.

Beispiel:

$$\text{Nr.} = \frac{1{,}5 \times 6 \times 6 \times 14}{2 \times 2 \times 2} = 95.$$

Das Ergebnis wird in Wirklichkeit die Nr. 100 sein, durch die weitere Verfeinerung durch den Abfall usw. Die Räder auf einzelnen Maschinen können etwas mehr ergeben, das wird sich aber wieder ausgleichen, wenn man anderen etwas weniger gibt. Wenn man nach obiger Berechnung die Spulbänke einrichtet, so wird man mit entsprechendem Auf- und Abrunden das verlangte Ergebnis erhalten. Der Verzug zwischen Mittel- und Hinterzylinder ist gering, etwa 1,2 bis 1,3, er bleibt unverändert, wenn auch der Hauptverzug geändert wird.

Spinnpläne.

Spinnmasch.-Spindeln	Maschinen	Nr. engl.	Verzug
	Nr. 16. Indische und Amerikaner.		
	Wickel Nr. 0,0014. 420 Gramm/Meter.		
465 auf	1 Krempel	0,138	93
475	Strecke	0,126	5,45
47	Grobbank	0,5	3,96
26	Mittelbank . . .	1	4
8,7	Feinbank	2,5	5
	Selbstspinner . .	16	6,4

Spinnmasch.-Spindeln	Maschinen	Nr. engl.	Verzug
Nr. 18. Indische und Amerikaner.			
Wickel Nr. 0,0014. 420 Gramm/Meter.			
494 auf	1 Krempel	0,138	93
476	Strecke	0,138	6
53	Grobbank	0,5	3,6
31	Mittelbank . . .	1	4
8,7	Feinbank	2,75	5,5
	Selbstspinner . .	18	6,5
Nr. 20. Indische und Amerikaner.			
Wickel Nr. 0,0014. 420 Gramm/Meter.			
520 auf	1 Krempel	0,138	93
520	Strecke	0,138	6
60	Grobbank	0,5	3,6
30	Mittelbank . . .	1,125	4,5
8,5	Feinbank	3	5,32
	Selbstspinner . .	20	6,66
Nr. 30. Amérikaner.			
Wickel Nr. 0,001465. 403 Gramm/Meter.			
714 auf	1 Krempel	0,154	100
714	Strecke	0,154	6
77	Grobbank	0,625	4
30	Mittelbank . . .	1,5	4,8
10	Feinbank	4	5,2
	Selbstspinner . .	30	7,5
Nr. 40. Amerikaner.			
Wickel Nr. 0,0016. 370 Gramm/Meter.			
950 auf	1 Krempel	0,173	104
950	Strecke	0,173	6
100	Grobbank	0,75	4,3
38	Mittelbank . . .	1,75	4,6
12	Feinbank	4,75	5,4
	Selbstspinner . .	40	8,4
Nr. 40. Ägyptische.			
Wickel Nr 0,0016. 370 Gramm/Meter.			
645 auf	1 Krempel	0,189	113
833	Strecke	0,189	6
92	Grobbank	0,875	4,6
27	Mittelbank . . .	2,75	6,2
7	Feinbank	9	6,5
	Selbstspinner . . .	40	8,8

Spinnmasch.-Spindeln	Maschinen	Nr. engl.	Verzug
Nr 50. Ägyptische. Wickel Nr. 0,00165. 357 Gramm/Meter.			
760 auf	1 Krempel	0,208	119
1100	Strecke	0,208	6
106	Grobbank	1	4,8
32	Mittelbank . . .	3	6
8	Feinbank	10	6,6
	Selbstspinner . . .	50	10
Nr. 60. Ägyptische. Wickel Nr. 0,00173. 342 Gramm/Meter.			
910 auf	1 Krempel	0,208	114
1330	Strecke	0,208	6 oder 8
120	Grobbank	1,125	5,4
38	Mittelbank . . .	3,25	5,75
9	Feinbank . . .	11	6,75
	Selbstspinner . . .	60	10,9
Nr. 70. Ägyptische. Wickel Nr. 0,00173. 342 Gramm/Meter.			
1025 auf	1 Krempel	0,23	127
1425	Strecke	0,23	6 oder 8
120	Grobbank	1,25	5,4
38	Mittelbank . . .	3,75	6
9	Feinbank	13	6,9
	Selbstspinner	70	10,75
Nr. 80. Ägyptische, gekrempelt. Wickel Nr. 0,00173. 342 Gramm/Meter.			
1110 auf	1 Krempel	0,23	127
1425	Strecke	0,23	6 oder 8
156	Grobbank	1,25	5,4
38	Mittelbank . . .	4	6,4
10	Feinbank	14	7
	Selbstspinner . . .	80	11,4
Nr. 80. Ägyptische, gekämmt. Wickel Nr. 0,00173. 342 Gramm/Meter.			
1000 auf	1 Krempel	0,23	127
10000	Bandwickler . . .	—	2
10000	Wickelstrecke . .	—	5
1425	Kämmasch., 8köpfig	0,23	5
1425	Strecke	0,23	6 oder 8
156	Grobbank	1,25	5,4
38	Mittelbank . . .	4	6,4
10	Feinbank	14	7
	Selbstspinner . . .	80	11,4

Nr. 90. Ägyptische, gekämmt.

Wickel Nr. 0,0019. 310 Gramm/Meter.

Spinnmasch.-Spindeln	Maschinen	Nr. engl.	Verzug
1175 auf	1 Krempel	0,277	138
10000	Bandwickler . . .	—	2
10000	Wickelstrecke . .	—	5
1818	Kämmasch., 8 köpfig	0,208	5,8
1616	Strecke.	0.208	6 oder 8
295	Grobbank	0,875	4,2
135	Mittelbank . . .	2	4,4
40	Feinbank	4,5	4,5
10	Doppelfeinbank . .	15,5	6,8
	Selbstspinner . . .	90	11,6

Nr. 100. Ägyptische, gekämmt.

Wickel Nr. 0,0019. 310 Gramm/Meter.

Spinnmasch.-Spindeln	Maschinen	Nr. engl.	Verzug
1333 auf	1 Krempel	0,277	138
10000	Bandwickler . . .	—	2
10000	Wickelstrecke . .	—	5
2000	Kämmasch., 8 köpfig	0,23	5,8
2000	Strecke.	0,23	6 oder 8
312	Grobbank	1	4,3
138	Mittelbank . . .	2,25	4,5
40	Feinbank	5,5	4,8
11	Doppelfeinbank . .	16,5	6
	Selbstspinner . . .	100	12

Nr. 16. Indische und Amerikaner.

Wickel Nr. 0,0014. 420 Gramm/Meter.

Spinnmasch.-Spindeln	Maschinen	Nr. engl.	Verzug
285 auf	1 Krempel	0,138	93
290	Strecke	0,126	5,5
30	Grobbank	0,6	3,9
15	Mittelbank . . .	1,1	4
4	Feinbank	2,75	5,5
	Ringspinner . . .	16	5,8

Nr. 20. Indische und Amerikaner.

Wickel Nr. 0,0014. 420 Gramm/Meter.

Spinnmasch.-Spindeln	Maschinen	Nr. engl.	Verzug
312 auf	1 Krempel	0,138	93
312	Strecke.	0,138	6
36	Grobbank	0,5	3,6
18	Mittelbank . . .	1,125	4,5
4,6	Feinbank	3,25.	5,75
	Ringspinner . . .	20	6,15

Spinnmasch.-Spindeln	Maschinen	Nr. engl.	Verzug
	Nr. 30. Amerikaner.		
	Wickel Nr. 0,001465. 403 Gramm/Meter.		
485 auf	1 Krempel	0,154	100
485	Strecke	0,154	6
52	Grobbank	0,625	4
20	Mittelbank . . .	1,5	4,5
5,6	Feinbank	4,5	6
	Ringspinner . . .	30	6,6
	Nr. 40. Amerikaner.		
	Wickel Nr. 0,0016. 370 Gramm/Meter.		
630 auf	1 Krempel	0,173	104
630	Strecke	0,173	6
67	Grobbank	0,75	4,3
20	Mittelbank . . .	2	5,3
6,5	Feinbank	5,5	5,5
	Ringspinner . . .	40	7,3

Diese Spinnpläne sind keine feste Regel, sondern dienen nur als Anhalt, sie können in weitem Maße verändert werden. Zumeist muß für mehrere Selbstspinner- und Ringspinner-Garnnummern ein gemeinsamer Spinnplan aufgestellt werden.

Die Zusammenstellung der Anzahl Feinspindeln, die von jeder Maschinensorte versorgt werden, läßt sich dahin erweitern, daß man feststellt, wieviele Feinbankspindeln z. B. auf eine Grobbankspindel usw. entfallen. Auf diese Weise lassen sich die gesamten Vorspinnmaschinen vergleichen, um zu sehen, wo zu viel Spindeln laufen. Mit einem geringen Ausgleich der Nummern und Verzüge kann man oft ein oder zwei Maschinen erübrigen. Es ist nicht wirtschaftlich, Maschinen laufen zu lassen, nur weil sie vorhanden sind.

Eine Beaufsichtigung nach dieser Richtung wird in mancher Spinnerei ein wirtschaftlicheres Arbeiten ergeben.

Wirtschaftlichkeit der Vorgarnnummern. Ein sehr wichtiger Punkt in der Wirtschaftlichkeit der Spinnerei ist die Bestimmung der geeignetsten Vorgarnnummern für die verschiedenen Garnnumern auf den Spinnmaschinen. Die vorstehenden Spinnpläne geben dafür eine weite Grundlage.

Das auf der letzten Spulbank erzeugte Vorgarn soll die für die Spinnmaschine zulässige niedrigste Nummer aufweisen. Es ist eine außerordentliche Vergeudung an Lohnkosten usw., wenn eine zu feine Vorgarnnummer für die Spinnmaschinen angefertigt wird. Feines Vorgarn bedeutet geringe Lieferung auf den Spulbänken und erhöhte Lohnkosten. In einer großen Spinnerei mit ihrer großen Anzahl Spulbänken und der zahlreichen Bedienung dazu handelt es sich um bedeutende Verminderung in der Leistung und ein bedeutendes Anwachsen der Herstellungskosten. Die Kenntnis und die richtige Beaufsichtigung der Vorspinnerei wird ein Vorgarn ergeben, das von dem Gatter der Spinnmaschine tadellos abläuft und eine gewisse Erfahrung wird die richtige Drehung ausfindig machen, die das Vorgarn nötig hat, um im Gatter keine Fadenbrüche aufkommen zu lassen. Wenn alles in Ordnung ist, also die Gatterstangen, die die Fäden ableiten, in richtiger Stellung sind und die Spinnmaschinen tatsächlich richtig arbeiten, so wird zumeist ein gröberes Vorgarn und weniger Drehung angewendet werden können, als wie es sonst gewöhnlich der Fall ist.

In manchen Spinnereien sind Versuche gemacht worden, ein schwächer gedrehtes Vorgarn zu verwenden, wo aber nicht Hand in Hand mit diesem Versuch Vorsorge getroffen wird, daß die Vorspinnerei mit äußerster Sorgfalt arbeitet, so werden die Fadenbrüche im Gatter sich häufen. Die weitere Folge ist nun, daß sich manche damit helfen, eine bessere Mischung zu machen oder dem Vorgarn wieder mehr Drehung zu geben, beide Verfahren bedeuten aber eine Geldverschleuderung.

Alle die, welche mit Bedacht Geld verschwenden, indem sie, um den »sicheren Weg« zu gehen, das kostspielige Verfahren anwenden, das Vorgarn auf der Feinbank allzu fein auszuspinnen, oder sich mit dem Mittel behelfen, teuere Baumwolle zu verwenden, geben damit keinen Beweis ihrer wirklichen leitenden Fähigkeiten.

Vielleicht das beste Verfahren, um Nachlässigkeiten der Leute entgegenzuwirken und zu genauer Arbeit anzuregen, ist die Aufstellung einer Lohnliste für die Zwirn- oder Drahtwechsel mit einem Zuschlag auf die Mindestlöhne. Eine genaue Arbeit bedeutet in diesem Fall eine sorgfältige Zeiteinteilung für Abziehen, Stillstände usw. und ein geregeltes Verfahren für das Abziehen mit dem Zwecke, Zeit zu sparen. Jeder Nummernwechsel wird also im Lohn stets zur Geltung kommen, der so stets etwas über dem festgelegten Lohnsatz bleibt. Manche Spinnerei gibt eine Lohnliste heraus auf der Grundlage der Zähnezahl, ehe sie genaue Feststellungen über den richtigen Zeitverlust gemacht hat, oder sie hat es derart festgelegt, daß die Leute ihr dabei etwas vormachen konnten und die Folge ist dann, daß diese Arbeiter jede Woche einige Mark über der Norm verdienen, obgleich sie ihre Maschinen nicht voll ausnutzen. Die Betriebsleitung bleibt natürlich verantwortlich für den daraus entstehenden Schaden.

Die ausgehängte Liste in der Spinnerei enthält die entsprechenden Löhne, deren Grundlage nun aber unbedingt festgehalten werden sollten, irgendwelche Verschiebungen, wie etwa die Veränderung von Rädern oder Geschwindigkeiten, müssen stets wieder berücksichtigt werden. Wenn die Arbeiter derartige Änderungen aufdecken, so sehen sie eine Absicht darin und verlieren das Vertrauen zur Betriebsleitung. Jeder Zähler für die Maschinenlieferung soll richtig sein, man suche nicht seine Vorteile in der Änderung der Räder, das ist nicht Baumwollspinnerei.

Zylinderbelastung. Die Gewichte in folgender Zusammenstellung geben nur einen allgemeinen Anhalt.

Belastungsart		Indische			Amerikaner			Ägyptische		
		Vorderzylinder	Mittelzylinder	Hinterzylinder	Vorderzylinder	Mittelzylinder	Hinterzylinder	Vorderzylinder	Mittelzylinder	Hinterzylinder
Grobbank										
1 Faden auf 1 Feld	kg	9	6,3	4,5	—	—	—	7,3	Selbstbelastung	
Sattel für 2. und 3.	kg	9	10,9		8,2	10,9		7,3	9	
Mittelbank										
1 Faden auf 1 Feld	kg	7,3	5,4	3,6	6,3	7,3		6,3	7,3	
2 „ „ 1 „	kg	12	15		10,9	12,6		—	—	
1 „ „ 1 „	kg	—	—		—	—		7,3	Selbstbelastung	
Feinbank										
1 Faden auf 1 Feld	kg	—	—	—	4,5	5,4		4,1	Selbstbelastung	
2 „ „ 1 „	kg	9	6,3	4,5	8,2	10,9		—	—	
Sattel für 2. u. 3.	kg	0	10,9		—	—		—	—	

Die Belastungshöhe ist verschieden bei den verschiedenen Maschinenfabriken, sie wird oft von der Betriebsleitung geändert, entsprechend den Verhältnissen in bezug auf Nummer, Zylinderstellung, Verzug usw. Es sei darauf hingewiesen, daß die Gewichte zumeist zu schwer sind, besonders die der Mittelzylinder. Für indische und amerikanische Baumwolle hat man in der Regel für alle drei Strecken Gewichtsbelastung, dagegen für ägyptische Baumwolle und Sea Island Selbstbelastung für Mittel- und Hinterzylinder. Diese Anordnungen sind aber auch wieder verschieden, so daß keine feste Regel besteht.

Spindeln. Die Spindel muß stark genug sein, um durch die Schleuderkraft nicht voll ausgeglichener Gewichte keine Verbiegung oder sonstige Beschädigung, besonders bei erhöhter Geschwindigkeit zu erhalten. Schlagende Spindeln sind vielfach auf Schwäche der Spindeln, verbogene Spindeln, ausgelaufene Büchsen, oder ungleiche Flügel, die verstoßen oder sonst beschädigt sind, zurückzuführen. Kurze oder lange Spindelbüchsen sind eine Streitfrage, wenn sie gut gemacht und gut eingestellt werden, sind beide brauchbar. Die Entscheidung dieser Frage hängt von einer Anzahl Umständen ab, die am besten an Ort und Stelle entschieden werden, unter Berücksichtigung der Verhältnisse einer Spinnerei. Einzelne Maschinenfabriken empfehlen lange Büchsen für alle Maschinen, andere wieder kurze Büchsen für dieselben Maschinen. Lange Büchsen bedeuten immer eine Sonderlieferung und sind kostspieliger. Wenn eine neue Spindel eingesetzt wird, so achte man darauf, daß sie gleichmäßig Spiel hat und gleichmäßig rund lauft, unten und oben an den Büchsen. Arbeiter und Meister müssen richtig angelernt sein, festsitzende Spindeln ohne Beschädigung loszumachen.

Zylinderumfang.

22 mm	Durchm.	=	69	mm
24 „	„	=	75	„
25 „	„	=	78,5	„
27 „	„	=	85	„
28 „	„	=	88	„
32 „	„	=	100,5	„
35 „	„	=	110	„
38 „	„	=	119	„

Spindelmaße.

Spindelteilung	Grobbank	Mittelbank	Feinbank	Doppelfeinbank
von Mitte zu Mitte in mm	260, 254, 248, 242, 235, 229, 222, 216, 203	178, 170, 165, 159, 153, 146	140, 133, 127, 121	115, 108, 102, 96, 89
Maß für 4 Spindeln, mm	520, 508, 495, 483, 470, 457, 445, 432, 406			
Maß für 6 Spindeln, mm		535. 505, 495, 477, 457, 438		
Maß für 8 Spindeln, mm			559, 534, 508, 482	457, 432, 406, 381, 356
Maß für 10 Spindeln, mm				572, 540, 508, 477, 445
Durchmesser der vollen Spule . . . . mm	153, 153, 146, 146, 146, 146, 146, 146, 140	127, 124, 121, 115, 108, 102	102, 96, 89, 83	80, 73, 67, 57, 51
Hub in . . . . mm	250, 280, 300	230, 250, 280	180, 200	130, 150, 180
Spindeldurchmesser, mm	19, 20, 22	19, 20	15, 17	14, 15, 17

Zylinderdurchmesser.

Die Druckzylinder sind unüberzogen gemessen.

Maschine	Indische			Amerikaner			Ägyptische		
	Vorderzylinder	Mittelzylinder	Hinterzylinder	Vorderzylinder	Mittelzylinder	Hinterzylinder	Vorderzylinder	Mittelzylinder	Hinterzylinder
	mm	mm	mm	mm	mm	mm	mm	mm	mm
Grobbank . .	27	24	27	32	25	32	32	28	32
„ . . .	—	—	—	28	25	28	—	—	—
„ Druckzyl.	22	22	22	24	24	24	28	28	28
Mittelbank . .	27	24	27	32	25	32	32	28	32
„ . . .	—	—	—	28	25	28	—	—	—
„ Druckzyl.	22	22	22	25	25	25	28	28	28
„ Selbstbelastung	—	—	—	—	—	—	28	28	57
Feinbank . . .	25	22	25	28	25	28	32	25	32
„ Druckzyl.	19	19	19	20	20	20	28	25	28

Kegeltrommeln. Der Riemen auf der Kegeltrommel verlangt andauernde Aufmerksamkeit, die Luftverhältnisse beeinflussen seine Spannung. Es besteht keine Kegeltrommel, die mit mathematischer Genauigkeit arbeitet, aber alle Trommeln werden eine gute Spule ergeben, wenn sie richtig arbeiten. Es gehört eine gewisse Kenntnis dazu, um dem Riemen die richtige Spannung zu geben, damit das Schleifen des Riemens auf das geringste Maß beschränkt wird. Irgendwelche vermehrte Kraft, mit der der Riemen belastet wird, durch schlecht laufende Zahnräder, erhöhte Reibung in den Lagern durch Flug, Mangel an Öl usw. wird Anlaß zum Riemenschleifen geben oder zu ruckweisem Laufen. Vollständig glatte Verbindung der Riemen ist notwendig, und jedenfalls gestatte man nur eine Verbindungsstelle, alle anderen müssen tadellos überlappt und geleimt werden. Man nehme keine alten Riemenstücke, um sie auf verhältnismäßig neue Riemen aufzuleimen.

Kegeltrommeln sind geeignet für Antrieb mit offenem Riemen und dies bringt die Riemen ohne weiteres durch ihre richtige Spannung an den richtigen Durchmesser der Trommeln. Die Kegeltrommeln sind ohne jede Beziehung zu dem Durchmesser der leeren Spulen gebaut. Die Kegel erhalten eine passende Länge und eine Reihe von Durchmessern für die Änderung der Geschwindigkeiten während des Aufbaus der Spule. Der Riemen kann für irgend einen Spulendurchmesser, an einem beliebigen Punkt des Kegels anlaufen, aber die Drehzahl der Trommel muß die richtige sein für den Spulendurchmesser, wie er am Anfang der Aufwindung ist. In der Folge wird dann die Umdrehungszahl der Trommel dem zunehmenden Spulendurchmesser entsprechen bis an das Ende der Kegel. Es ist natürlich zweckmäßig und auch üblich, die leeren Spulen, einerlei von welchem Durchmesser, anlaufen zu lassen, wenn der Riemen nahe am Ende des Kegels steht, während der Riemen weiterhin die Umdrehungszahl ändert.

Man achte darauf, daß die Vorrichtung zum Heben und Senken des unteren Kegels stets in Ordnung ist, so daß hier kein Schlagen der Trommel veranlaßt wird. Nach dem Rückwinden des Riemens muß die untere Trommel sorgfältig herabgelassen werden.

Bemerkungen. Die Gewichte für den Ausgleich des Spulenwagens sollen keinesfalls zu schwer sein, der Wagen soll vielmehr die schwerere Seite sein, so daß der Druck immer in der gleichen Richtung ist, sowohl beim Aufwärtsgang, wie beim Abwärtsgang. Irgendein Wechsel im Gleichgewicht während der Spulenbildung wird einen Spielraum verursachen in all den Getrieben, die an dem Hub des Wagens mitwirken und so während der Spulenbildung zu Unregelmäßigkeiten beitragen. Die Gleitschiene an dem Spulenwagen und ihre Führung in dem Maschinengestell müssen stets vollständig rein gehalten werden, es darf kein Klemmen vorkommen, Schwingungen in den Führungen, die man durch Befühlen mit der Hand feststellen kann, sind ein Zeichen solcher Störungen. Man lasse das Spulengatter stets reinigen und auch den oberen Teil der Spulen abfegen. Die Aufsteckspindeln sollen genau gerundete Spitzen haben und in guten, unbeschädigten Porzellannäpfchen laufen.

Die Zylinder müssen alle genau rund laufen, sie dürfen nicht schlagen. Wo irgend möglich verwende man Räder mit bearbeiteten, gefrästen Zähnen. Zahnräder, die auf Bolzen laufen, müssen daraufhin geprüft werden, ob sie richtig eingreifen und ob der Bolzen richtig und gut befestigt ist. Sorge dafür, daß alle Spindeln laufen, stehende Spindeln verringern die Lieferung, ohne die Kosten zu verringern. Abziehen und

Aufstecken der Spulen muß sorgfältig und mit reinen Händen erfolgen. Man erlaube nicht, daß während ein Abzug gesponnen wird, jemand die Spannung mittels des Kegelriemens ändert; wenn die Fäden locker oder straff werden, so muß das sofort gemeldet werden, damit der Meister der Ursache nachgehen kann. Man prüfe alle Spulen auf ihren richtigen Durchmesser und stelle bei Unregelmäßigkeiten die Ursache fest. Ölige Spulen müssen ausgeschieden werden, ölige und beschädigte Spulen ergeben unbrauchbares Vorgarn und Garn. Man sorge dafür, daß die Spulen überhaupt nicht mit Öl in Berührung kommen können.

Macht sich ein lockerer Faden bemerkbar, so ist das vielfach ein Zeichen von einfachem Vorgarn infolge verspätetem Anknüpfen, man gewöhne die Arbeiter daran, solche Kleinigkeiten ernst zu nehmen, indem man sie darauf hinweist, welche Nachteile durch solches Garn entstehen. Es lohnt sich, den Leuten die Folgen von Nachlässigkeiten gründlich auseinanderzusetzen. Wenn z. B. eine Maschine gut in Stand gehalten wird, mit einem guten durchschnittlichen Ergebnis in bezug auf Stillstände, Aufstecken usw. und ein oder zwei alte Arbeiter arbeiten ordnungsmäßig, so daß alles gut lauft, so wird es sich doch lohnen, sie sorgfältig zu beobachten, sie mögen übermäßig sorgsam sein und all die kleinen Mittel verstehen, um die Maschine beständig am Laufen zu halten und lassen dabei schlechte Fäden durchgehen.

Wenn der Faden ¼ oder ¾ um die Flügelspitzen gewunden ist und zwei- oder dreimal um den Preßfinger, so achte man darauf, daß diese Windungen an sämtlichen Spindeln der Maschine gleich sind, man dulde in dieser Beziehung keine Nachlässigkeit.

Man lasse keine gebrochenen Aufsteckspindeln oder solche mit stumpfen Enden in Verwendung, und sorge dafür, daß die Spitzen erneuert werden. Wo es sich lohnt, beschaffe man selbst einen Apparat hierfür und lasse diese Ausbesserung in der Spinnerei selbst vornehmen, es ist eine einfache Sache. Spulen, die auf dem Spulenrad nicht mehr festhalten, müssen ebenfalls ausgeschieden werden; ausgelaufene Schlitze an der Spule und abgenutzte Mitnehmer am Spulenrädchen ergeben eine Menge schlechter Arbeit. Schlagende Spulen und Spindeln sollten nicht geduldet werden. Die Druckzylinder sollen nicht gehoben werden, während die Maschine läuft. Wenn bei einem zweiteiligen Druckzylinder die eine Seite wickelt, so wird der andere Faden zumeist verdorben und muß derselbe ebenfalls nachgesehen werden.

Man übersehe nicht, daß die Windungen der Spule an der vorderen und hinteren Reihe der Spindeln genau gleich sind; der Unterschied in der Spannung des Fadens zwischen Vorderzylinder und Flügelspitze beruht zum Teil auf der größeren Länge des weichen Fadens und zum Teil auf einer größeren Reibung, verursacht durch das Schlagen des Fadens, das bei jeder Umdrehung des Flügels auftritt, wenn der verhältnismäßig breite Faden sich in der Öffnung des Flügelkopfes dreht, je kleiner diese Öffnung ist, desto geringer wird der Schlag sein. Mit Rücksicht auf den unvermeidlichen Unterschied zwischen den vorderen und hinteren Spulen ist es sehr zweckmäßig, verschieden farbige Spulen in jeder Reihe zu benutzen, besonders für feine Nummern an der Doppelfeinbank. Jede Farbe kann dann auf besonderen Spinnmaschinen aufgesteckt werden oder aber beide werden zusammen so aufgesteckt, daß eine vordere und eine hintere Spule zusammenlaufen und sich ausgleichen, werden sie aber unterschiedslos gemischt, so kann sich der Fehler verdoppeln.

Wenn die Spulen Anzeichen aufweisen, daß die Fäden beim Hubwechsel überlaufen, so sollte der Spulenkegel geändert werden, ein zu kurzer Kegel ist der Anlaß zum Überfallen der Fäden, wodurch diese Fäden zumeist zerrissen werden. Wenn die Spulen beim Arbeiten mit denselben leicht zusammenfallen oder auf der Spinnmaschine durch Stoßen die Fäden vielfach abrutschen und damit die Spule beschädigt wird, so muß die Schaltvorrichtung entsprechend geändert werden, durch Verkürzung der Zahnstange. Diese Schaltstange muß genau wagrecht stehen, wenn der Wagen auf halber Höhe, also auf der Mitte der Spule steht, andernfalls werden die Spulenkegel ungleich. Wenn die Spulen in der Spinnerei sofort weiter verarbeitet werden und der Unterschied in den Kegeln ist nicht sehr groß, so ist es nicht von großer Bedeutung. Jedenfalls ist diese Ungleichheit ein Zeichen von Unachtsamkeit in der Spinnerei und weist darauf hin, daß solche Nachlässigkeiten wahrscheinlich auch noch an anderen und vielleicht wichtigeren Stellen des Betriebes vorkommen. Wenn der Kegel der Spule zu lang ist, so ist die Garnmenge, die auf die Spule gewunden wird, kleiner, als die der anderen Spulen, die Spulen laufen also einige Minuten früher ab und im Verlauf einer Arbeitswoche geht allerlei Zeit verloren durch vermehrtes Abziehen. Dieser Verlust ist immerhin noch geringer als der Schaden, der durch lose Fäden und durch öfteres Fadenansetzen entstehen kann.

Eine andere Art von Störungen und Fehlern auf den Spulbänken steht im Zusammenhang mit der Einstellung und den Verhältnissen der Fadenführung. Unregelmäßige Spulenformen weisen darauf hin, daß die Räder nicht sicher eingreifen, daß Zähne der Räder gebrochen sind, zu großer Spielraum im Getriebe ist, der Kegelriemen schleift oder schlägt. Man achte weiter auf Flug und Abfall in den Zahnrädern, ausgelaufene Lager, zu leichte oder zu schwere Ausgleichsgewichte am Spulenwagen, verstopfte Führung des Wagens usw.

Harte oder weiche Spulen können als Fehler angesehen oder absichtlich hergestellt werden, je nach der Ansicht der Betriebsleitung. Eine mittelmäßig harte Spule ist im allgemeinen das richtige, damit die Spule den nötigen Halt aufweist und nicht so leicht beschädigt wird. Der Vorgarnfaden unterliegt natürlich einem Zug, während er durch das Auge des Flügels und entlang dem hohlen Flügelarm gezogen wird und dann noch im rechten Winkel gebogen und um den Preßfinger gewunden wird. Die Drehung im Vorgarn, die so gering als möglich ist, wird dem Zug nur bis zu einem gewissen Grade widerstehen, bis schließlich der Faden sich zu verziehen beginnt. Versuche mit kurzen Fadenlängen von ¼ oder ½ Meter wird uns zeigen, ob sich der Faden verzieht, wenn er, um eine härtere Spule zu erhalten, einmal mehr um den Preßfinger gewunden wird. Harte Spulen erwecken immer die Befürchtung eines falschen Verzugs im Faden, aber es ist nicht gesagt, daß es immer der Fall ist. Der Zustand der Baumwolle kann eine festere Aufwindung zulassen; eine sachgemäße Drehung und ein richtiger Verzug in den vorhergehenden Maschinen kann eine härtere Spule möglich machen und dasselbe natürlich umgekehrt. Es ist nicht richtig, dem Vorgarn eine härtere Drehung zu geben, um feste Spulen zu erhalten, das gibt vor allem eine geringere Lieferung und das Risiko eines schlechten Verzuges. Die Reibung im Flügel und die Spannung am Preßfinger der Spule sind unveränderliche Zustände, die man nicht auswechseln kann, es sei denn eine erhöhte Reibung in den Flügelaugen und eine erhöhte Pressung am Preßfinger durch vermehrte Windungen des Fadens. Man kann weichen oder harten Garnschichten vorbeugen, wenn man dafür sorgt, daß die Flügel vollständig sauber gehalten werden, keine Ansammlung von Flug am Flügelkopf stattfindet, kein Verwickeln der Flügelarme durch herabfallenden Flug und kein Anhaften von Baumwollfasern und Flug an den Preßfingern. Die Preßfinger, die unterhalb dem Flügelarm verlaufen, sammeln dauernd den feinen Flug an, der ununterbrochen an den Flügeln herunterfällt, und wenn hier nicht ständige Sorgfalt angewendet wird, so verschwindet dieser Abfall auf den Spulen.

Die hölzernen Putzdeckel usw. müssen die richtige Form haben und von passendem Holz sein, weil sie sich sonst bei der Verwendung in der Spinnerei leicht verziehen. Es entstehen vielerlei Störungen durch die Verwendung von Putzbrettern, Aufsteckspindeln und Spulen von solchen Lieferanten, die nicht das geeignete Nutzholz zur Verfügung haben. In Deutschland haben wir bekannte Spulenfabriken im Bayerischen Wald, im Bregenzer Wald usw., die sowohl das geeignete Holz in großer Auswahl zur Verfügung haben, wie auch die nötige Sachkenntnis und Erfahrung für dessen Verwendung.

Spulenwindungen und Spulenschichten. Die Zahl der Windungen und Schichten ist abhängig von der Dicke des Fadens und die Dicke des Fadens wird in großem Maße beeinflußt von dem Betrag der dem Faden erteilten Drehung. Erhöhte Drehung macht den Faden dünner und bei verminderter Drehung bleibt der Faden voller und behält einen größeren Durchmesser. Für einen richtigen Aufbau der Spule ist es notwendig, daß in jeder Schicht die Windungen dicht aneinanderliegen und so eine glatte Fläche ergeben, auf die sich die folgende Windungsschicht ebenfalls wieder gleichmäßig legen kann. Zwischen den Windungen sollen keine Lücken sein. wie beim Garnkötzer, sie sollen vielmehr glatt und dicht beisammenliegen, ähnlich wie bei den Nähgarnspulen. Nachlässigkeit in dieser Beziehung ist oft die Veranlassung zu Klagen, daß die Kegeltrommeln der einen Maschinenfabrik weniger gut seien, als die einer anderen. Das ist natürlich nicht der Fall, denn jeder Kegeltrieb wird natürlich unbefriedigend arbeiten, wenn die Windungen und Schichten auf der Spule beliebig zu liegen kommen.

Es ist eine einfache Sache, die Zahl der Windungen der ersten Schicht einer leeren Spule zu zählen, wenn die Windungen genau beisammen liegen und ebenso die Zahl der Schichten bei zunehmendem Durchmesser. Diese Zahlen geben die Grundlage für die Berechnung der Wechselräder, wie Schaltrad und Wagenwechsel. Infolge der vielen Änderungen in der Baumwolle und der großen Reihe von Garnnummern, die in den Spinnereien zumeist vorkommen, ist es angebracht, die Windungen bei jeder Gelegenheit nachzusehen und festzustellen, ob sich der Fadendurchmesser geändert hat. Wenn das nicht der Fall ist und die Berechnung auf Grund einiger weniger Räder und der vorhandenen Zahl der Windungen erfolgt, so führt das leicht zu Irrtümer.

Wenn ein Vorgarn Nr. 3 die Oberfläche der leeren Spule gerade überdeckt und auf 15 cm 110 Windungen zu liegen kommen, so sind das $\frac{110}{15} = 7{,}3$ Windungen auf 1 cm. Wenn nun diese Windungszahl durch die Quadratwurzel aus der Nummer dividiert wird, also

$$\frac{7{,}3}{\sqrt{3}} = \frac{7{,}3}{1{,}732} = 4{,}2,$$

so haben wir damit eine Einheitszahl, mit deren Hilfe wir die Windungszahlen für andere Garnnummern finden können. Die Regel wird also lauten: Multipliziere die Quadratwurzel aus der Nummer mit der Einheitszahl 4,2, das ergibt die Anzahl der Windungen auf 1 cm. Daraus können wir des weiteren die Wagenwechselräder ableiten.

Das Vorgarn, das auf die Spule gewunden wird, wird dabei flach gedrückt, so daß es nicht mehr rund ist, und was wir sehen, ist die Breite des Vorgarnfadens. Die Tiefe des Vorgarns oder seine Dicke ist dann geringer wie die Breite. Die Anzahl der Schichten, die um die Spule liegen, ergibt deshalb eine höhere Einheitszahl. Wir wollen annehmen, die Schichtenzahl auf 1 cm sei 9, wenn wir nun wieder, wie vorstehend, mit der Quadratwurzel aus der Nummer 3 dividieren, so erhalten wir

$$\frac{9}{\sqrt{3}} = \frac{9}{1{,}732} = 5{,}2 \text{ als Einheitszahl.}$$

Diese Größe gibt uns nun wieder dieselbe Regel: Multipliziere die Quadratwurzel aus der Nummer mit der Einheitszahl 5,2 und das ergibt die Anzahl der Schichten auf 1 cm.

Beispiel:

$$\sqrt{3} \times 5{,}2 = 1{,}732 \times 5{,}2 = 9.$$

Diese Regel ermöglicht eine annähernde Berechnung des Schaltrades für die Riemenbewegung des Kegeltriebes. Natürlich geben die Regeln nur Annäherungswerte, weil die Bedingungen des Rohstoffes, teils gekrempelt, gekämmt usw. verschieden sind. Wenn aber eine derartige Einheitszahl einmal für den allgemeinen Betrieb der Spinnerei festgestellt ist, so gibt sie eine gute Grundlage.

Schaltrad. Dieses Wechselrad regelt die Schaltung des Kegelriemens für jede Schicht des zunehmenden Spulendurchmessers, es richtet sich also nach der Dicke des Vorgarnfadens. Für jede Schicht wird ein Zahn geschaltet, die Schalträder haben alle den gleichen Durchmesser, sind aber verschieden in der Zähnezahl. Dünne Fäden oder hohe Nummern verlangen mehr Schaltungen und also mehr Zähne im Schaltrad, als für dickes Vorgarn und niedere Nummern notwendig sind. Es besteht also ein gerades Verhältnis zwischen den Zähnezahlen des Schaltrades und den Quadratwurzeln aus den Nummern

$$\sqrt{\frac{\text{altes Schaltrad}^2 \times \text{neue Nr.}}{\text{alte Nr.}}} = \text{neues Schaltrad.}$$

Wagenwechsel. Dieses Wechselrad muß gewechselt werden bei einer Änderung der Nummer oder der Dicke des Vorgarns, ob nun die Änderung auf gekämmte Baumwolle, veränderte Drehung oder auf einen Wechsel der Nummer zurückzuführen ist. Der Wagenwechsel wird geändert im umgekehrten Verhältnis zur Quadratwurzel aus der Nummer

$$\sqrt{\frac{\text{alter Wagenwechsel}^2 \times \text{alte Nr.}}{\text{neue Nr.}}} = \text{neuer Wagenwechsel.}$$

Allgemeine Bemerkungen. Große Sauberkeit ist ein wesentlicher Punkt der Vorspinnerei. Unreine Maschinen und unsauberer Boden weisen auf ungenügende Arbeitsregelung und nachlässige Arbeiter, für beides ist die Betriebsleitung verantwortlich. Die Aufrechterhaltung eines freundlichen Verständnisses mit den Arbeitern und dasselbe Verständnis unter den Arbeitern selbst wird viel zu einem glatten Laufen der Maschinen beitragen. Die gegenseitige Unterstützung der Arbeiter beim Abziehen usw. wird eine Menge Zeit ersparen. Wenn alle Vorbereitungen für das Abziehen gemacht werden durch Auflegen der leeren Spulen, die Zylinderdeckel und die Gatter für die neuen Spulen abgewischt sind und die üblichen Zeichen den benachbarten Arbeitern zum Helfen zu kommen gegeben wurden, so wird das Abziehen in ganz kurzer Zeit erfolgen. Die Ursache von Fadenbrüchen sollte sorgfältig untersucht werden, es handelt sich oft um Nachlässigkeiten unerfahrener Arbeiter, wie verstopfte oder beschädigte Flügel, hohle oder zerschnittene Lederzylinder, verstoßene Riffelzylinder, durch Abfall verunreinigte Lager und Zapfen, zerkratzte Augen der Flügel, festsitzende Fadenführer, umwickelte Spitzen der Aufsteckspindeln, gehemmte obere Führung dieser Spindeln und viele andere wichtige Einzelheiten der Maschinen. Die Auswechselung der Lederzylinder erfolgt am besten entsprechend einem Plan, wonach jede Woche eine gewisse Anzahl erneuert wird oder noch besser ist es, die Zylinder regelmäßig untersuchen zu lassen und jeden Zylinder, der abgenutzt ist, auszuwechseln. Man sollte keine Zylinder finden, die nicht in gutem Zustande sind.

Elektrischer Antrieb. Der elektrische Antrieb der Spulbänke hat sich nach vielen Versuchen als vorteilhaft erwiesen. Die Geschwindigkeiten sind außerordentlich gleichmäßig, das ruckweise Laufen, wie es besonders bei gleitenden Riemen auftritt, fällt weg. Da der Motor für Spulbänke nur eine Geschwindigkeit hat, so kann die Spulbank nur mit voller Geschwindigkeit laufen, ein Arbeiten, wie es nachlässige Arbeiter gerne machen, die Maschine mit halbeingerücktem Riemen auf mäßiger Geschwindigkeit laufen zu lassen, ist also ausgeschlossen.

Der Wirtschaftlichkeit wegen muß der Motor möglichst klein gewählt werden, er muß aber doch so stark sein, daß er sich im Dauerbetrieb und auch bei kleinen Störungen nicht unzulässig erwärmt. Am zweckmäßigsten erfolgt die Verbindung von Motor und Maschine durch einen kurzen Riemen, von bestem Leder, nur geleimt, möglichst dünn und schmiegsam, dafür aber etwas breiter.

Reinigen und Ölen. Die leeren Spulen sollen gelegentlich im Innern ausgebürstet werden, und zwar entweder von Hand oder durch eine auf einer sich drehenden Welle befestigten Rundbürste.

Die Flügel müssen stets vor jedem Abziehen gereinigt werden und einmal wenigstens zwischen jedem Abziehen. Ein guter Arbeiter wird bei jeder Gelegenheit den Flug wegnehmen und bei jedem Vorbeigehen die Flügel abwischen.

Die Reinigungswalzen, und zwar Ober- und Unterwalzen, sollen alle 2 Stunden gereinigt werden.

Das Hauptgetriebe und die sonstigen Triebwerke sollen einmal jede Woche gereinigt werden. Das Ölen derselben erfolgt einmal täglich.

Man öle einmal täglich die Lager der Ober- und Unterzylinder, die Gewichtshaken und die Sättel. Die Spindellager zweimal täglich.

Man reinige die Wagenketten und die Lager gründlich und fette sie wenigstens einmal im Monat ein. Die Abdeckung der Spindel- und Spulenrädchen nehme man alle zwei Monate ab und reinige die Räder und Lager gründlich.

Die Spindelfußlager müssen bei selbsttätiger Ölschmierung jeden Monat aufgefüllt werden, gewöhnliche Fußlager werden einmal in der Woche geölt.

Büchsen und Spindeln müssen zum mindesten dreimal in der Woche geölt werden. Dieses Ölen muß sorgfältig erfolgen, es darf kein Öl außen über die Büchse laufen, weil sonst die Spule innen mit Öl durchtränkt wird und dieses Öl gelangt schließlich nach außen und verunreinigt die Oberfläche der Spule und das Vorgarn. Die Riffeln der Zylinder müssen gründlich geputzt werden, ebenso müssen die Kanten und die Zapfen alle drei Monate gereinigt werden. Die Zylinder werden dabei auf passende Träger gelegt, damit die Riffel nicht beschädigt werden. Man mache einige Leute mit dem Auseinandernehmen der Differentialwerke vertraut, so daß es bei Gelegenheit gereinigt werden kann, etwa alle sechs Monate.

Gute Arbeiter sind von selbst dauernd am Putzen der Maschinen, weil sie wissen, daß das für ein glattes Laufen notwendig ist und die Fadenbrüche weitgehend einschränkt. Die anderen Arbeiter müssen dazu angehalten werden, daß Flug,

Abfall usw. dauernd abgewischt und jede verfügbare Zeit zum Reinhalten der Zylinder usw. verwendet wird.

Es muß vermieden werden, daß altes Öl sich als trockener Lack auf den blanken Eisenteilen festsetzt.

XI. Abschnitt.

Die Selbstspinner oder Selfaktoren.

Die Wagenspiele. Das Maß der Ein- und Ausfahrten wird vielfach so ausgedrückt, daß man die Anzahl Sekunden für ein oder mehrere Wagenspiele angibt, oder aber die Anzahl der Wagenspiele in der Minute. Das letztere Verfahren bedingt natürlich immer eine Umrechnung, aber auch im ersteren Fall ist es zweckmäßig die Zeit für mehrere Wagenspiele festzustellen, um einen richtigen Durchschnitt zu erhalten.

Garn-Nr.	Ausfahrtlänge	Sekunden eines Wagenspiels	Wagenspiel in der Minute	Baumwolle
	cm			
16	168	11,5	5,25	Amerikaner
20	168	11,5	5,25	,,
24	168	12	5	,,
30	162	12,5	4,83	,,
36	162	13	4,63	,,
40	162	13,3	4,5	,,
44	162	14	4,25	,,
50	162	15	4	,,
56	162	15	4	,,
60	162	15	4	,,
60	160 + 8 = 168	18	3,25	Ägyptische
70	160 + 8 = 168	20	3	,,
80	160 + 8 = 168	22	2,75	,,
90	160 + 8 = 168	24	2,5	,,
100	152 + 8 = 160	24	2,5	,,
110	152 + 8 = 160	26,5	2,25	,,
120	152 + 8 = 160	28	2,15	,,

Die Zugabe der 8 cm zu der Ausfahrtlänge bezieht sich auf die Zylinderlieferung während der Einfahrt. Für feinere Nummern hat jede Spinnerei ihre besonderen Ausfahrtlängen und Geschwindigkeiten und ist mit der kurzen Aufwinderschiene ausgerüstet, die es ermöglicht, diese Änderung leicht vorzunehmen.

Gegenüber der Ausfahrtlänge des Wagens ist die Auszuglänge des Garnes infolge der veränderten Lage des Fadens (wegen des veränderten Fadenwinkels) 2 bis 3 cm kürzer. Eine Ausfahrtlänge von z. B. 162 cm gibt also nur einen Fadenauszug von etwa 160 cm. Die Wagenausfahrt ist veränderlich von 132 bis 182 cm.

Lieferung und Geschwindigkeiten. Die unterbrochene Arbeitsweise des Selbstspinners begrenzt die Lieferung, weil die verschiedenen Umstellungen der Triebwerke ihre bestimmten Zeiten beanspruchen, wenn sie diese Umstellungen richtig ausführen sollen. Abgesehen von geringen Abweichungen können die folgenden Zusammenstellungen als ein richtiger Durchschnitt für die Leistungen und die Spindelgeschwindigkeiten angenommen werden, die Lieferungen lassen sich also noch überholen, besonders durch geschickte Arbeiter.

Indische und Amerikaner.

Garn-Nr. engl.	Umdrehungszahl der Spindeln	1 Spindel in 10 Stunden	
		Schneller	kg
16	7 690	5,84	0,16
18	8 150	5,84	0,14
20	8 590	5,84	0,13
22	9 000	5,84	0,12
24	9 400	5,84	0,11
26	9 780	5,84	0,1
28	10 170	5,84	0,09
30	10 270	5,75	0,085
32	10 330	5,66	0,08
34	10 400	5,57	0,075
36	10 470	5,5	0,07
38	10 500	5,4	0,065
40	10 510	5,3	0,06
42	10 510	5,2	0,056
44	10 490	5	0,052
46	10 460	5	0,05
48	10 400	4,96	0,046
50	10 350	4,87	0,044
52	10 300	4,78	0,042
54	10 250	4,7	0,04
56	10 180	4,6	0,037
58	10 000	4,5	0,035
60	9 940	4,42	0,033

Ägyptische.

Garn-Nr. engl.	Umdrehungszahl der Spindeln	1 Spindel in 10 Stunden	
		Schneller	kg
30	9900	5,66	0,085
32	9840	5,22	0,074
34	9780	5,12	0,068
36	9720	5	0,062
38	9660	4,85	0,057
40	9600	4,78	0,054
42	9540	4,7	0,05
44	9480	4,64	0,048
46	9420	4,56	0,045
48	9360	4,5	0,042
50	9300	4,42	0,04
52	9240	4,35	0,038
54	9180	4,28	0,036
56	9120	4,2	0,034
58	9060	4,14	0,032
60	9000	4,07	0,03
62	8940	4	0,029
64	8880	3,96	0,028
66	8820	3,9	0,027
68	8760	3,85	0,026
70	8700	3,8	0,025
72	8640	3,75	0,024
74	8580	3,7	0,023
76	8520	3,65	0,022
78	8460	3,6	0,021
80	8400	3,54	0,02
82	8340	3,48	0,019
84	8280	3,43	0,018
86	8220	3,38	0,0175
88	8160	3,32	0,017
90	8100	3,27	0,0165
92	8040	3,22	0,016
94	7980	3,17	0,015
96	7920	3,12	0,0145
98	7860	3,06	0,014
100	7800	3	0,014

Sea Island.

Garn-Nr. engl.	Umdrehungszahl der Spindeln	1 Spindel in 10 Stunden	
		Schneller	kg
70	7140	3,5	0,022
75	7100	3,43	0,02
80	7070	3,36	0,018
85	7040	3,3	0,017
90	7000	3,23	0,016
95	6970	3,16	0,015
100	6940	3,1	0,014
105	6900	3	0,013
110	6870	2,95	0,012
115	6840	2,9	0,011
120	6800	2,8	0,0105
125	6750	2,75	0,01
130	6700	2,7	0,009
135	6600	2,6	0,0085
140	6500	2,55	0,008
145	6380	2,5	0,0075
150	6280	2,4	0,007
155	6170	2,35	0,0066
160	6070	2,3	0,0063
165	6000	2,2	0,006
170	5860	2,15	0,0055
175	5680	2,07	0,005
180	5520	2	0,005
185	5380	1,95	0,0045
190	5260	1,87	0,004
195	5150	1,8	0,004
200	5000	1,73	0,0035
210	4900	1,67	0,003
220	4760	1,6	0,003
230	4630	1,53	0,0027
240	4500	1,46	0,0023
250	4400	1,4	0,002
260	4300	1,3	0,002
270	4100	1,25	0,0018
280	3900	1,2	0,0018
290	3750	1,13	0,0018
300	3570	1,05	0,0015

Zylinderdurchmesser. Die Durchmesser der drei Zylinderpaare sind auch hier verschieden, entsprechend der Baumwolle bzw. ihrer Stapellänge.

Baumwolle	Zylinderdurchmesser in mm					
	Riffelzylinder			Druckzylinder		
	Vorderzylinder	Mittelzylinder	Hinterzylinder	Vorderzylinder	Mittelzylinder	Hinterzylinder
Indische . . .	22	19	22	17	17	17
Amerikaner . .	25	19	25	19	19	19
Ägyptische . .	27	22	27	28	22	50
Ägyptische . .	27	22	27	22	22	22

Wenn man über die Länge des Stapels klar ist und die Zylinder so weit zusammenstellt, so ergibt sich dabei welche Durchmesser der Zylinder zulässig sind, und daraus ergibt sich dann weiter, daß die Durchmesser sich ändern, entsprechend den verschiedenen Baumwollsorten.

Drehung des Garnes. Es sind hier Abweichungen in weitem Maße möglich, man muß aber den Unterschied gegenüber der grundlegenden Drehung festhalten, besonders für die Lohnberechnung. Die folgende Drehungsliste gibt eine Grundlage. Änderung der Drehung ändert natürlich die Lieferung.

Drehungsliste auf 1 Zoll engl.

und Quadratwurzeln der Nummern.

Grundregeln.

Indische und Amerikaner.

Selbstspinner-Schußgarn	Verhältniszahl a	3,25
„ Zettelgarn	(mit der $\sqrt{\text{Nr.}}$ engl.	3,75
Ringspinner-Zettelgarn	zu multiplizieren)	4

Ägyptische.

Selbstspinner-Schußgarn	Verhältniszahl a	3,18
„ Zettelgarn	(mit der $\sqrt{\text{Nr.}}$ engl.	3,6
Ringspinner-Zettelgarn	zu multiplizieren)	3,6.

Garn-Nr. engl.	√Nr.	Indische und Amerikaner			Ägyptische		
		Selbstspinner		Ringspinner	Selbstspinner		Ringspinner
		Schuß	Zettel	Zettel	Schuß	Zettel	Zettel
1	1	3,25	3,75	4			
2	1,41	4,6	5,3	5,6			
3	1,73	5,6	6,5	6,9			
4	2	6,5	7,5	8			
5	2,24	7,2	8,4	8,9			
6	2,45	8	9,2	9,8			
7	2,65	8,6	9,9	10,6			
8	2,83	9,2	10,6	11,3			
9	3	9,75	11,25	12			
10	3,16	10,3	11,85	12,6	10	11,4	11,4
11	3,32	10,8	12,43	13,3	10,5	12	12
12	3,46	11,25	13	13,8	11	12,5	12,5
13	3,6	11,7	13,5	14,4	11,5	13	13
14	3,74	12,2	14	15	11,9	13,5	13,5
15	3,87	12,5	14,5	15,5	12,3	14	14
16	4	13	15	16	12,7	14,4	14,4
17	4,12	13,4	15,5	16,5	13,1	14,8	14,8
18	4,24	13,8	15,9	17	13,5	15,3	15,3
19	4,36	14,1	16,3	17,4	13,9	15,7	15,7
20	4,47	14,5	16,8	17,9	14,2	16,1	16,1
22	4,69	15,2	17,6	18,75	14,9	16,9	16,9
24	4,9	15,9	18,4	19,6	15,6	17,6	17,6
26	5,1	16,6	19,1	20,4	16,2	18,3	18,3
28	5,3	17,2	19,8	21,1	16,8	19	19
30	5,48	17,8	20,5	21,9	17,4	19,75	19,75
32	5,66	18,4	21,2	22,6	18	20,4	20,4
34	5,83	19	21,8	23,3	18,5	21	21
36	6	19,5	22,5	24	19,1	21,6	21,6
38	6,16	20	23,1	24,6	19,6	22,2	22,2
40	6,32	20,5	23,7	25,3	20,1	22,8	22,8
42	6,48	21	24,3	25,9	20,6	23,4	23,4
44	6,63	21,5	24,9	26,5	21,1	23,9	23,9
46	6,78	22	25,4	27,1	21,6	24,5	24,5
48	6,93	22,5	26	27,7	22	25	25
50	7,07	23	26,5	28,3	22,5	25,5	25,5
52	7,21	—	—	—	22,9	26	26
54	7,35	—	—	—	23,4	26,5	26,5
56	7,48	—	—	—	23,8	27	27

Garn-Nr. engl.	$\sqrt{Nr.}$	Indische und Amerikaner			Ägyptische		
		Selbstspinner		Ringspinner	Selbstspinner		Ringspinner
		Schuß	Zettel	Zettel	Schuß	Zettel	Zettel
58	7,62	—	—	—	24,2	27,5	27,5
60	7,75	—	—	—	24,5	27,9	27,9
62	7,87	—	—	—	25	28,4	28,4
64	8	—	—	—	25,5	28,8	28,8
66	8,12	—	—	—	25,9	29,3	29,3
68	8,24	—	—	—	26,2	29,7	29,7
70	8,36	—	—	—	26,6	30,2	30,2
72	8,48	—	—	—	27	30,6	30,6
74	8,60	—	—	—	27,4	31	31
76	8,72	—	—	—	27,7	31,5	31,5
78	8,83	—	—	—	28,1	31,9	31,9
80	8,94	—	—	—	28,5	32,25	32,25
82	9,05	—	—	—	28,8	32,6	32,6
84	9,16	—	—	—	29,2	33	33
86	9,27	—	—	—	29,5	33,5	33,5
88	9,38	—	—	—	29,8	33,8	33,8
90	9,48	—	—	—	30,2	34,2	34,2
92	9,59	—	—	—	30,5	34,5	34,5
94	9,69	—	—	—	30,8	35	35
96	9,8	—	—	—	31,2	35,3	35,3
98	9,9	—	—	—	31,5	35,7	35,7
100	10	—	—	—	31,8	36	36
102	10,1	—	—	—	32,1	36,4	36,4
104	10,2	—	—	—	32,5	36,8	36,8
106	10,3	—	—	—	32,8	37,1	37,1
108	10,4	—	—	—	33	37,5	37,5
110	10,5	—	—	—	33,3	37,8	37,8
112	10,58	—	—	—	33,7	38,1	38,1
114	10,68	—	—	—	34	38,5	38,5
116	10,77	—	—	—	34,3	38,8	38,8
118	10,86	—	—	—	34,6	39,2	39,2
120	10,95	—	—	—	34,8	39,5	39,5

In der Spinnerei wird man nun aber feststellen, daß diese Drehungen noch einer weiteren Regelung bedürfen. Wenn wir z. B. für eine bestimmte Garnsorte aus Amerikaner für Schuß Nr. 40 eine Drehungszahl 20,5 haben, entsprechend der Liste und Verhältniszahl, Drehungseinheit, Drehungskoeffizient (oder wie wir das sonst nennen wollen) $a = 3{,}25$, so würde in demselben Falle bei $a = 3{,}25$ Schußgarn Nr. 10 mit 10,3 Drehungen zu spinnen sein. In Wirklichkeit werden wir aber finden, daß wir für diese Nummer mit weniger Drehung auskommen, etwa mit 9,5 und für eine feinere Nummer, sagen wir Nr. 60, werden wir mehr Drehung nötig haben, als die aus der Drehungseinheit $a = 3{,}25$ berechnete. Das rührt ganz einfach daher, daß die Drehung sich in Wirklichkeit nicht genau nach der Quadratwurzel der Nummer verändert, sondern nur annäherungsweise und somit diese Drehungseinheit a selbst noch durch einen Koeffizienten oder eine Hilfszahl berichtigt werden muß. Dementsprechend bekommen wir eine Liste der Verhältniszahlen etwa folgender Art, auf deren Grundlage die endgültige Drehungsliste aufgebaut wird.

Drehungseinheitszahlen a.

Garn-Nr. engl.	Selbstspinner		Ringspinner
	Schuß	Zettel	Zettel
10— 20	3,1	3,6	3.8
20— 30	3,15	3,65	3,85
30— 40	3,2	3,7	3,9
40— 50	3,25	3,75	4
50— 60	3,3	3,8	4,1
60— 70	3,4	3,9	4,2
70— 80	3,5	4	4,3
80—100	3,6	4,1	4,4
100—120	3,8	4,25	4,6

Spindelteilung. Der Zwischenraum von Spindelspitze zu Spindelspitze geht von 25 bis 38 mm. Die zumeist übliche Teilung für Zettelgarn (Zettelcops) ist 35 mm und für Schußcops 28 mm. Es ist sehr selten, daß 25 mm Teilung verwendet wird und dann nur für die feinsten Garne.

Das übliche Maß für die Kötzer ist 185 × 32 mm für Zettel- und 125×22 für Schußkötzer. Es werden außerdem alle möglichen Zwischenmaße gesponnen, in Deutschland macht man vor allem die mittleren und gröberen Garn-Nummern in größeren Massen. Das Bestreben geht dahin, die Kötzer so groß zu machen, als es die Webschützen zulassen; für feinere Nummern, die sowieso einen längeren Faden ergeben, also länger ablaufen, können deshalb die Kötzer kleiner sein. Auch die Spinnerei muß Wert darauf legen, möglichst große Kötzer zu spinnen, um möglichst große Abzüge zu erhalten; für feine Nummern aber, deren Kötzer sehr lange auf der Maschine laufen, bevorzugt man kleinere Maße. Die Spindelteilung beeinflußt die Anzahl Spindeln, die auf einer bestimmten Maschinenlänge untergebracht werden können, nach dieser Richtung ist es vorteilhafter, kleinere Teilung und damit dünnere Kötzer zu bevorzugen. Die meisten Spinnereien spinnen Zettel- und Schußkötzer, sie bevorzugen dann eine mittlere Teilung für beide Sorten oder zweierlei Maschinen mit Zettel- und Schußteilung. Die mittlere Teilung für Zettel- und Schußkötzer ist 33 mm.

Das Gewicht der Kötzer von demselben Maß und derselben Nummer kann verschieden sein. Das ist abhängig von der Form, lange oder kurze Spitze, dem Umfang, harte oder weiche Windung, Art der Hülsen, Durchmesser und Verlauf der Spindel, Feuchtigkeit usw. Es ist außer Zweifel, daß unter genau denselben Bedingungen die feinere Nummer einen schwereren Kötzer gibt, weil infolge des feineren und härteren Garnes die Windungen dichter und fester werden und weniger Zwischenraum zwischen den Lagen und Windungen verbleibt.

Zylinderstellung.

Baumwolle	Entfernung in mm von Mitte zu Mitte	
	Vorder- und Mittelzylinder	Mittel- und Hinterzylinder
Indische . . .	22	38
Amerikaner . .	28	42
Ägyptische . .	32	42

Diese Zahlen dienen nur als allgemeine Grundlage, die Hauptregel lautet dahin, daß die Vorder- und Mittelzylinder auf die Entfernung der mittleren Stapellänge der Baumwolle eingestellt werden. Die Mittel- und Hinterzylinderstellung wird wenig verändert, da die üblichen geringen Veränderungen des Stapels eine Änderung dieser Stellung nicht notwendig machen. Die zulässige Schwankung unter die Stapellänge ist Meinungssache, man kann sagen von etwa 1 bis 5 mm. Diese Stellung ist natürlich so zu verstehen, daß die Mittelzylinder die hinteren Enden der Fasern festhalten und die Vorderzylinder die vorderen Fasernenden von der Klemmstelle nach vorne ziehen. Ungeachtet der vielfach herrschenden Ansicht, daß die Kämmaschine die kurzen Fasern bis zu einer vorherbestimmten Länge herausziehe (eine vollständig irrige Meinung), liegen eine Menge kürzere Fasern frei zwischen den Klemmstellen der beiden Zylinderpaare, ob es sich nun um gekämmte oder nur gekrempelte Baumwolle handelt. Diese Tatsache gibt den Anlaß zu weiten Schwankungen in der Stellung, aber immer ist die Stellung innerhalb dem Maß der Faserlänge. Anderseits begrenzt der Zylinderdurchmesser die allzu enge Einstellung.

Durchzug-Streckwerk. Als eine Verbesserung des Verzugs hat man ganz enge Stellung der Zylinder in Verbindung mit Selbstbelastung durch einen sehr leichten mittleren Druckzylinder eingeführt. Dieses Verfahren, bekannt unter dem Namen Janninks Durchzugstreckwerk, hat einen leichten mittleren Druckzylinder aus Aluminium, Buxbaumholz oder ähnlichen Stoffen, dessen Gewicht und Maß den verschiedenen Garnsorten angepaßt wird. Die ausgezeichneten Ergebnisse, die damit in einigen Spinnereien erzielt wurden, beruhen auf einer wohlüberlegten Anwendung dieser mittleren Druckzylinder in Verbindung mit einer entsprechenden Zylinderstellung und einer vorhergehenden sorgfältigen Vorbereitung. Eine nur oberflächliche, beschränkte Nachahmung von Einzelheiten dieses Verfahrens hat zumeist zu schlechten Ergebnissen geführt.

Der Grundgedanke beruht auf der schon im vorigen Abschnitt angeführten Tatsache, daß beim gewöhnlichen Verzug nur die großen Fasern festgehalten und verzogen werden, die große Menge der kurzen Fasern aber frei zwischen den Zylindern herumschwimmt; mit einem dünnen, leichten Druckzylinder wird dagegen noch ein weiterer Teil kürzerer Fasern beiderseitig gehalten und verzogen. Im ersten Fall kann infolge der vielen freien Fasern nur ein beschränkter Verzug stattfinden, je mehr aber diese freien Fasern ebenfalls festgehalten und verzogen werden, um so höher läßt sich der Verzug treiben. Die Auswirkung dieser hohen Verzüge ermöglicht zunächst die Verwendung eines gröberen Vorgarns, wodurch die Spulbänke eine höhere Lieferung ergeben und somit eine Anzahl Spulbänke, Arbeiter und Löhne erspart werden. Die folgenden Unterlagen geben nur eine allgemeine Grundlage, zumal die angeführten Baumwollsorten sehr dehnbare Begriffe sind.

Durchzugs-Streckverfahren.

Nrn.	Vorgarn	Verzüge	Stellungen	Mittlerer Druck-zylinder	Baumwolle
			mm	Gramm	
10— 14	1,2	8,35—11,6	19	120—100	Indische
16— 26	1,8	8,8 —15,5	20	100— 80	Amerikaner
30— 38	2,2	13,6 —17,3	„	80— 70	„
40— 50	3,0	13,3 —17,3	„	70— 65	„
60— 72	3,5	17,1 —20	25	65— 60	Ägyptische, gekämmt
80—100	4,0	20 - 25	26	60	„ „
100—120	5,0	20—24	„	50	„ „
120—180	6,0	20—30	„	35	„ „

Durchzugsstreckwerk »Casablancas«. Durch dieses Verfahren wird ein sehr weitgehendes »Durchziehen« der Fasern beim Streckvorgang erreicht. Mittels Riemchen oder Lederhosen wird die Faser während des Hauptverzugs zwischen Mittel- und Vorderzylinder dicht an den Vorderzylinder herangeführt. In der Praxis ergaben sich zunächst gewisse Schwierigkeiten, die aber durch Verbesserung des Verfahrens ausgeglichen sein sollen.

Als zulässige Verzüge werden hier angegeben:

Amerikaner . . . . 15—24fach,
Ägyptische . . . . 18—30 „
Hochklassige Ägyptische . . . . . . 20—35 „

Es ist nicht nötig, daß die höchsten Verzüge tatsächlich angewendet werden, schon eine Steigerung auf die niedrigeren Verzugszahlen bringt wesentliche Vorteile, sowohl beim »Jannink«- wie beim »Casablancas«-Verfahren.

Antrieb und Kraftverbrauch. Diese Zustände haben an den Selbstspinnern ebenfalls ihre Bedeutung. Sie werden zumeist als eine unabänderliche Sache angesehen, es wird aber zweckmäßig sein, sie hier zu behandeln. Der fortwährend unterbrochene Betrieb eines Selbstspinners und die Schwankungen seiner Geschwindigkeit verursachen große Schwankungen im Kraftverbrauch für den Antrieb der Maschine. Wenn der Wagen innen an der Zylinderbank steht und im Begriff ist anzulaufen, so müssen gleichzeitig der Wagen, die Spindeln und die Zylinder von der Hauptwelle angetrieben werden. Das verlangt eine bedeutende Kraft und dadurch wird ein bedeutender Zug auf Riemen, Seile und Lager ausgeübt. Die Hauptkraft ist notwendig, um das Beharrungsvermögen der Spindeln zu überwinden und dieselben schnellstens auf etwa 10000 Umdrehungen in der Minute zu bringen; tatsächlich werden diese hohen Umdrehungszahlen auch sehr schnell erreicht, falls der Selbstspinner in gutem Stande ist. Der Wagen gebraucht nur einen kleinen Teil der Kraft, das kann man ohne weiteres feststellen, wenn der Wagen außen anhält und dann seine Einfahrt beginnt, die hierfür nötige Kraft ist sehr gering. Dieser außerordentlich hohe Kraftverbrauch für das Anlaufen bei der Ausfahrt schwankt bedeutend je nach dem Alter der Maschine, der Länge des Selbstspinners, Spindelgeschwindigkeit, neue oder alte Riemen und Seile, er wird im Verlauf von etwa einer Sekunde auf 20 bis 30 PS ansteigen, um dann schnell wieder auf etwa 12 PS zurückzugehen. Ein Blick auf den Riemen, der von der Transmissionswelle zum Vorgelege geht, zeigt ohne weiteres den außerordentlichen Zug, der auf ihn einwirkt. Trommelseile und Spindelschnüre werden in ähnlicher Weise beansprucht. Die damit zusammenhängenden praktischen Fragen haben große Bedeutung in der Betriebsleitung einer Spinnerei. Vor allem müssen die Lager in gutem Zustand erhalten und regelmäßig geschmiert werden, Kugellager sind hierfür sehr zu empfehlen, soweit sie angebracht werden können. Als Riemen sollen nur die besten genommen werden, die die starke Beanspruchung aushalten, ohne sich fortwährend zu dehnen. Andauernder Riemenbruch ist ein Zeichen, daß er zu schwach ist oder von einer zu geringen Sorte. Öfteres Reißen der Seile und Schnüre zeigt, daß dieselben aus schlechtem Stoff sind. Sehr stark gespannte Riemen und Seile vermehren die Reibung der Lager, aber gleichzeitig vermindern sie die Reibung. Schlaffe Riemen, Seile und Schnüre treiben auch, aber ihr Gleiten ergibt einen großen Verlust. Infolge der Gleitverluste können die berechneten Umdrehungszahlen nicht als richtig angenommen werden, es ist vielmehr notwendig, die tatsächlichen Geschwindigkeiten durch einen Tachometer oder Zähler festzustellen. Mit dem Tachometer sollten immer wieder in regelmäßigen Zeitabschnitten die tatsächlichen Geschwindigkeiten festgestellt werden, man wird dabei stets einige abweichende Geschwindigkeiten finden und wenn man deren Ursachen nachgeht, auf Nachlässigkeiten stoßen. Bei der Benützung des Zählers wird man finden, wie die Geschwindigkeit der Spindeln beim Anlauf des Wagens wächst und bei einer ganzen Anzahl von Versuchen wird man feststellen, daß die Geschwindigkeit allmählich auf ihren vollen Umfang anwächst und dabei aber ein gut Stück hinter der berechneten Umdrehungszahl zurückbleibt. An manchen Maschinen mit straffem Riemen, Seilen und Schnüren erreichen die Spindeln ihre volle Geschwindigkeit, wenn der Wagen etwa 450 mm weit ausgelaufen ist. Wenn der Zähler an das Vorgelege und die Hauptwelle gehalten wird, so kann man die außerordentlichen Gleitverluste beim Anlaufen sehen und wenn gleichzeitig noch Ablesungen von Spindeln erfolgen, so kann man die Umdrehungszahl der Spindeln für eine Umdrehung der Hauptwelle an jeder Stelle der Wagenausfahrt fest. tellen. Diese Ergebnisse werden von den berechneten Geschwindigkeiten sehr verschieden sein, auch wenn der Gleitverlust eingerechnet wurde.

Übermäßiger Verbrauch an Seilen an einem oder an mehreren Selbstspinnern, trotzdem dieselben unter den gleichen Verhältnissen arbeiten wie die anderen, muß daraufhin untersucht werden, ob sie nicht übermäßig gespannt wurden, um ein Gleiten zu vermeiden und die Leistung zu erhöhen.

Elektrischer Antrieb. Infolge dieser Schwierigkeiten beim Antrieb der Selbstspinner hat man Versuche gemacht, denselben durch einen Elektromotor vermittels Riemenantrieb vom Motor zur Hauptwelle anzutreiben. Es hat sich gezeigt, daß der Motor eine bessere Durchzugskraft aufweist, als wie das Vorgelege und die Maschine mit den Spindeln deshalb schneller auf ihre volle Umdrehungszahl kommt. Es ist natürlich wichtig, einen richtigen Motor zu wählen, besonders auch in bezug auf die Größe, damit der Betrieb mit Motoren auch wirtschaftlich günstiger arbeitet; der Selbstspinnermotor muß in seiner Ausführung erstklassig sein.

Spindelumdrehungen auf 1 Hauptachsumdrehung.

Durchmesser der Zwirnscheibe	Durchmesser der Trommelscheibe	Durchmesser der Spindeltrommel	Umdrehungszahl der Spindeln		
			19 mm Wirtel	22 mm Wirtel	25 mm Wirtel
mm	mm	mm			
280	250	150	8,2	7	6,1
280	280	150	7,6	6,5	5,7
280	300	150	6,8	5,85	5,1
280	330	150	6,3	5,4	4,7
300	250	150	8,95	7,75	6,8
300	280	150	8,1	7	6,2
300	300	150	7,5	6,45	5,7
300	330	150	6,9	5,9	5,15
330	250	150	9,7	8,4	7,4
330	280	150	8,8	7,55	6,6
330	300	150	8,1	7	6,2
330	330	150	7,5	6,45	5,6
355	250	150	10,4	9,05	8
355	280	150	9,5	8,1	7,1
355	300	150	8,7	7,5	6,6
355	330	150	8	6,9	6,1
380	250	150	11,2	9,7	8,55
380	280	150	10,2	8,7	7,6
380	300	150	9,3	8,1	7,1
380	330	150	8,6	7,4	6,45
405	250	150	11,9	10,3	9,1
405	280	150	10,8	9,3	8,1
405	300	150	9,9	8,6	7,5
405	330	150	9,2	7,9	6,9
430	250	150	12,7	10,3	9,7
430	280	150	11,5	9,9	8,65
430	300	150	10,6	9,15	8,1
430	330	150	9,75	8,35	7,3
460	250	150	13,4	11,6	10,3
460	280	150	12,2	10,45	9,15
460	300	150	11,2	9,6	8,55
460	330	150	10,3	8,85	7,8
480	250	150	14,2	12,3	10,8
480	280	150	12,9	11	9,6
480	300	150	11,8	10,2	9
480	330	150	10,9	9,3	8,2
510	250	150	14,9	12,9	11,4
510	280	150	13,55	11,6	10,2
510	300	150	12,4	10,8	9,5
510	330	150	11,5	9,8	8,6

Die Rechnungsformel versteht sich unter Zurechnung von 2 mm zu dem Durchmesser der Spindeltrommel und des Spindelwirtels für den halben Schnurdurchmesser, also

$$\frac{380 \times 150 + 2}{250 \times 19 + 2} = \frac{380 \times 152}{250 \times 21} = 11 \text{ Umdrehungen}$$

$$\text{Gleitverlust } 6\,\text{v. H.} = \frac{(100 - 6) \times 11}{100} = 10{,}4 \text{ Umdrehungen.}$$

Wagenverzug. Das ist der Unterschied zwischen der Ausfahrtslänge des Wagens und der damit hervorgerufenen Lieferung und der Lieferung durch den Vorderzylinder. Der Wagenverzug ist zu dem Verzug der Zylinder zuzurechnen.

Garn-Nr.	Wagenverzug	Wagen-ausfahrt	Baumwolle
	mm	mm	
30	10	1620	Amerikaner
40	75	1620	„
50	100	1620	„
60	125	1580	Ägyptische
70	150	1580	„
80	175	1520	„
90	190	1520	„
100	190	1480	„
110	210	1480	„
120	210	1420	„
130	220	1420	Sea Island
140	240	1370	„
10	50 mm Verlust	1680	Indische u. Amerikaner
20	25 „ „	1620	„ „

Berechnung des Verzugs:

$$\frac{\text{Wagenausfahrt}}{\text{Wagenausfahrt} - \text{Wagenverzug}} = \text{Verzug}$$

$$\frac{1620}{1620 - 100} = 1{,}065.$$

Verzugswert durch den Wagen.

mm Wagen-verzug	25	38	50	65	75	90	100	115	130	150	180	200
Für Wagen-ausfahrt												
1620 mm	1,016	1,024	1,032	1,04	1,05	1,06	1,065	1,075	1,085	1,1	1,12	1,14
1580	1,016	1,024	1,033	1,04	1,05	1,06	1,07	1,08	1,09	1,105	1,125	1,15
1520	1,017	1,025	1,034	1,045	1,055	1,065	1,075	1,085	1,095	1,11	1,13	1,155
1480	1,017	1,025	1,036	1,045	1,055	1,065	1,075	1,085	1,095	1,115	1,135	1,16

Der Wagen. Der Wagen wird zusammengebaut in einer Art und Weise, wie es nur neuzeitliche Fertigkeit ermöglicht. Die gesonderte Betriebskraft erfolgt durch Seile und Schnüre und es hängt von diesen Betriebsteilen ab, einen gleichlaufenden Trieb zu erhalten. Die Dehnung, die Abnützung und das Reißen der Wagenseile verlangt andauernde Beaufsichtigung und besondere Fertigkeit in der Beurteilung der Seilspannung. Für die Spindelseile und Wagenseile sind Spannvorrichtungen an den Maschinen angebracht, womit die Seile nach Bedarf gespannt werden. Wenn sich das Seil so weit gedehnt hat, daß es nicht mehr weiter gespannt werden kann, so muß es aufgeschnitten und wieder verflochten werden.

Ein Zeichen, daß etwas mit den Wagenseilen nicht in Ordnung ist, haben wir, wenn der Wagen sich in Bogenlinien, also nicht genau gleichlaufend mit der Zylinderbank bewegt und am Ende der Ausfahrt die Wagenenden hin- und herschwanken. Die längs des Wagens verlaufenden Seile müssen stets gespannt sein und öfters untersucht werden, infolge ihrer bedeutenden Länge ist die Dehnung sehr bedeutend und deshalb verwendet man für die Hauptlänge Draht, und nur die Enden bestehen aus Seilen. Gebrochene Drähte können leicht ausgebessert werden, aber die neue Verbindung muß genau erfolgen, damit keine vorstehenden Teile der Verbindungsstelle an der Unterseite des Wagens reiben. Nur durch Versuche können wir die genauen Maße für die Seile feststellen, wie sie für die verschiedenen Zwecke gebraucht werden. Wenn ein Seil reißt, ist zumeist in seiner ganzen Länge nichts zu sehen, daß auch andere Teile mehr oder weniger geneigt sind, zu reißen. In der Nähe eines Bruches sind dagegen die Fasern oft sehr abgenützt, so daß es nötig ist, ein größeres Stück abzuschneiden, ehe man das Seil wieder zusammenmacht. Wenn Seile Zeichen aufweisen, daß sich Bruchstellen zu lösen beginnen, so warte man nicht, bis sie reißen, man lasse sie sofort ausbessern, um dem beim Reißen entstehenden Schaden vorzubeugen.

Quadrantseil. Das ist das einzige Mittel, durch das der Quadrant gehalten wird, und es ist sehr unangenehm, wenn es nicht bemerkt wird, daß das Seil zum Reißen kommt, weil dann der Quadrant nach vorne fällt. Ein neu aufgelegtes Seil muß gut beobachtet werden, der Wagen soll dabei auf Ausfahrt stehen, es ist allein Sache der Erfahrung, die Länge festzustellen mit Rücksicht auf die anfängliche Dehnung.

Spindelschnüre. Alle Spindelschnüre müssen das Bestreben haben, die Spindeln gegen ihre Fußlager zu ziehen. Die Triebkraft der Schnur ist allein abhängig von der Reibung auf dem Umfang der Spindeltrommel und der Spindelwirtel, und sie hat nur seitlichen Halt in der Wirtelrinne. Die Spannung der Schnur ist sehr wichtig, wenn sie schlaff ist, gibt die Spindel keine Drehung, und ist sie zu sehr gespannt, so schadet das dem Lager. Ein gewisses Verständnis für den Grad der Spannung ist notwendig und außerdem eine gute Schmierung mit nur bestem Öl.

Das Zusammenknüpfen der Spindelschnur ist eine wichtige Sache. Fig. 5 und 6 geben die üblichen Knoten, bei dem ersteren stehen die Enden im rechten Winkel zur Schnur, beim letzteren sind sie gleichlaufend. Es ist reichlich Übung nötig, bis ein Anfänger während des Laufens der Maschine die richtige Spannung und einen festen Knoten zustande bringt.

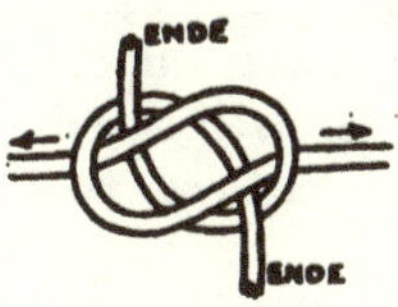

Fig. 5.

Fig. 6.

Die Spannung der Spindelschnur kann am besten beurteilt werden durch den Versuch, die Spindel zwischen Finger und Daumen festzuhalten oder durch das Anziehen der Spindelschnur mittels Zeigefinger, Bleistift oder dergleichen Gegenstand. Einzelne dicke, weiche Kötzer oder einzelne schlaff durchhängende Fäden sind gleichfalls Anzeichen schlaffer Spindelschnüre.

Kette und Schußgarn. Der Unterschied dieser beiden Bezeichnungen kommt in der Hauptsache in der Drehung zum Ausdruck, das Kettgarn weist mehr Drehung auf als Schußgarn. Schußgarn ist weicher und nicht so glatt wie Kettgarn und wird in der Regel auf kleineren Kötzern gesponnen wie das Kettgarn. Alle diese Unterscheidungen verschwinden aber vielfach in der großen Mannigfaltigkeit der Garnkötzer, wie sie für die verschiedenen Zwecke gesponnen werden.

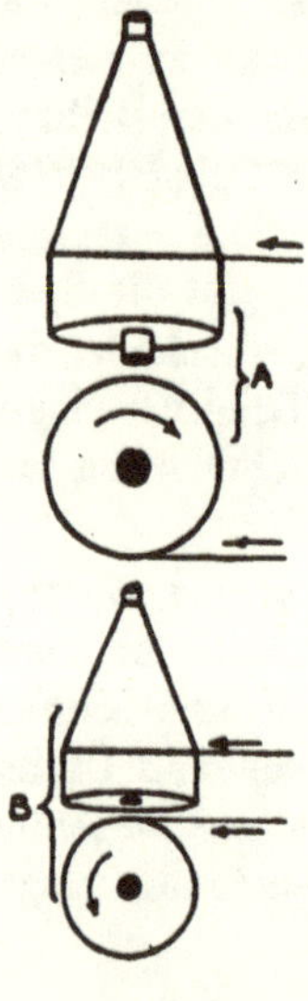

Fig. 7.

Wenn wir die Drehrichtung prüfen wollen und einen Kettgarn-Kötzer vor uns halten, so wie er auf der Maschine steht, uns die Spindel in der Uhrzeigerrichtung gedreht denken und auf die Spindel niederschauen (wie in Fig. 7 *A*) und den Faden mit der rechten Hand nach rechts über den Kötzer legen, so erkennen wir daran das Kettgarn oder Rechtsdraht. Beim Abschlagen erkennt man deutlich, daß die Spindel rückwärts läuft und also die Spindel beim Spinnen von rechtsgedrehtem Kettgarn in der Uhrzeigerrichtung verläuft, von der Spindelspitze aus gesehen. Das ist dasselbe wie beim Aufwinden, denn das Drehen des Fadens beruht ebenfalls auf dem Bestreben, der Spindel das Garn aufzuwinden, aber infolge der Neigung der Spindel gegen den Faden und die spitz zulaufende Form der Spindel wird der freiliegende Faden nicht aufgewunden, sondern schleift andauernd über die Spindelspitze hinweg.

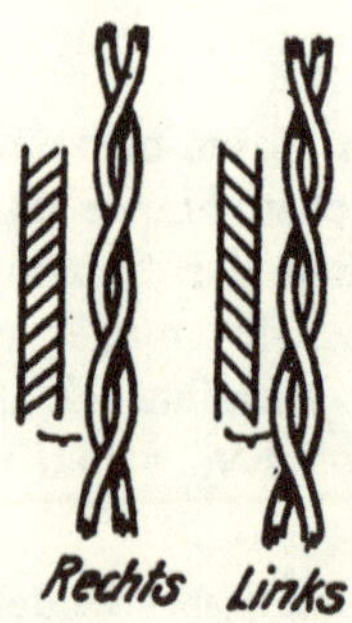

Fig. 8. Fig. 9.

Anderseits wenn eine Spindel mit ihrem Kötzer in entgegengesetzter Richtung zu dieser Kettgarndrehung, also wie in Figur 7 *B* gedreht wird, so daß die Drehrichtung der Uhrzeigerrichtung entgegenläuft, so ist das Schußgarn oder Linksdraht.

Kettgarn oder Rechtsdraht ist gedreht wie in Fig. 8, die Windungen verlaufen wie die Schraubenlinien einer rechtsgedrehten Schraube. Schußgarn oder Linksdraht ist die Drehung der Fig. 9.

Schußgarn wird aber sehr viel auch in Rechtsdraht gesponnen und selbst Kettgarn wird für bestimmte Zwecke linksgedreht. Es kommt auch vor, daß Kettgarn und Schußgarn dieselbe Drehungszahl erhalten. Bei der Änderung der Drehrichtung der Spindeln von rechts nach links oder umgekehrt ist der einfachste Weg, die alten Spindelschnüre auszuschneiden und neue in umgekehrter Richtung einzuziehen. Es empfiehlt sich nicht, zwei alte Schnüre zu einer zu verbinden, weil jeder Knoten schadet. Dagegen können ausgebrochene Spindelschnüre von der Ringspinnmaschine, die gewöhnlich etwas länger sind, für den Selbstspinner zum Teil nochmals verwendet werden.

Belederung der Reibungskupplung. Der Lederbelag auf dem Reibungskegel muß in gutem Zustand gehalten und die Lederfläche muß öfters nachgearbeitet werden, je nachdem sie sich ungleich abnützt. Erneuerungen sind öfters notwendig. Ein Verfahren, die Form des Leders oder ein Muster aus Pappe auszuschneiden, zeigt Fig. 10. Man zeichnet auf das Leder selbst oder auf ein Stück Pappe genau den Kegel der Kegelscheibe wie *ABCD* und verlängert die Seiten *AB* und *CD*, bis sie sich in der Kegelspitze *E* schneiden. Von *E* als Mittelpunkt zieht man nun die beiden Kreise mit dem Halbmesser *EB* und *EA*.

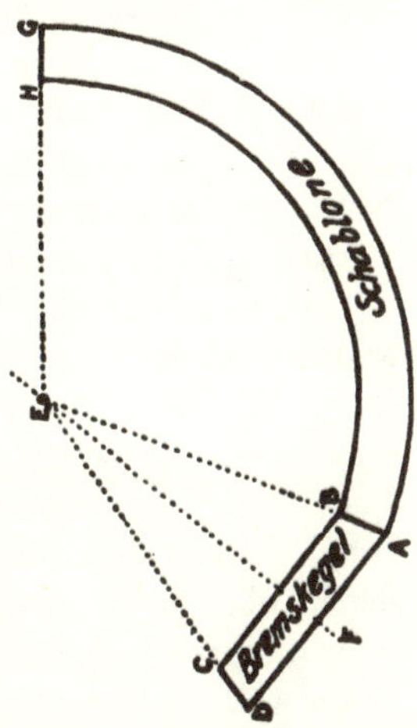

Fig. 10.

Nun stellt man den Umfang des Kreises *AD* fest; ist der Durchmesser des Kreises z. B. 400 mm, so ist der Umfang 400×3,14 = 1256 mm. Jetzt stellt man den Zirkel auf 100 mm und trägt auf dem Kreisbogen *AG* 12 mal diese 100 mm ab, wozu man noch mindestens die 56 mm, in Wirklichkeit aber noch etwas mehr, zugibt. Von *G* zieht man die Linie nach *E* und erhält damit den Schnittpunkt *H*. Wenn die Form *ABHG* ausgeschnitten ist, so wird das Leder- oder Pappenstück genau auf den Kegel passen. Das so erhaltene Pappenstück kann als Muster behalten werden, um danach die Leder nach Bedarf auszuschneiden. Das Muster wird natürlich vorher genau auf dem Kegel geprüft und vor allem die Länge genau abgepaßt.

Jede Spinnerei sollte für ihre Kegel derartige Muster haben und geeignetes Leder im Vorrat, so daß bei einem Unfall dieser Art sofort abgeholfen werden kann. Es ist nur das beste

Leder geeignet, dicke Ochsenhäute, Walroßleder o. dgl., es soll gleichmäßig dick sein. Auf dem Kegel wird es am besten mit Kupfernieten befestigt, deren Köpfe in das Leder eingelassen sind, so daß es soweit nötig auf eine genaue Fläche abgedreht werden kann.

Die Hubhöhe des Kegelgehäuses für das Ein- und Ausschalten des Reibungsgetriebes ist unterschiedlich bei den verschiedenen Maschinen. Manche treten schnell und scharf in Tätigkeit, während andere allmählich fassen. Die Hubhöhe ist etwa 6 bis 12 mm, sie kann eingestellt werden und es ist Sache des Meisters, herauszufinden, je nach der Art der Einrichtung, der Neigung des Kegels und dem Zustand des Leders, welche Hubhöhe für die betreffende Maschine die richtige ist. Mit Rizinusöl kann man die Reibung des Leders verstärken. Das Leder soll stets mit Nieten aus Weichmetall festgemacht werden, hölzerne Stifte genügen nicht.

Fadenbrüche. Übermäßige Zahl von Fadenbrüchen können auf sehr verschiedene Ursachen zurückzuführen sein. Kleine Fasern von Jute und Hanf, die im Vorgarn enthalten sind, verursachen stets Fadenbrüche. Diese kommen aus den Packstoffen der losen und gepreßten Ballen infolge Bemusterung, Flicken der Ballen und allgemeiner rauher Behandlung, denen die Ballen ausgesetzt sind. Manche dieser Fasern gelangen durch unsorgfältige Behandlung im Mischraum in die Baumwolle. Diese Fasern findet man im gekämmten Garn ebenso wie im einfach gekrempelten. Wenn in der Spinnerei die gebrochenen Enden mit einem Vergrößerungsglas untersucht werden und ebenso die Reste am Fadenführer, so kommt der Schaden, den diese Faserbündel verursachen, mehr zur Kenntnis und wird dann vielfach Anlaß zu ernsten Beschwerden bei den Lieferanten der Baumwolle geben. Wenn diese Fasern keine Fadenbrüche veranlassen, so geben sie jedenfalls Anlaß zu schlechterem, schmutzigem Garn.

Ungleichmäßiges und schwaches Vorgarn reißt zumeist vor oder nach dem Verzug. Zuviel Wagenverzug gibt ebenfalls Anlaß zu Fadenbrüchen. Fadenbrüche werden auch veranlaßt durch anhaftenden Flug und Abfall oder abfallende Flocken von den Reinigungswalzen.

Weiter gibt Anlaß zu Fadenbrüchen: Wenn die Reinigungswalzen nicht an den Zylindern anliegen und diese deshalb nicht von Fasern und Schmutz reinigen. Verstopfte Fadenführer, sowohl die hinteren, als die zwischen den Zylindern, wenn sie nicht gereinigt werden. Schlechtes Ansetzen gerissener Fäden, wie auch schlechtes Anknüpfen beim Aufstecken des Vorgarnes. Nach dem Reinigen der Druckzylinder werden diese oft mit einem Schlag zurückgestoßen, das gibt zum mindesten dicke und dünne Stellen oder schnittiges Garn. Rissige Lederzylinder. Unreine Gatter und unreine Aufsteckspindeln und Spindelnäpfchen. Falsch eingestellte Wagenputztücher oder vernachlässigte Tücher und Abstreifbürsten. Lose Enden der Reinigungswalzen. Auflegen der vollen Spulen auf ungereinigte Gatter. Wenn die Vorgarnspulen zu lange auf dem Gatter liegen, besonders in der Nähe der Riemen- und Seiltriebe. Verschmutzte und verstaubte Riemen. Nachlässiges Abstauben, Wegschlagen und Wegwehen des Fluges. Schmutzige Zylinderhaken. Nachlässiges Abzupfen des Auf- und Gegenwinderdrahtes und von deren Armen. Herabfallen von Abfallflocken während des Putzens der Oberzylinderzäpfchen. Schmutzige Stangen, Drähte oder Walzen als Fadenleiter auf dem Gatter. Abwehen des Fluges vor dem Abkehren und Abwischen. Vorgarnfäden, die auf den Boden fallen und wieder aufgehoben werden und deshalb zumeist Flug und Schmutz enthalten. Abfallreste oder Reste von Spindelschnüren, die sich in den Spindellagern festsetzen.

Alle Art von Schmutz, Finnen und Nissen, Laubreste, Samenschalen, Samenreste usw., die bei den vorhergehenden Spinnvorgängen nicht ausgeschieden sind.

Wenn auch die angeführten Punkte nicht immer zu Fadenbrüchen während des Ausspinnens führen, so verschlechtern sie doch das Garn und machen es für manche Zwecke unbrauchbar. Es sind ernste Fehler und sie müssen ausgemerzt werden, wo sie in Erscheinung treten.

Eine zu trockene Luft erzeugt vielfach Flug und trägt deshalb ebenfalls dazu bei, daß fehlerhaftes Garn erzeugt wird.

Reinigungswalzen sollen aus trockenem Holz sein, weil sie sich sonst verziehen und dann eine vielfache Veranlassung von Fadenbrüchen sind. Nur das best getrocknete Holz soll hierfür verwendet werden.

Ein Anlaß zu schlechten Fäden ist auch vielfach in dem Ausheben des mittleren Druckzylinders zu sehen, den der Ansetzer während der Dauer eines Auszugs herauslegt. Bei diesem vielfach üblichen Verfahren verzieht der Vorderzylinder das Vorgarn unmittelbar vom Hinterzylinder, wodurch stets schlechte, ungleiche Stellen entstehen.

Die nachlässige Verwendung von Riemen- und Seilschmiere am Haupt- und Kopfriemen ist oft die Veranlassung der Verunreinigung der Leder- und Riffelzylinder. Die Riffeln werden oft mit einer Schicht von hartem Schmutz ausgefüllt, der schwer zu entfernen ist und der einen genauen Verzug verhindert.

Schmutziges und öliges Garn. Die vorstehend angeführten zahlreichen Ursachen für Fadenbrüche führen vielfach, wenn der Faden nicht reißt, zu schlechtem, schmutzigem Garn. Auflegen oder Aufstecken der Vorgarnspulen oder Ansetzen der Fäden mit öligen Händen führt zu öligem Garn. Wenn das Öl rein ist, kann man die Ölflecken im Garn kaum sehen, aber beim Bleichen und Färben werden diese Flecken herausgearbeitet und geben Anlaß zu ernsten Klagen. Wenn die Garnkötzer lange auf der Spindel bleiben, wie bei feinen Garnen, so ist den Unreinigkeiten der Luft, besonders bei feuchtem Wetter, Gelegenheit gegeben, sich nach und nach auf dem Kötzer festzusetzen. In solchen Fällen ist besondere Sorgfalt notwendig, damit keine staubige und rußige Luft in den Spinnsaal gelangt und die zugeführte Feuchtigkeit durchaus rein ist.

Die unmittelbare Nachbarschaft des Haupttriebes und des Riemens von der Transmission zum Vorgelege ist vielfach die Ursache von schmutzigem und öligem Vorgarn und Garn.

Öl an den Lederzylindern infolge Nachlässigkeit beim Gebrauch der Ölkanne und zu starkem Ölen oder infolge falsch geformten Ausflußröhrchen wird das Garn verunreinigen.

Fehler beim Spinnen. Eine Zusammenstellung solcher Fehler oder der Ursachen, die Fehler hervorrufen, wird zu den notwendigen Hilfsmitteln führen.

Das Garn kann geschwächt werden, wenn es bei zu starker Spannung gesponnen wird oder wenn Auf- und Gegenwinder zu schnell bewegt werden oder wenn der Wagen zu scharf anfährt. Wenn die Schneckenseile auf zu hohem Durchmesser anlaufen, so geben sie dem Wagen ein zu schnelles ruckweises Anlaufen und wenn sie anhalten mit dem Seil auf einem zu großen Durchmesser, so fährt der Wagen mit einem zu harten Schlag herein. Die Schnecken müssen im Einklang zueinander stehen und dürfen nicht einander entgegenwirken durch Uneinheitlichkeit im Seildurchmesser und ihrer Stellung beim Anlaufen und Anhalten. Wenn die Gegenschnecke richtig gestellt ist, wird sie eine leichte Spannung halten und wenn der Wagen einfährt, eine ganz geringe Spannung zeigen, nur um zu verhüten, daß der Wagen die Auszugschnecke überläuft. Die kurzen und langen Seile von den Schnecken der langen Wagenwelle müssen genau eingestellt werden unter Berücksichtigung der verlangten Neigung. Im allgemeinen macht man diese Einstellung durch Versuche, und wenn man die richtige Stellung gefunden hat, so kann man an der Schnecke ein Kennzeichen anbringen.

Die Gewichte des Gegenwinders verlangen genaue Einstellung. Die Gesamtbelastung muß so schwer sein, daß der Draht in einer festen Lage in angemessener Entfernung über der Spindelspitze gehalten wird. Ein zu heftiges Einfallen gibt dem Garn eine zu scharfe Spannung und eine zu große Bewegung hat dieselbe Wirkung. Auf der anderen Seite erhält man durch verspätetes Einsetzen und zu tiefe Stellung des Gegenwinders Schleifen in dem zu schlaffen Garn. Auf Grund der Tatsache, daß der Gegenwinderdraht in seiner ganzen Länge durch die von der Fadenspannung ausgeübte Kraft gleichmäßig belastet ist, muß auch der Gegenwinder mit Gewichten derart belastet sein, daß er diesen Druck ausgleichen kann und die Belastung muß auf die ganze Länge gleichmäßig verteilt sein, damit einer Verdrehung der Gegenwinderstange vorgebeugt wird. Zumeist werden gleiche Gewichte auf jeden Hebel aufgelegt, manchmal werden sie aber auch nach außen dem Ende zu verringert. Man achte darauf, daß die Abschlag-Kettenspannvorrichtung genau arbeitet. Es können ernste Folgen entstehen, wenn das Zugseil versagt zum Rückwinden der Trommel für die Quadrantenkette. Man stelle es so ein, daß es weder auf dem Boden noch auf dem Verbindungsstück zum Maschinenrahmen streift. Wenn das geringste Zeichen von Abnützung zu sehen ist, so muß es sofort erneuert werden.

Ausrückvorrichtung für Wagennachzug. Diese Vorrichtung für feine Nummern verlangt sorgfältige Einstellung. Wenn die Zylinder stehen, geht der Wagen langsam weiter.

Dadurch werden die dicken Stellen ausgezogen, weil sie weniger Drehung haben, als die dünnen und die Drehung legt sich dann in diese ausgezogenen Stellen und gleicht das Garn aus. Langstapelige Baumwolle eignet sich für diesen Wagenverzug besser, als wie kurze, übermäßiges Nachverziehen ist jedoch nicht zu empfehlen. Ein Nachverziehen wird auch erreicht durch Änderung der Neigung mit den Schnecken der langen Wagenwelle. Es ist übrigens fraglich, ob die erwartete Wirkung auch eintritt und die Drehungen sich tatsächlich in die ausgezogenen dicken Stellen legen. Wenn auch die weichen dicken Stellen zu dünneren verzogen werden, so wird aber kaum eine gleiche Verteilung der Drehung erfolgen, das Garn wird etwas gleichmäßiger aussehen, es wird aber immer noch seine schwachen Stellen aufweisen.

Spindellänge, Form und Neigung. Abgesehen von der Neigung sind die Spindeln mehr oder weniger unveränderlich. Die Länge der Spindel wird gewählt entsprechend der Größe des verlangten Kötzers; für feinere Garne werden kürzere Kötzer und Spindeln verlangt als für grobe Nummern. Form und Dicke der Spindeln werden ebenfalls den durchschnittlichen Garnnummern angepaßt, feine Spindeln für hohe Garnnummern und dickere für grobe Garne. Die Spindelspitzen müssen vor allem vollständig glatt sein.

Die Spindelspitzen müssen alle genau eben stehen und müssen dementsprechend eingestellt werden. Jede Wagenschiene muß vollständig wagrecht sein, so daß sich der Wagen in keiner Weise verzieht, wenn er hin und her lauft. Man unterlege die Schienen sofort, wenn irgendwelche Anzeichen auftreten, als ob sie oder der Boden nachgegeben oder sich verworfen hätten oder sonst verändert sind. Die Schienen sollen frei von Schmutz sein, von Schnüren, Abfall oder sonstigen Gegenständen, die die Wagenräder zum Stoßen veranlassen. Der Wagen verlangt zeitweise Nachstellung und die Räder müssen sorgfältig nachgesehen werden, ob sie leicht laufen und nicht mit ihren Rändern streifen. Die Schienen dürfen auch nicht rauh werden oder ungleich abgenützt sein. Die Winderstangen müssen ebenfalls nachgestellt werden, wenn die Spindeln verändert wurden.

Die Spindelneigung wird nicht immer genau der Garnnummer entsprechen, es können Mützen auf der Spindelspitze entstehen oder mehr als eine Windung über die Spitze gleiten. Es kann in dem einen Fall etwas mehr Neigung, im anderen etwas weniger nötig werden. Die allgemeine Spindelhöhe oder ihre Stellung zum Vorderzylinder verlangt eine Einstellung derselben. Der Winkel, in dem das Garn zur Spindel verläuft, ändert sich mit dieser Einstellung, er verändert sich aber vor allem während der Wagenbewegung von der Zylinderbank bis zum Ende der Ausfahrt.

Der Quadrant oder Windungsbogen. Diese Vorrichtung regelt die Spindelgeschwindigkeit während der Aufwindung bei der Einfahrt des Wagens. Eine allgemeine Darstellung seiner Tätigkeit soll hier folgen.

Wenn die Quadrantenmutter auf ihrer tiefsten Stelle am Quadrantenarm steht, so ist deren Vorwärtsbewegung sehr gering und wenn der Wagen einläuft, so wird eine große Kettenlänge von der Kettentrommel abgezogen, und zwar eine große einheitliche Länge. Diese abgezogene Kettenlänge gibt also den Betrag der Spindelumdrehungen für die Aufwindung und wir können sagen, daß bei dieser großen Kettenabwicklung die Spindeln sich schnell drehen und ziemlich gleichmäßig auf dem ganzen Weg. Das ist hier notwendig, weil am Anfang die Drehung der leeren Spindeln eine bestimmte Länge Garn, die Auszuglänge, auf einen kleinen Durchmesser aufzuwinden hat, und zwar auf den gleichmäßigen Durchmesser der nackten Spindel.

Wenn die Quadrantenmutter auf ihrer höchsten Stelle am Quadrantenarm steht, so beschreibt sie infolge der Bewegung des Quadranten einen Kreisbogen und am Anfang der Einfahrtsbewegung folgt sie dem Wagen, so daß von der Kette sehr wenig abgewunden wird und die Spindeln sich deshalb langsam drehen. Wenn der Quadrantarm seine Bewegung im Kreise fortsetzt, so bewegt sich die Quadrantenmutter stufenweise abwärts und zieht so allmählich eine größere Kettenlänge mit zunehmender Geschwindigkeitt von der Trommel ab, so daß die Spindeln, die langsam angelaufen sind, eine stufenweise Steigerung ihrer Umdrehungszahl erhalten. Das beruht darauf. daß die Aufwindung auf dem dicken Durchmesser des Kötzers beginnt und auf der Kötzerspitze oder der nackten Spindel aufhört.

Der Quadrant gibt also die geeignete Spindelgeschwindigkeit für die Garnaufwindung beim Anlaufen auf eine glatte Spindel mit gleichem Umfang. Allmählich ändert sich die Geschwindigkeit, so daß das Garn auf eine Fläche gewunden werden kann, die mit jeder Windung mehr und mehr kegelförmig wird.

Diese allmähliche Entwicklung des Kegels erfolgt durch die Aufwinderformschiene.

Die vorstehenden Ausführungen beziehen sich auf die gewöhnliche glatte Windungsform. Die Kreuzwindung beginnt ebenfalls mit glatten, gleichlaufenden Windungen; die Spindeln erhalten dafür keine Geschwindigkeitsänderung. Dieser Teil der Aufwindung erfolgt, während die Quadrantenmutter in einer fast geraden Linie bewegt wird. Die Formschiene erzeugt diese Kreuzwindungen auf dem Kötzer, es handelt sich um die Aufwindung einer Länge von 200 bis 300 mm Garn, ehe die gewöhnlichen Windungen beginnen.

Die Spindeln winden jede Fahrt die gleiche Garnlänge auf, woraus folgt, daß, weil die Form des Kötzers sich dauernd ändert, die Zahl der Garnwindungen sowohl für gewöhnliche Windung wie für Kreuzwindung dauernd verschieden ist. Die Windungen sind auf der ersten Schicht des Kötzeransatzes eng beisammen und weiter auf der letzten Schicht.

Der Quadrant hat nichts zu tun mit der Form des Kötzers, er muß im Einklang mit der Form arbeiten, die durch die Formschiene gebildet wird. Deshalb wird die Quadrantmutter auf ihrer Schraube bewegt, um für jedes Wagenspiel eine veränderte Arbeit zu leisten. Diese Bewegung der Mutter erfolgt zum Teil von Hand oder durch einen selbsttätigen Quadrantenregler, der in Tätigkeit tritt, wenn das Garn zwischen Zylinder und Spindeln beim Aufwinden zu lose ist oder mit anderen Worten, wenn der Gegenwinder »zu viel Faden« hat. Unrichtige Spindelgeschwindigkeit ergibt unförmige Kötzer, zu weich oder zu hart oder weich und hart abwechselnd.

Da die höchste Spindelgeschwindigkeit auftritt, wenn der Quadrant am tiefsten gegen die Zylinder zu steht, so kommt es vor, daß die Aufwindung zu heftig ist und das Garn schnittig wird. Diese Verhältnisse können gebessert werden durch Rückstellung des Quadranten um einen Zahn, was eine leichte Abschwächung der Geschwindigkeit während der Einfahrt ergibt und eine richtige Endgeschwindigkeit. Änderung der Ausfahrtlänge bedingt eine Änderung des Quadrantenkolbens. Der Quadrant soll bei demselben Enddurchmesser seine Bewegung an derselben Stelle und mit demselben Winkel beendigen.

Spitzenhartwindungs-Vorrichtungen. Mit Rücksicht auf die Verjüngung der Spindel gegen die Spindelspitze zu muß die Geschwindigkeit der Spindel mit zunehmender Steigung des Kötzers noch besonders geregelt werden. Irgendwelche Dehnung des Quadrantenseiles, Ungleichmäßigkeiten in seinem Durchmesser oder Unterschiede im Durchmesser des alten Seils gegenüber einem neuen gibt ebenfalls Änderungen in der Windung und gibt Störungen, bis die Änderungen ausgeglichen sind. Manche Maschinenfabriken sehen deshalb eine Kette vor an Stelle eines Seiles.

Aufwinde-Formschienen. Dieser Maschinenteil wird von den Maschinenfabriken in einer solchen Ausführcng geliefert, daß normalerweise eine Formänderung bei den Platten und Schienen nicht zweckmäßig ist. Beschädigte Platten infolge von Unfällen, Nachlässigkeiten usw. werden besser durch neue ersetzt, wenn nicht besondere Übung in der Be arbeitung dieser Teile vorhanden ist; die meisten Bearbeitungen an schwierigen Teilen dieser Formplatten, wie man sie in den Spinnereien als Hinterlassenschaft tüchtiger Monteure und Meister antrifft, führen am Ende nur dazu, daß sie durch neue ersetzt werden müssen.

Umstellungen der Formplatten und Schienen für neue Kötzergrößen und Formen sind leicht auszuführen. Der Kötzeransatz wird durch die oberste kurze Gleitfläche gebildet und hängt von der genauen Form dieser Fläche ab. Diese Teile sind zumeist mit Kennzeichen versehen, an denen die Kötzerbildung für Schuß oder Kette anzusetzen ist. Der Durchmesser des Kötzeransatzes regelt sich durch die Länge der genannten oberen Gleitfläche. Falls nicht andere Ursachen vorliegen, ist dieser Teil der Formplatte der Anlaß zu Mängeln im Kötzeransatz.

Die lange, gleichlaufende Form des Kötzers entwickelt sich nach der langen, geneigten Gleitfläche auf der Formplatte.

Die lange glatte Form des Spitzenkegels ist abhängig von der Oberfläche der Windeschiene. Die Länge des Kegels ergibt sich aus der Neigung der Schiene, diese Neigung wird geregelt durch die Lage des Schienenkopfes über der Ansatzformplatte.

Die Einstellung der Platten ermöglicht es, kleine oder große Kötzerdurchmesser zu erhalten mit verschiedener Spitzenlänge und innerhalb gewisser Grenzen mit einer beliebigen Kötzerlänge.

Je nach der Einstellung auf der Ansatzfläche der Formplatte und durch Einstellung der Schienenhöhe vermittelst der Stellschraube am Schienenkopf können Formfehler im Kötzeransatz ausgeglichen werden. Irgendeine Änderung in der Schienenhöhe ändert die Höhe des Aufwinders und muß am Aufwinderhebel wieder ausgeglichen werden. Eine Hebung der Schiene bedingt deshalb eine Verkürzung des Aufwinderhebels und umgekehrt.

Fehlerhafte Kötzer. Wenn man einen Fehler am Kötzer, soweit er sich auf die Form bezieht, untersucht, so wird man leicht erkennen, welcher Teil der Aufwinderschiene und Platten ihn veranlaßt hat. Vielfach führt das dann zu dem Gedanken, dem Fehler durch Feilen abzuhelfen, was man aber nicht erlauben sollte. Denn es gibt zumeist andere Mittel, und vielfach sind es andere Ursachen, die an dem Fehler schuldig sind, und von diesen Ursachen sind nachstehend eine Anzahl angeführt.

Rauhe, geriefte Kötzer.

1. Abfallreste auf der Schienenfläche.

2. Wenn die Laufrolle an einzelnen Stellen abgenutzt ist, so entsteht eine unrunde Bewegung der Rolle und der Aufwinder macht zuckende Bewegungen.

3. Die Laufrolle ist infolge Abnutzung zu lose auf ihrem Zapfen.

4. Die Laufrolle ist lose, weil sich die Schraube gelöst hat oder nicht festgezogen wurde.

5. Die Laufrolle ist schräg abgelaufen, sie sollte stets auf ihrer vollen Breite aufliegen.

6. Wenn der Aufwinderhebel über eine Rolle greift und die Rolle schlecht befestigt ist.

7. Der Aufwinderhebel wird nicht immer auf derselben Stelle stehen, er sollte keinen Platz haben, wo er seine Lage ändern kann.

8. Abfall auf der Auflage des Aufwinderhebels oder an der Rolle kann vorübergehend anhaften.

9. Wenn die Aufwinderstangen lose in ihrem Lager sind, an einzelnen Stellen oder über die ganze Länge, so gibt das Riefen an einzelnen Kötzern oder überall.

10. Die Schraube der Formschiene kann ungenau sein oder beschädigt oder der Zapfen arbeitet nicht genau. Der Zapfen soll auf der einen Seite fest in der Schraube sein.

11. Versagen des Schalters am Schaltrad, gewöhnlich infolge eines fehlenden Zahnes.

12. Abschlaghebel lose auf der Aufwinderstange.

13. Verbogene Aufwinderstangen und schlecht montiert.

14. Lose Aufwinderarme.

15. Schwacher Aufwindedraht und schlecht angebracht.

16. Aufwindeschiene und Platten stellenweis abgenutzt.

Lange und kurze Kötzer in demselben Abzug. Die Ursache findet sich im Aufwinder und im Draht.

1. Weicher Aufwinderdraht.

2. Die Aufwinderstangen mögen an ihren Enden behindert sein.

3. Die Gewichte an den Enden sind zu schwer.

Weiche Kötzer. Diese mögen absichtlich oder unabsichtlich vorkommen.

1. Bei geringer Baumwolle und dementsprechend schwacher Belastung, um Fadenbrüche zu vermeiden.

2. Bei guter Baumwolle und weicher Drehung.

3. Der Quadrant ist beim Anlaufen nach vorne gestellt.

Wenn unerwünscht, können folgende Ursachen zugrunde liegen:

1. Der Quadrant windet nicht richtig, die Spindeln laufen zu langsam.

2. Die Quadrantenmutter steht zu hoch.

3. Der Quadrant ist beim Anlaufen zu weit nach vorne gestellt.

4. Aufwinderstangen werden in ihren Lagern festgehalten.

5. Unterschied in der Höhenlage der Wagenschienen auf beiden Seiten des Triebstockes.

6. Lose Spindeltrommeln.

7. Nachlässigkeit in der Anwendung der Spitzenhartwindungsvorrichtung.

Weiche Kötzer in der Nähe des Triebstockes.

1. Schlecht gestellte Einzugsschnecken oder zu lange für die Auszugslänge.

2. Lose Schnecken.

3. Schnecken arbeiten nicht in Übereinstimmung.

4. Schwache Wagenwelle.

5. Lose Kupplung an der Wagenwelle.

6. Lose Schnecken auf der Wagenwelle.

7. Schnecken der Wagenwelle nicht einheitlich für Anlauf und Stillstand beim Einzug.

8. Seile, die in ihrer Elastizität oder ihrer Dehnungsfähigkeit verschieden sind, vielfach bei alten und neuen Seilen, die zusammenarbeiten.

Dicke und weiche Kötzerspitzen.

1. Versagen der Spitzenhartwindung.

2. Zu frühes Niederdrücken des Gegenwinders, ehe der Aufwinder abgestellt ist.

3. Abschlagkette zu schlaff.

4. Abschlagkette arbeitet zu schnell.

5. Fehler an der Aufwinderformschiene, wodurch ein hohler Sditzenkegel und weiche Spitzen und Schleifen entstehen.

6. Schlechte Einstellung des Quadranten.

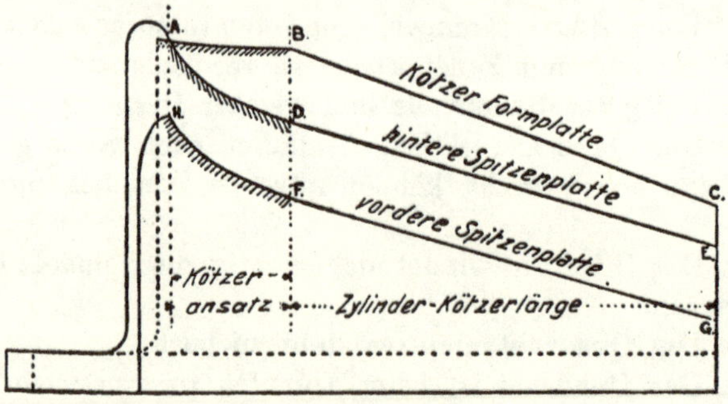

Fig. 11.

Die Formplatten. Insoweit die Formplatten in den vorhergehenden Ausführungen behandelt worden sind, wurde angenommen, daß die Formen derselben feststehen und also als eine ausgemachte Sache gelten. Mancher Leser wird aber wünschen, auch einiges darüber zu erfahren, warum die Formen so sind und wie ihre Kurven sich ergänzen. Eine genaue Beschreibung des Konstruktionsverfahrens dieser Platten würde über den Zweck dieser Ausführungen hinausgehen und interessiert mehr die Maschinenbauer als wie die Spinnereileiter. Die Ausführung ist verhältnismäßig leicht mittels Zeichnungen in natürlicher Größe und sehr genauen Messungen, aber für unsere Zwecke, die Erklärung der Plattenformen, werden entsprechende zeichnerische Darstellungen genügen.

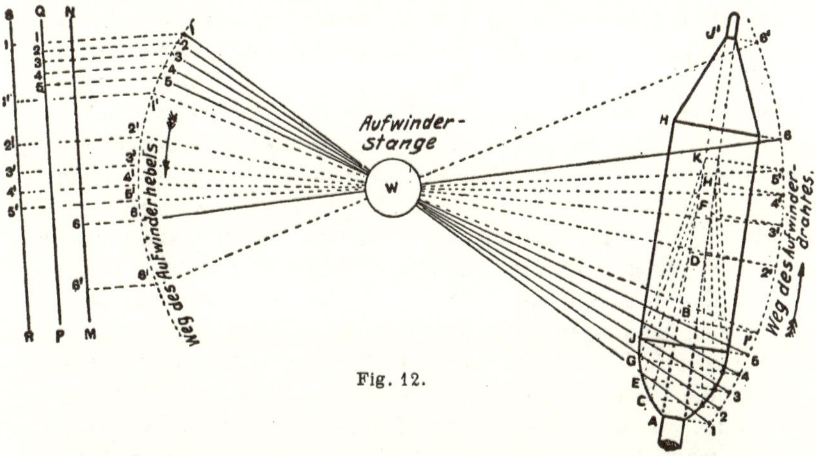

Fig. 12.

Fig. 12 gibt eine zeichnerische Darstellung eines Kötzers auf der Spindel mit dem Aufwinder und den Stellungen des Aufwinderhebels und der Aufwinderarme. Auf dem Kötzer sind die Schichten eingezeichnet und lassen den Wechsel in der Länge des Spitzenkegels erkennen. Ebenso ist der Weg des Aufwinderdrahtes und des Bogens zum Aufwinderhebel während der Kötzerbildung genau zu sehen. Gestrichelte Linien bezeichnen den Bogen, weitere Linien gehen vom Aufwinderdraht durch den Aufwinder nach dem Bogenmittel.

In Fig. 12 legt nun der Aufwinderdraht bei *AB*, *CD*, *EF*, *GH* und *JK* eine Schichte und der Draht steht hierbei am Anfang jeder Schicht auf den Stellungen 1, 2, 3, 4 und 5 und am Ende der Schicht hat sich der Draht bis zu den neuen Stellungen 1^1, 2^1, 3^1, 4^1 und 5^1 bewegt. Wir müssen dabei natürlich annehmen, daß der Aufwinderdraht den Faden im rechten Winkel zur Spindel auf den Kötzer leitet, so daß, wenn die Linien vom Anfang und vom Ende jeder Schicht auf dem Kreisbogen, den der Draht zurücklegt, aufgezeichnet werden, wir die Stellungen 1, 2, 3 usw. erhalten. Es ist selbstverständlich, daß der tiefste Punkt oder die Anfangsstelle jeder Schicht mit dem höchsten Punkt der Aufwinderschiene zusammenhängt, siehe 1. Wenn also der Aufwinderdraht von 1 bis 5 am Kötzer steigt, so muß an der Aufwinderschiene der Punkt 1 auf 5 fallen. In derselben Weise steigen die Endpunkte jeder Schicht und die Enden der Aufwinderschiene müssen in gleicher Weise fallen. Dieses gegenseitige Steigen und Fallen wird dargestellt durch die Linien von dem Weg des Aufwinderdrahtes über die Aufwinderstange nach dem Bogen des Aufwinderhebels. Wenn nun der Punkt dieses Aufwinderbogens einen Kreisbogen beschreibt und die Rolle am Aufwinderhebel eine senkrechte Linie, so müssen wir die Kreisbewegung in eine senkrechte umwandeln, und dies können wir für unsere Zwecke ausführen durch die Aufzeichnung einer Senkrechten PQ und durch deren Verbindung mit 1, 2, 3 usw. durch wagerechte Linien. All die Punkte auf der Linie des Bogens zur Aufwinderschiene, die den Stellungen des Aufwinderdrahtes entsprechen, können auf diesem Weg durch senkrechte Linien verbunden werden. Um die Übersicht zu fördern sind diese Linien in Reihen zusammengefaßt und auf einer weiteren Senkrechten angezeigt. Ebenso wollen wir der Einfachheit wegen annehmen, daß der Punkt 1 auf der Formschiene (Fig. 13) mit dem Winkel an der Schiene zusammenfällt; von 1 abwärts sind die Teile abgemessen entsprechend 1 bis 5 auf der Linie QP. Auch eine Vertikale von J aus, am Ende der Schiene erhält die Teile 1′ bis 5′ entsprechend der Vertikalen SR, was der Erhöhung der Endpunkte von jeder Schicht am Kötzeransatz entspricht. Nun da die Platten unter einheitlichem Maßstab alle zusammenwirken, können wir eine Reihe gleich entfernter senkrechter Linien ziehen, wie $ABCDE$ auf der Schienendarstellung und wo diese senkrechten Linien die wagerechten von 1′ bis 5′ schneiden, erhalten wir die Punkte für die Plattenkurve. Wenn wir diese Kurve ausziehen, so sehen wir darin die hintere Formplatte, die genau diese besondere Form darstellt.

Die Kurve der vorderen Platte müssen wir wie folgt entwickeln: J bis E ergibt die lange Formschiene und das Ende E liegt am Anfang des besonderen Neigungsabfalles.

Nun zieht man Linien von jedem der Punkte 1' bis 5', die durch 1 bis 5 gehen, das Ende *E* trifft man dabei nur wenig entfernt von seiner ersten Stelle, so daß der Fall von *E* sehr gering ist. Wenn die Vorderplatte unter den Punkt *E* zu liegen kommt, kann man leicht sehen, daß der Umriß der Platte fast gerade sein muß, nur mit einer geringen Neigung, damit *E* von 1' bis 5' fallen kann. Dieser Umriß ist genau zu schauen, er bedeutet den Kegelansatz des Kötzers. Ein Vergleich der beiden Ansatzplatten zeigt einen großen Unterschied derselben und es folgt daraus, daß eine geringe Änderung des Kegelansatzes an der Vorderplatte einer bedeutenden Veränderung an der hinteren Platte entspricht.

Wie schon gesagt, erhebt diese Beschreibung keinen Anspruch auf eine derartige Genauigkeit, daß daraufhin ein Satz Formplatten aufgezeichnet werden kann, sie gibt nur eine Grundlage für die Erklärung, wie sich die Platten zueinander verhalten.

Eine genauere Zeichnung ist in Fig. 14 gegeben, um den Einfluß der festen Lagerführung zu zeigen. Wer die Aufwinderschiene kennt, weiß, daß sie gegen das Kopfstück zu durch einen Winkel geführt ist. Der Weg der Schiene ist also an diesem Punkte festgelegt und dadurch ist natürlich auch der Weg gegeben, den die Enden der Aufwinderschiene zu machen haben. Das innere Ende *J* fällt in einem Winkel *Y* ebenso mit einer gewissen Neigung. Das Ende *E* hat einen kurzen, geneigten Weg und das Ende der kurzen Schienenneigung an der Aufwinderschiene, wo sie auf der vorderen Spitzenplatte aufliegt, führt den Faden abwärts.

Jeder wichtige Punkt sollte nun entsprechend diesen Darstellungen dem Gedächtnis eingeprägt sein. Vor allem muß man sich über die verschiedenen Bedingungen klar sein, unter denen die verschiedenen Platten arbeiten.

Die Stellung der Spindel, die Stellung des Aufwinders, die Stellung des Aufwinderhebels gegenüber Aufwinder und Spindel, der Kreisbogen, den der Aufwinderhebel und der Aufwinderdraht während der Kötzerbildung beschreiben, die Entfernung des Bogenzapfens am Aufwinderhebel von der Laufrolle, oder der Lauffläche und die genaue Form des verlangten Kötzers. Alle diese Punkte müssen bekannt sein, ehe Aufwinderformschiene und Platte angegeben werden können, und wenn dies festgelegt ist, dann ist in der Zukunft keine große Änderung mehr angebracht.

Gewisse Umstände werden Änderungen mit sich bringen, z. B. eine Änderung der Spindelneigung. Aber allgemein ge-

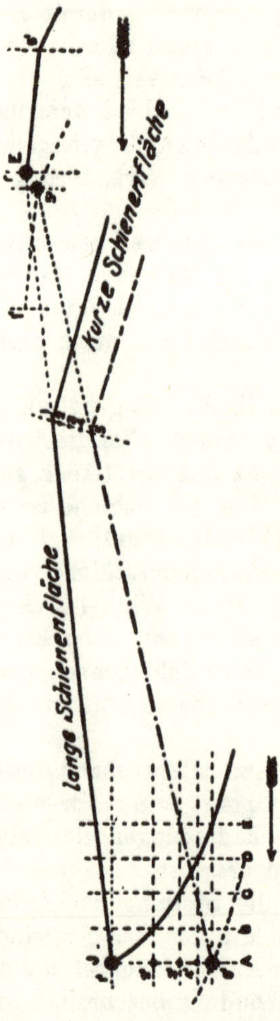

Fig. 13.

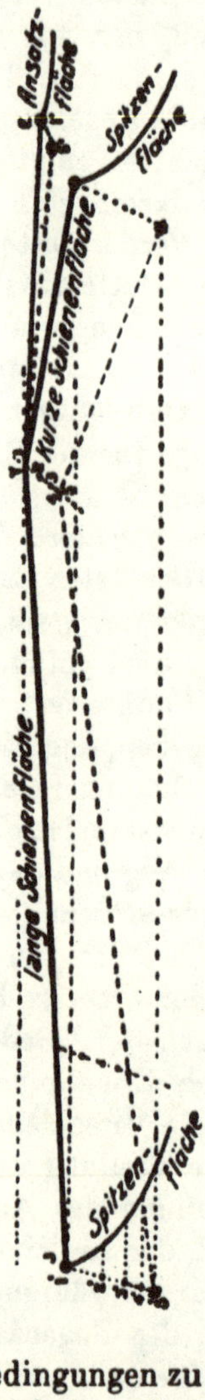

Fig. 14.

sagt, wird es nicht zweckmäßig sein, die Bedingungen zu ändern, unter denen die Aufwinderformen ausgearbeitet sind. Wenn schlechte Kötzer durch eine Aufwinderschiene gemacht werden, die an einer anderen Maschine gute Kötzer macht, so ist es sicher, daß die Verhältnisse an der Maschine geändert sind und es sollte, soweit möglich, der alte Zustand wieder hergestellt werden.

Kurze Aufwinderschiene. Die lange Formschiene ist die gebräuchlichste, sie hat eine bestimmte Länge, wird für alle praktischen Zwecke, für eine bestimmte Auszugslänge verwendet, und es ist keine Änderung des Auszugs für die betreffenden Nummern nötig, für die sie gebraucht wird. Wenn die Reihe der Nummern zunimmt und höhere Nummern gesponnen werden, so ist es notwendig, den Auszug zu ändern durch Verkürzung der Entfernung, die der Wagen zurücklegt. Eine bestimmte Aufwinderlänge ist deshalb für diesen Zweck unbrauchbar, denn die Aufwinderschiene muß ebensoviel gekürzt werden wie der Auszug.

Für feine Garne ist eine besondere Art von Aufwinderschienen im Gebrauch, die geeignet ist, dem Auszug entsprechend gekürzt oder verlängert zu werden. Es ist eine kurze Formschiene, die nicht, wie die lange, festliegt, sondern mit dem Wagen hin- und hergefahren wird; vermittelst eines Rädergetriebes wird die Aufwindervorrichtung unter der Aufwinderrolle bewegt und betätigt so den Aufwinderdraht.

Die Zeichnung in Fig. 15 gibt die Hauptmerkmale der kurzen Aufwinderschienen. Ein starker Rahmen *R*, der sogenannte Schlittenrahmen, ist am Wagen befestigt. Ein Schlitten *Q* ist in dem Rahmen *R* geführt, so daß er in den vorgesehenen Einschnitten frei hin und her bewegt werden kann. An *Q* ist eine senkrechte Nute angebracht, in die ein Zapfen der kurzen Formschiene *ACB* eingepaßt ist. Diese kurze Aufwinderschiene ist eine verkleinerte Art der großen Schiene, ebenfalls mit einer kurzen Neigungsfläche für die Kreuzwindung und einer langen für die Hauptwindung. Irgendwelche Bewegung des Schlittens *Q* wird diesen natürlich veranlassen, die kurze Formschiene mitzubewegen. Am äußersten Ende des Schlittens ist ein Ansatz oder vielmehr eine angenietete Stütze *O*, in der sich das Lager für die Schaltschraube befindet, während das andere Ende der Schraube in der Stütze *N* gehalten wird, die ebenfalls an dem Schlitten *Q* befestigt ist. Diese Schaltschraube wird also auch an allen Bewegungen von *Q* teilnehmen. Ein vorstehendes Stück oder ein Tisch an *Q* dient als Träger der Formplatten, der beiden Spitzen und der Ansatzplatte und die Platten stehen mit der Schalt-Schraube durch die Schraubenmutter *M* in Verbindung, die

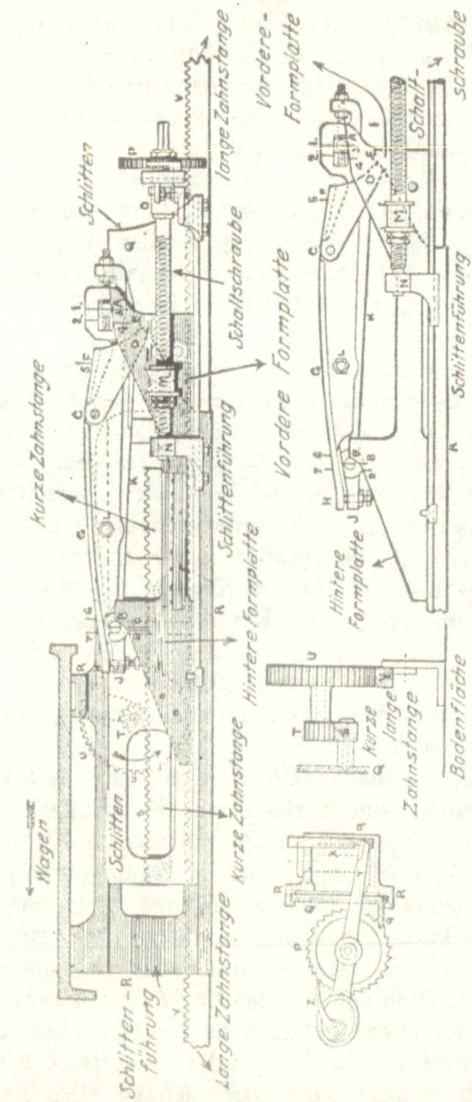

Fig. 15.

von der Ansatzplatte gehalten wird. Diese Formplatten sind auch also alle mit dem Schlitten *Q* in Bewegung.

Die Bewegung des Schlittens ist beachtenswert. An *Q* ist eine kurze Zahnstange befestigt und in diese Verzahnung greift ein kleines Rad *T* ein. Dieses Rad *T* treibt mit seinem Zapfen ein großes Rad *U* und das letztere greift in eine lange Zahnstange *V*, die auf dem Boden befestigt ist. Die zusammenhängenden Räder *T* und *U* werden durch den festen Schlittenrahmen *R* getragen, wenn also der Wagen seine Aus- und Einfahrt macht, wird das Rad *U* durch seinen Eingriff in die feste Verzahnung von *V* bewegt und dadurch veranlaßt das kleine Rad *T* die Zahnstange *S* sich nach der entgegengesetzten Richtung von der des Wagens zu bewegen. Wenn der Wagen für die Aufwindung seine Einfahrt macht, entsprechend dem großen Pfeil über der Wagenfläche, so wird der Schlitten und alle die Aufwindevorrichtungen, die er befördert, sich nach der entgegengesetzten Richtung bewegen, so daß die Aufwinderrolle, die auf der Aufwinderschiene verbleibt, durch die Schiene betätigt wird, während diese nach rückwärts unten durchgeht. Bei der gebräuchlichen Anordnung der zwei Räder *T* und *U* wird die Laufrolle an der richtigen Stelle *F* mit der kurzen Kreuzwindung beginnen und nach der vollendeten Windungsschicht an der Stelle 7 enden, die Länge der Formschiene zwischen *F* und 7 ist während der Einfahrt des Wagens unter der Laufrolle hinweggegangen. Wenn die Auszuglänge des Wagens geändert wird, müssen die Räder *T* und *U* geändert werden, damit die Aufwinderschiene langsamer geht für einen vergrößerten Aufzug oder schneller für einen verringerten Auszug. Es soll hinzugefügt werden, daß die kurze Aufwinderschiene weit besser einzustellen ist, wie die lange. Die Stellvorrichtungen ermöglichen eine feinere Einstellung und in weiterem Umfang. Die drei Formplatten sind gleich denen an der großen Schiene und sind derart gekennzeichnet, wie sie zu der Schiene für die verschiedenen Kötzerformen einzustellen sind, von dem kleinsten Schußkötzer bis zu dem größten Kettkötzer. Diese ganze Aufwindungsvorrichtung ist jedenfalls ebenso für all die Arbeit zu verwenden, wie die lange Formschiene. Die Stellung des Tragzapfens an der Ansatzplatte wird durch eine feine Stellschraube bewirkt und die hintere Spitzenplatte wird durch die Schaltschraube eingestellt. Die lange Schräge für die Hauptwindung ist dadurch einstellbar, daß der obere Teil der Schiene in *C* beweglich ist und das andere äußere Ende durch die Stellschrauben *J* gehoben oder gesenkt werden kann und damit wird eine Änderung in der Höhe des Spitzenkegels erzielt. Die Schaltschraube wird durch einen Anschlag an dem Schlittenrahmen *R* gedreht, vermittelst einer Schaltklinke *Z*.

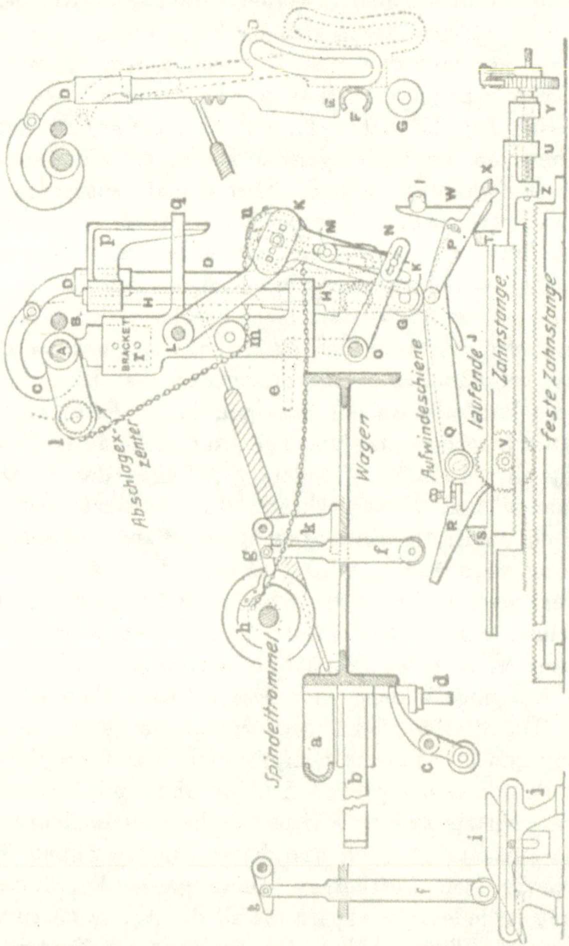

Fig. 16.

Da die maßgebenden Aufwindeformen denen der langen Aufwindeschiene entsprechen, so ergibt sich, daß alle die vorher erwähnten Grundlagen der langen Schiene auch für die kurze Geltung haben.

Eine weitere bedeutsame Art einer kurzen Aufwinderschiene zeigt Fig. 16, die aber nur einen oberflächlichen Umriß gibt. Wie in dem vorstehenden Beispiel wird auch hier die gesamte Aufwinderschiene, mit Ausnahme der langen Zahnstange, in einem Schlitten gefahren, und zwar bewegt sie sich rückwärts, wenn der Wagen vorwärtsgeht und umgekehrt. Die drei Formplatten *W*, *P* und *R* sind umgekehrt und bilden einen Teil der Aufwinderschiene und an Stelle der Zapfen befinden sich Lagerstellen *S* und *T*; in anderen Worten, die Schienen und Platten befinden sich auf Lagerstellen, die beweglich sind, und die den Schienen ermöglichen, sich zu senken, je nach der Entwicklung des Kötzers. Die Aufwinderschiene fällt senkrecht, sie ist für diese Bewegung durch die vordere Platte geführt und zwar durch die senkrechte Seitenfläche der Platte *W* an dem Zapfen *I*. Durch vorgesehene Einstellungen können die entsprechenden Teile der Schiene den verschiedenen Kötzerformen angepaßt werden.

Außer den Vorteilen, die sich aus der Verwendung für verschiedene Auszugslängen ergeben, hat die kurze Schiene noch den weiteren Vorteil, daß sie nicht von schwachem oder schwankendem Fußboden beeinflußt wird, ihre einzige Verbindung mit dem Fußboden ist das Rädergetriebe in der langen Zahnstange. Bei der Verwendung der kurzen Schiene ist mehr Sorgfalt notwendig, als bei der langen und es empfiehlt sich also größere Überlegung, ehe eine Änderung in Angriff genommen wird.

Schaltrad. Die Formplatten bilden die Grundlage für den Aufbau des Ansatzes und des Spitzkegels der Kötzer in dem gewünschten Umfang, die Abschrägungen der Formplatten ermöglichen die Fortsetzung dieser Kötzerbildung in weitem Maße.

An den Aufwinderschienen ist der Zapfen an der langen Schiene, der auf der Ansatzplatte ruht, mit einer senkrechten Linie gezeichnet und ähnliche Zeichen befinden sich an der schrägen Bahn der Platte, sie entsprechen einem bestimmten Durchmesser, mit dem der Kötzer gebildet wird, wenn der gezeichnete Zapfen auf dem betreffenden Plattenzeichen eingestellt wird.

Die Entfernung von einem dieser Plattenzeichen zu dem Punkt, wo der Ansatzkegel endet und die abfallende Linie für die gleichmäßig verlaufende Kötzerlänge beginnt, ist sorgfältig abgemessen. Diese Entfernung gibt uns die Länge des Kegels, die nötig ist, um z. B. einen Kettkötzer von 32 mm Durchmesser herzustellen. Für jeden anderen schwächeren Durchmesser muß ein kürzerer Kegel verwendet werden. Die angewandte Länge des Kegels ist also die Grundlage für das Schaltrad.

Wenn wir Garn Nr. 60 spinnen mit einem Kötzerdurchmesser von 32 mm, so werden die Formplatten auf die entsprechenden Zeichen gestellt, die diesen Durchmesser ergeben. Die schrägen Ansatzkurven sind dazu bestimmt, eine leicht erhaben abgerundete Oberfläche des Ansatzes zu bilden. Um einen so abgerundeten Ansatz zu erhalten, muß ein Schaltrad verwendet werden, das die Platten mit solcher Geschwindigkeit bewegt, daß dadurch diese richtige Form erzielt wird. Wenn zu schnell bewegt, wird der Ansatz flacher, während eine langsame Bewegung eine allzu runde Form bringen wird. Wir sehen hier, daß verschiedene Räder verwendet werden können für die gleichen Kötzer und Nummern, aber es wird sich ein Unterschied, sei es ein kleiner oder großer, in der Form des Kötzers ergeben.

Außerdem weisen die gleichen Garnnummern nicht immer den gleichen Garndurchmesser auf; sie können in der Drehung verschieden sein, in dem Zustand der Baumwolle, aus der sie bestehen, in ihrem Durchmesser usw. und diese Abweichungen ergeben mehr oder weniger Windungen im Kötzeransatz der einen Nr. 60 gegenüber der anderen Nr. 60. Wenn das Schaltrad bei jedem Auszug betätigt wird, so folgt, daß wir hier mit demselben Schaltrad einen Unterschied haben, beim Spinnen von augenscheinlich denselben Kötzern und Nummern.

Dieser Unterschied muß natürlich für das Wechseln der Schalträder zu abweichenden Regeln führen und die Meister sind deshalb begierig auf jede Regel, die ihnen einen annähernden Maßstab für das Schaltrad gibt. Die Tatsache, daß die angewandte Regel gewöhnlich eine Einstellung von ein oder zwei Zähnen mehr oder weniger verlangt, beruht auf Erfahrung. Obgleich das Garn der Hauptpunkt in der Spinnerei ist, so ist doch zweifellos auch die Kötzerform ein wichtiger Punkt für das Geschäft. Kötzer von guter Form machen einen guten Eindruck und weisen auf Tüchtigkeit und Sorgfalt, während umgekehrt schlecht geformte Kötzer die Meinung hervorrufen, daß nicht nur in bezug auf die Kötzer, sondern auch in anderen Punkten Nachlässigkeit vorherrscht.

Wenn der Kötzeransatz bei einem gebräuchlichen Schaltrad gut geworden ist, so wird der übrige Teil zumeist auch gut werden. Das Gewicht eines vollen Kötzers hat keinen Einfluß auf das Schaltrad, das Gewicht des Kötzeransatzes kann unter bestimmten Verhältnissen schwanken. Für einen Meister wird es gut sein, wenn er sein Merkbuch gut angefüllt hat mit der Anzahl der Auszüge, die nötig sind, um eine bestimmte Kötzergröße in verschiedenen Garnnummern zu erhalten, mit entsprechenden Bemerkungen über Drehung, Geschwindigkeit, Härte des Kötzers, Baumwollsorte usw. Ebenso sollte er sich die Stellungen an der Ansatzplatte vermerken, von dem Ansatzpunkt für Kötzer von verschiedenem Maß. Er kann zweckmäßig einen schmalen Blechstreifen benutzen, auf dem er die Stellungen anzeichnet.

Ein wohl zu beachtender Umstand ist der, ob man als Grundlage die Garnnummer, so wie gesponnen wird, benutzt oder die verkaufsüblichen Kötzer und Nummern nach der Befeuchtung.

Bei Nummernänderungen, also einer Änderung des Garndurchmessers, ändern sich dementsprechend die Anzahl der Windungen für den Aufbau des Kötzers. Die Dicke des Garnes ändert sich im Verhältnis der Quadratwurzel aus den Nummern. Das bedeutet, daß der Garndurchmesser für feinere Nummern dünner wird, entsprechend der $\sqrt{\text{Nr.}}$, und für das Schaltrad ist ein größeres Rad notwendig, wenn die Nummer feiner wird. Die Zahlen für das Schaltrad und die Nummern verhalten sich also nicht verkehrt zueinander, sondern die Schalträder ändern sich im direkten Verhältnis zu der Wurzel aus der Nummer. Wenn für eine bestimmte Nummer das vorhandene Rad gut arbeitet, so läßt sich also daraus leicht das Schaltrad für irgendeine Nummernänderung berechnen:

$$\frac{\sqrt{\text{neue Nr.}} \times \text{altes Schaltrad}}{\sqrt{\text{alte Nr.}}} = \text{neues Schaltrad.}$$

Beispiel: $\frac{\sqrt{60} \times 32}{\sqrt{40}} = 38{,}7$ oder $\sim$ 39 Zähne.

Da hierbei zwei Quadratwurzeln berechnet werden müssen, kann auch zur Vereinfachung folgende Formel angewandt werden:

$$\sqrt{\frac{\text{neue Nr.} \times \text{altes Schaltrad}^2}{\text{alte Nr.}}}$$

Beispiel: $\sqrt{\frac{60 \times 32^2}{40}} = \sqrt{\frac{60 \times 32 \times 32}{40}} = \sqrt{1536} = 39.$

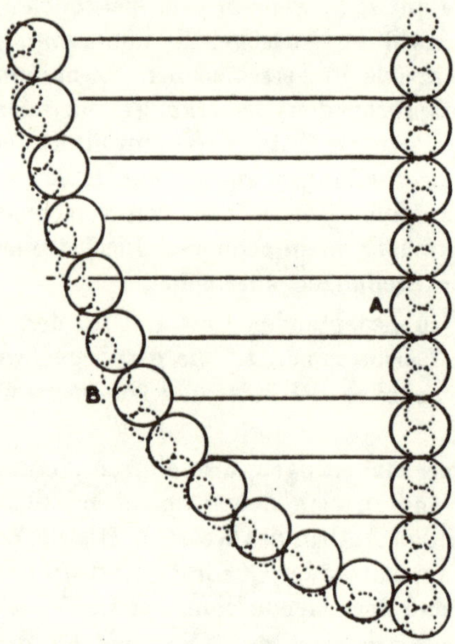

Fig. 17.

Diese Berechnung beruht also auf der Garnnumerierung. Ein erfahrener Meister wird aber sagen, daß er, wenn für Nr. 40 ein 32er Rad richtig ist, mit 39 Zähnen für Nr. 60 nicht auskommt.

Die angeführte Regel für Schalträder ist also nicht gut, und zwar aus folgenden Gründen. Die angeführte Formel setzt voraus, daß die Windungen genau übereinander gelegt werden, wie in Fig. 17 A. Das Garn wird jedoch im Kegelansatz nicht in dieser geraden Linie aufgebaut, sondern in einem Bogen B, und wenn man sich das genau betrachtet, so sieht man, daß dadurch in dem Ansatz *B* mehr Windungen enthalten sind, als die Regel entsprechend der Garnlage *A* voraussetzt. Wenn also noch mehr Garn untergebracht werden kann, als nach der feinen Nummer schon möglich wäre, so muß ein Schaltrad mit noch mehr Zähnen verwendet werden, und zwar je feiner die Garnnummer ist und je mehr Zähne sie für die feinere Nummer verlangt, um so größer muß auch der Zuschlag sein, der noch besonders gemacht werden muß, was sich in der Zeichnung aus der Reihe der vielen kleinen, eng zusammenliegenden Kreise ergibt.

Man kann nun für die Berechnung eine Hilfszahl nehmen und die entsprechend der vorhergehenden Formel errechnete Zähnezahl mit z. B. 1,15 multiplizieren, wenn von einer niedrigeren auf eine höhere Nummer gewechselt wird. Wenn umgekehrt von einer feineren Nummer auf eine gröbere geändert wird, so dividiert man durch diese Hilfszahl 1,15.

Ein Meister, der schon eine Reihe von ausgeprobten Schalträdern in seiner Liste hat, kann sich damit die Hilfszahl ziemlich genau berechnen.

Man kann natürlich auch diese Hilfszahl wieder für die verschiedenen Nummern berechnen, wenn man sie für einige Nummern festgestellt hat, und zwar auch wieder im Verhältnis der Quadratwurzeln.

NB. Eine Reihe von Zeichnungen, die die besprochenen Einzelheiten der Selbstspinner darstellen, finden sich in der »Baumwollspinnerei«, die vom Verfasser in dem gleichen Verlag erscheint.

XII. Abschnitt.

Ringspinnmaschinen.

Zweck. Das Vorgarn von der Feinbank mittels Streckzylinder zu verziehen, den Faden durch die Bewegungen des Ringläufers zu drehen und das gedrehte Garn auf eine Spule aufzuwinden. Alle diese Arbeitsvorgänge erfolgen gleichzeitig, es handelt sich um ein ununterbrochenes Spinnverfahren im Gegensatz zu dem absetzenden Verfahren des Selbstspinners.

Das Garn wird nicht unmittelbar auf die Spindel gewunden, sondern auf daraufgesetzte Spulen verschiedener Art. Die Maschine ist zweiseitig, auf jeder Seite befindet sich eine Reihe von Spindeln und dazwischen im Mittelpunkt der Maschine ist das Aufsteckgatter für die Vorgarnspulen.

Leistung und Geschwindigkeiten. Die Umfangsgeschwindigkeit des Vorderzylinders und die Garnnummern sind die Grundlagen für die Lieferung. Wenn beide Punkte bekannt sind, so kann damit die Leistung in Schneller oder dem Gewicht nach festgestellt werden.

Die Ringspinner der verschiedenen Maschinenfabriken sind in bezug auf Geschwindigkeiten und Leistung ziemlich gleich.

Leistungstafeln der Ringspinner.

Indische. Drehung $= 4{,}25 \times \sqrt{\text{Nr.}}$

Garn-Nr.	Minutliche Spindeldrehungen	Durchm. des Vorderzylinders	Minutliche Umdrehg. des Vorderzylinders	Drehungen auf 1" engl.	Lieferung in 10 Stunden		Ringdurchmesser	Hub
		mm			Schneller	kg	mm	mm
8	6000	22	182,2	11,98	9,5	0,55	50	150
10	6000	22	162,5	13,43	8,5	0,4	50	150
12	6000	22	148,5	14,7	7,7	0,3	50	150
12	7500	22	185,6	14,7	9,6	0,36	44	150
14	7500	22	171,7	15,9	9	0,3	44	150
16	7500	22	160,5	17	8,4	0,25	44	150
18	9000	22	181,7	18	9,4	0,16	41	130
20	9000	22	172,4	19	9	0,2	41	130
22	9000	22	164,6	19,9	8,6	0,18	41	130
24	9000	22	157,5	20,8	8,2	0,15	41	130
24	9500	22	166,3	20,8	8,7	0,16	38	130
26	9500	22	159,7	21,6	8,3	0,14	38	130
28	9500	22	153,7	22,5	8	0,12	38	130
30	9500	22	148,7	23,2	7,75	0,115	38	130
32	9500	22	143,6	24,05	7,5	0,105	38	130

Amerikaner. Drehung $= 4 \times \sqrt{Nr.}$

Garn-Nr.	Minutliche Spindeldrehungen	Durchm. des Vorderzylinders	Umdrehg. des Vorderzylinders	Drehung auf 1" engl.	Lieferung in 10 Stunden		Ringdurchmesser	Hub
		mm			Schneller	kg	mm	mm
4	5000	25	199	8	11,7	1,32	63	180
5	5000	25	178	8,9	10,5	0,95	63	180
6	5000	25	163	9,7	9,6	0,72	63	180
6	6000	25	195	9,7	11,6	0,86	57	180
7	6000	25	180	10,5	10,6	0,68	57	180
8	6000	25	169	11,3	10	0,56	57	180
10	7000	25	176	12,6	10,5	0,48	50	150
12	7000	25	160	13,8	9,5	0,36	50	150
14	7000	25	148	15	8,8	0,28	50	150
12	7500	25	172	13,8	10,2	0,38	44	150
14	7500	25	159	15	9,5	0,3	44	150
16	7500	25	149	16	8,8	0,25	44	150
18	8500	25	159	17	9,5	0,24	44	130
20	8500	25	151	17,9	9	0,2	44	130
22	8500	25	146	18,5	8,7	0,18	44	130
24	8500	25	138	19,5	8,2	0,15	44	130
26	9500	25	148	20,4	8,8	0,15	41	130
28	9500	25	143	21,2	8,5	0,14	41	130
30	9500	25	138	21,9	8,2	0,12	41	130
32	9500	25	134	22,6	7,8	0,11	41	130
34	9500	25	130	23,3	7,7	0,1	41	130
36	9500	25	126	24	7,5	0,095	38	130
38	9500	25	125	24,6	7,3	0,085	38	130
40	9500	25	120	25,3	7,2	0,08	38	130

Ägyptische. Drehung $= 3{,}75 \times \sqrt{Nr.}$

Garn-Nr.	Minutliche Spindeldrehungen	Durchm. des Vorderzylinders	Minutliche Umdrehg. des Vorderzylinders	Drehungen auf 1" engl.	Lieferung in 10 Stunden		Ringdurchmesser	Hub
		mm			Schneller	kg	mm	mm
40	9500	27	120	23,7	7,6	0,085	41	130
45	9500	27	114	25	7,2	0,07	41	130
50	9500	27	102	26,5	6,5	0,06	41	130
55	9000	27	97	27,8	6,2	0,05	38	130
60	9000	27	93	29	5,9	0,045	38	130
70	8500	27	81	31,3	5,15	0,033	38	130
80	8500	27	78	32,5	5	0,028	35	130
90	8000	27	67	35,5	4,3	0,022	35	130
100	8000	27	64	37,5	4	0,018	35	130

Umdrehungszahlen der Spindeln und Spindeltrommeln. Die Spindeltrommeln sind die Verlängerung der Hauptwelle, die unmittelbar von der Transmission oder von einem Elektromotor angetrieben wird. Der Durchmesser der Trommel ist im allgemeinen 250 mm, es ist aber auch 225 mm gebräuchlich. Der Durchmesser der Spindelwirtel ist zumeist 22 mm, für gröbere Nummern ist er jedoch vielfach größer.

In nachstehender Aufstellung ist für den Durchmesser die Stärke der Spindelschnur berücksichtigt.

$$\text{Umdrehungszahl der Spindeln} = \frac{\text{Umdrehungszahl der Trommel} \times \text{Durchm. der Trommel}}{\text{Durchmesser des Spindelwirtels}}$$

$$\text{Beispiel: } \frac{800 \times 250 + 2}{22 + 2} = \frac{800 \times 252}{24} = 8400.$$

Spindelumdrehungen.

Spindel-Umdrehungen	Durchmesser der Spindelwirtel	Durchmesser der Spindeltrommeln	Umdrehungen der Spindeltrommel
minutlich	mm	mm	minutlich
9500	22	225	993
9500	22	250	894
9000	22	225	941
9000	22	250	847
8500	22	225	889
8500	22	250	800
8000	22	225	836
8000	22	250	753
7500	22	225	784
7500	22	250	706
7000	22	225	732
7000	22	250	659
6500	22	225	680
6500	22	250	612

Spindelteilung und Ringdurchmesser.

Garn-Nr.	Durchschnitts-Nr.	Ring-Durchmesser	Spindelteilung	Antiballon-Platten oder Separatoren	Hub
		mm	mm		mm
6—10	8	50	75	Nein	150—180
6—10	8	50	73	Ja	150—180
10—16	13	48	73	Nein	150—180
10—16	13	48	70	Ja	150—180
16—24	20	45	70	Nein	150
16—24	20	45	66	Ja	150
24—40	32	40	66	Nein	130—150
24—40	32	40	63	Ja	130—150
40—60	50	38	63	Nein	130
60—80	70	35	60	Nein	130
Schuß					
10—16	13	33	57	Ja	130
16—24	20	32	57	Ja	130
26—40	32	28	57	Ja	130

Diese Zahlen sind natürlich nicht unveränderlich, sie werden noch von der Baumwolle beeinflußt. Man ist jetzt bestrebt, möglichst viel Garn auf die Kötzer zu bringen, besonders für grobe und mittlere Garnnummern, dementsprechend verlangt man möglichst große Ringdurchmesser.

Zylinderdurchmesser und Zylinderstellung.

Baumwolle	Vorderzylinder	Mittelzylinder	Hinterzylinder
Indische und geringe Amerikaner . . .	22	19	22
Amerikaner	25	22	25
Amerikaner	25	19	25
Ägyptische	27	22	27

Der Mittelzylinder kann schwächer genommen werden, da er geringere Umfangsgeschwindigkeit aufzubringen hat, als wie der Vorderzylinder. Der Vorteil dabei ist die Möglichkeit engerer Stellung.

V e r z u g. Der Verzug wird aus wirtschaftlichen Gründen möglichst hoch genommen, er ist jedoch zumeist abhängig von dem allgemeinen Spinnplan, dem die einzelnen Verzüge angepaßt werden. Der normale Verzug ist 8fach, er geht jedocl bis 10 und für doppelt aufgesteckt bis 12fach.

Garn-Nr.	Verzug		Garn-Nr.	Verzug	
	Einfaches Vorgarn	Doppeltes Vorgarn		Einfaches Vorgarn	Doppeltes Vorgarn
6	6	—	32	8	11,5
8	6,5	—	34	8,5	12.5
10	7,5	—	36	9	11
12	7,5	9,5	38	9.5	11,75
14	8,75	11,25	40	—	10
16	8,75	10,75	50	—	10
18	7,25	12	60	—	10
20	8	10	70	—	10
22	8,75	11	80	—	10
24	8	10,25	90	—	10
26	8,75	11,5	100	—	10
28	8	10,25	110	—	10
30	8,5	11	120	—	10

Das Wickelgewicht schwankt z. B. für diesen Spinnplan von 300 bis 450 g auf ein Yard. Der Verzug an der Krempel war 90fach für Nr. 6 und ging auf 140fach für Nr. 120.

Ein hoher Verzug ergibt im allgemeinen besseres und stärkeres Garn und wird dabei eine Anzahl Spulbänke ersparen, weil mit grobem Vorgarn mehr geleistet wird.

Janninks Durchzugs-Streckwerk. Dieses neue Verfahren mit hohen Verzügen, engen Stellungen und leichten Druckzylindern eignet sich besonders für Ringspinnmaschinen, infolge des ununterbrochenen Spinnverfahrens. Weitere Einzelheiten finden sich unter dem Abschnitt XI: Selbstspinner.

Zylinderlage. Die Lage der Zylinder schwankt zwischen einem Winkel von 5° bis 35° und gibt Anlaß zu wichtigen Überlegungen, deren Ergebnis zumeist zu einem gewissen Ausgleich führt. Der Hauptpunkt ist der Ablaufswinkel am Vorderzylinder und also die Lage dieses Zylinders oder vielmehr die Lage des vorderen Druckzylinders, da diese den Ablaufwinkel des Fadens ergibt. Das Garn verläuft im rechten Winkel, wenn es durch den Ringläufer geht, und auch im Fadenführer unterliegt es einer gewissen Reibung. Die Schleuderkraft des Fadens und die verschiedenen Spannungen sind störende Umstände, und wenn das Garn aus den Zylindern hervortritt und sich frei um den Vorderzylinder legt, so gibt das eine Gelegenheit zu besonderen Störungen in der Fasernmasse.

Der Zweck der Zylinderneigung geht dahin, die Drehwirkung auf den Faden möglichst weit an die Klemmstelle heranzubringen, damit keine Störungen in den austretenden Fasern auftreten können. Die Richtschnur für die Neigung ist: die Lage des Vorderzylinders und des Fadenführers und die Art der Baumwolle.

Ringläufer. Der Läufer gibt die Drehungen für das Garn; soweit er hinter der Spindelgeschwindigkeit zurückbleibt, wird die Drehung verringert, dieser Betrag ist aber nur sehr gering.

Amerikaner.

Garn-Nr.	Spindel-drehungen	Ring-Durchmesser	Ringläufer-Nr.
		mm	
4	7500	45—50	14—16
6		45—50	14—12
8		45—50	12—10
10	8000	45—50	9—8
12		45—50	8—7
14		45—50	7—6
16	9000	45—50	6—5
18		45—50	5—4
20	10 000	40	4—3
22		40	3—2
24		40	3—1
26		40	1—1/0
28		40	1/0—2/0
30		38	2/0—3/0
32		38	3/0—4/0
34		38	4/0—5/0
36		38	5/0—6/0
38	10 000	38	6/0—7/0
40		38	7/0—8/0
42		38	8/0—9/0
44		38	9/0—10/0
46		38	10/0—11/0
48		38	11/0—12/0
50		38	12/0—13/0

Ägyptische.

Garn-Nr.	Spindel-drehungen	Ring-Durchmesser	Ringläufer-Nr.	
			gekrempelt	gekämmt
		mm		
20	10000	40	5—6	
22		40	4—5	
24		40	3—4	
26		40	2—3	
28		40	1—2	
30		38	1/0—1	
32		38	2/0—1/0	
34		38	3/0—2/0	
36		38	4/0—3/0	
38		38	5/0—4/0	
40		38	6/0—5/0	
42		38	7/0—6/0	
44		38	8/0—7/0	
46		38	9/0—8/0	
48		38	10/0—9/0	
50		38	12/0—11/0	8/0—7/0
52		38	13/0—12/0	9/0—8/0
54		38	14/0—13/0	10/0—9/0
56		38	14/0—13/0	11/0—10/0
58		38	15/0—14/0	12/0—11/0
60		38	16/0—15/0	13/0—12/0
62		38	17/0—16/0	13/0—12/0
64		38	17/0—16/0	13/0—12/0
66		38	18/0—17/0	14/0—13/0
68		38	19/0—18/0	14/0—13/0
70		38	20/0—19/0	15/0—14/0
72		38		15/0—14/0
74		38		15/0—14/0
76		38		16/0—15/0
78		38		16/0—15/0
80		38		17/0—16/0
82		38		17/0—16/0
84		38		17/0—16/0
86		38		18/0—17/0
88		38		18/0—17/0
90		38		19/0—18/0

Die Hauptwirkung der durch die hohe Geschwindigkeit hervorgerufenen Schleuderkraft und Reibung ist jedoch eine gewisse Fadenspannung, welche durch das Gewicht oder die Nummer des Ringläufers geregelt wird. Es ist deshalb eine genaue Beaufsichtigung der Ringläufer notwendig und sogar zu empfehlen, die Läufer auf ihr Gewicht zu prüfen und überhaupt die einzelnen Nummern nicht von verschiedenen Fabriken zu beziehen.

Die nebenstehende Läuferliste kann nur einen allgemeinen Anhalt geben, da außer der Spindelgeschwindigkeit noch andere Umstände, wie die Drehung, der Zustand der Ringe usw. von Einfluß sind. Man wird immer bestrebt sein, einen möglichst schweren Läufer anzuwenden, um, soweit es der Faden erlaubt, einen schweren Kötzer zu erhalten. Separatoren bedingen leichtere Läufer.

Spindeln. Es sind das flexible oder nachgiebige Spindeln, die sich bis zu einem gewissen Grade selbst einstellen. Die Spindeln verlangen große Sorgfalt, beschädigte oder ungleiche Spindeln oder solche von geringem Material machen sehr viel Störungen. Die Spulen müssen genau passen und ausgeglichen sein.

Wenn eine Spindel heiß lauft, so nimmt man sie heraus und reibt sie der Länge nach mit etwas Polierpulver ab und nicht rund um die Spindel, damit etwaige Schraubenlinien entfernt werden. Diese Linien verhindern oft den Umlauf des Öls.

Wenn das Öl trübe wird, so ist das ein Zeichen eines minderwertigen Öles. Lackartiger Überzug an der Spindel ist ebenfalls ein Zeichen schlechten Öles. Nur das beste Öl und dünnflüssiges soll verwendet werden. Die Ölbecher sollen nicht allzu leicht beweglich sein.

Sea Island-Baumwolle. Die Ringläufer müssen hierfür, entsprechend der geringeren Spindelgeschwindigkeit einige Nummern schwerer sein, wie in der Liste angegeben; bei höherer Spindeldrehung sind sie natürlich wieder leichter.

Zylinder. Der vordere Riffelzylinder sollte auf seiner ganzen Oberfläche gehärtet sein, während von den anderen nur die Zapfen zu härten sind.

Die Gewichtsbelastung erfolgt durch ein gemeinsames Gewicht für beide Vorderzylinder. Die Zylinder haben zwei Felder, mit zwei Faden für jedes Feld, so daß ein Gewicht über vier Fäden und vier Spindeln reicht. Die Belederung dieser vierfädigen Zylinder muß natürlich sehr gleichmäßig im Durchmesser sein. Der zweite und dritte Druckzylinder sind selbstbelastend; sie müssen unbedingt glatt sein. Gewichtsbelastung mit Sattel und Hebel ist auch gebräuchlich, sie sind aber nicht zweckmäßig.

Lose Büchsenzylinder sind sehr zu empfehlen, zur Vermeidung von schnittigem Garn, das durch feste Zylinder öfters veranlaßt wird.

Aufwindevorrichtung. Das ist eine gutlaufende Vorrichtung, die kaum einer Änderung bedarf, wenn sie einmal eingestellt ist. Der Kötzeransatz läßt sich dicker oder dünner regeln, durch Verkürzung oder Verlängerung der Aufwinderkette. Diese Änderung der Kette erfolgt teils durch ein Zapfen- oder Bogenstück auf der Kettenrolle oder durch einen Hebel mit Rolle, deren Einstellung leicht auszuführen ist. Die Vorrichtung muß rein gehalten werden, vor allem muß man verhüten, daß unter dem Aufwinderhebel Gegenstände liegen.

Man achte darauf, daß der Hebel der Exzenter- oder Formscheibe nicht verstellt wird, sondern die vom Monteur gegebene Lage behält. Es ist möglich, daß die Formscheibe so angebracht ist, daß der Hebel wagerecht liegt, wenn die Ringbank auf halber Höhe steht, in diesem Fall ist die Einstellung leicht nachzusehen. Auf jeden Fall ist es richtig, eine Verbindungslinie anzuzeigen zwischen der Hebelmitte und der Mitte der Exzenterrolle, so daß sich von dieser Linie aus die Stellung des Hebels ergibt. Wenn dieser Hebel nicht genau gestellt ist, so wird der Durchmesser der vollen Spulen nicht einheitlich.

Mit Rücksicht auf die verschiedenen Verbindungsarten des Formerhebels mit den Ringbankträgern muß die Frage der Hebung und Senkung der Bank beim Beginn des Ansatzes der Maschinenfabrik zur Entscheidung überlassen werden.

Die Ringbank muß eine vollständig gleichlaufende Bewegung haben, wozu alle Stützen und Führungen richtig stehen müssen. Irgendwelche Längenunterschiede, verbogene Stützen, verstopfte Führungen beeinflussen die Kötzerform.

Der Zapfen oder die Schraube für den Ansatzkegel kann verstellt werden, das trifft besonders zu für Änderung der Spulen oder Hülsen.

Die Ringbank muß durch Gewichte genügend ausgeglichen sein, um übermäßige Reibung zu vermeiden.

Der Durchmesser der Spule wird geändert durch Auswechslung des Schaltrades, von dem ein oder mehrere Zähne geschaltet werden können. Wenn der Ansatz zu dick ist, so muß die Rolle etwas aufgewunden werden und die Ringbank wird auf ihre richtige Stellung zurückgebracht, durch die Stellschraube der Kette am Kreisbogen. Ein zu dünner Ansatz verlangt ein Auflassen der Kette auf der Rolle und deren Einstellung am Kreisbogen. Bei einer Änderung der Kette auf der Aufwinderrolle muß darauf geachtet werden, daß die Abstellung so eingestellt ist, daß sie zurückwindet bis zur richtigen Anlaufstellung.

Garnfehler. Viele Fehler haben dieselbe Ursache, wie beim Selbstspinner oder bei den Spulbänken; Schmutz, Abfall, schlechtes Ansetzen, schwaches Vorgarn, schmutzige Reinigungswalzen, Zylinderwickel, einfache oder doppelte Fäden usw.

Man untersuche auch den zweiten und dritten Zylinder auf Schlagen und vor allem die Fadenführer auf richtige Stellung. Der Ablaufpunkt des Fadenführers (Fadenring) soll unmittelbar über der Spindelmitte stehen, so daß der Faden einen gleichmäßigen Kreis um den Kötzer bildet, den sogenannten Ballon.

Die Zylinderstellungen müssen öfters geprüft werden, ob die Zylinder gleichmäßig stehen.

Die Spindeln müssen genau im Mittelpunkt des Ringes stehen, man untersuche das mit einem Kegel oder einer Scheibe, falls viele Fadenbrüche auftreten. Flug am Ring, abgenutzte Ringe, rauhe Kanten am Ring, abgenutzte oder rauhe Ringläufer verursachen Fadenbrüche. Die Läufer brechen dauernd aus, aber man sollte zeitweise die gesamten Läufer einer Maschine auswechseln. Unrichtige Läufernummern veranlassen weiche oder harte Kötzer und im letzteren Fall auch vielfach Fadenbrüche.

Schlecht sitzende Spulen oder Hülsen verursachen das Schlagen der Spindeln und das gibt schlechte Kötzer und schwach gedrehtes Garn. Nachlässige Behandlung der Spindeln beim Reinigen und Herausnehmen führt zu zerbrochenen Federn und zerbrochenen Spindelbüchsen.

Die Fadenkugel oder der Ballon ist ein natürliches Ergebnis des Spinnverfahrens auf Ringspinnern. Ein übermäßig großer Ballon bedeutet zu schlaffen Faden und also weiche Windung, ein enger Ballon ist das Zeichen zu großer Spannung und harter Windung. Ein mäßiger Ballon ist richtig und es ist das beste Zeichen, ob das Garn richtig gespannt ist, wenn bei der Windung an dem dünnsten Spulendurchmesser der Ballon eine mittlere Größe aufweist. Der Unterschied des Ballons zwischen kleinstem und größtem Durchmesser bestimmt die Grenze, wieweit man mit der dünnen Spindel gehen darf.

Veränderliche Spindeldrehungen. Der Unterschied in den vorgenannten Fadenspannungen zwischen voller und leerer Spindel hat vielfach zu der Einführung veränderlicher Geschwindigkeiten geführt. Am großen Spulendurchmesser kann gegenüber der Umdrehungszahl des kleinsten Durchmessers eine Steigerung der Geschwindigkeit erfolgen. Bei der Aufwindung an der dünnsten Stelle, der Kötzerspitze, kann eine Steigerung nicht erfolgen, weil die Spannung des Fadens zu groß wird und der Faden reißt. Auf jeden Fall läßt sich auf diese Weise eine Durchschnittsgeschwindigkeit erreichen, die über der bisherigen liegt und die deshalb eine größere Lieferung ergibt. Für diese veränderlichen Umdrehungen gibt es mechanische Vorrichtungen, die jedoch eine gewisse sorgfältige Beaufsichtigung verlangen und wo diese nicht erfolgt, leicht Störungen aufweisen. Vielfach wird nun aber hierfür der elektrische Antrieb verwendet mit einem Motor, der die veränderliche Drehungszahl erzeugt.

Elektrischer Antrieb. Die Möglichkeit einfacher Änderung der Geschwindigkeiten hat vor allem zur Einführung des elektrischen Antriebs für Ringspinnmaschinen geführt. Der Motor darf mit Rücksicht auf wirtschaftliche Anlage- und Betriebskosten nicht zu groß sein, ist er jedoch zu klein, so ist es möglich, daß er die richtige Drehzahl nicht aufrecht erhält und die gewünschte Leistungserhöhung nicht eintritt. Es ist also wichtig, den richtigen Motor zu wählen; ebenso kann zu schwache Stromleitung Erwärmung und Spannungsabfall ergeben und damit schwankende und verringerte Geschwindigkeiten.

Separatoren. Der Zweck der Separatoren ist, zu vermeiden, daß der eine Garnballon den anderen berührt. Wo Separatoren vorhanden sind, können dabei die Spindeln in engerer Teilung ausgeführt werden, also mehr Spindeln auf eine bestimmte Länge. Die Separatoren, die in den verschiedensten Formen ausgeführt werden, müssen vor allem vollständig glatt sein, einzelne Maschinenfabriken liefern deshalb sogar vernickelte Separatoren.

Da der Ballon während der Kötzerbildung allmählich kleiner wird, infolge der Verkürzung der Entfernung vom Ring zum Fadenführer, so können nach einer gewissen Zeit die Separatoren ausgeschaltet werden.

Bemerkungen. Die Geschwindigkeiten der Spindeln, Spindeltrommeln und Zylinder stelle man durch Tachometer oder Zähler fest; man arbeite nicht mit Geschwindigkeiten, die von den Triebwerken aus berechnet sind. Die Spindelmessungen mache man auf beiden Seiten der Maschine und an verschiedenen Spindeln. Für die zweite Spindeltrommel, die von den Spindelschnüren getrieben wird, ist ein besonderes Treibseil zweckmäßig, besonders für lange Maschinen.

Die Spannung der Spindelschnüre soll nicht zu stark sein, weil sonst übermäßig Kraft verbraucht wird und die Spindeln schnell abgenutzt werden. Zu geringe Spannung ergibt übermäßiges Gleiten der Spindelschnüre und dadurch ungleiche, schwache Drehung. Eine Spannung von 2 kg dürfte ein guter Durchschnitt sein. Man prüft die Spannung mit Finger oder Daumen, indem man versucht, ob die Spindelschnur leicht oder schwer aus dem Wirtel gehoben werden kann.

Das Einziehen der Spindelschnüre. Die Spinner sollen nach Möglichkeit die Spindeln und die Schnüre beobachten, und wenn die Schnüre zu schlaff sind oder sich Anzeichen bemerkbar machen, daß sie bald zerreißen, so sollen sie entfernt werden. In diesem Fall wird die neue Schnur leicht mit der alten verknüpft und so während des Betriebs eingezogen.

Um zerrissene Schnüre zu ersetzen, ist es zweckmäßig, wenn zwei Arbeiter zusammenhelfen. Noch besser ist es, einen Schnureinzieher anzustellen, der dauernd Schnuren einzieht, dadurch eine gewisse Übung bekommt und dann die Spindelschnüre sehr gleichmäßig einziehen wird.

In vielen Betrieben erhält der Schnureneinzieher noch eine kleine Vorrichtung, so daß er in ähnlicher Weise wie an den Selbstspinnern die Schnuren während des Betriebs einziehen kann. Diese Vorrichtung besteht aus einer Klammer, die vermittelst Federung oder Flügelschraube leicht und schnell auf der Spindelbank befestigt werden kann. An dieser Vorrichtung befindet sich noch eine kleine Klammer, in die das eine Ende der Spindelschnur festgeklemmt wird. Hierzu gehört dann eine zweite Vorrichtung, eine Art Einziehdraht, auf der einen Seite ein gebogener Draht, etwa in der Rundung der Spindeltrommel, auf der anderen Seite ein gerader Stab und an beiden Enden eine Kerbung oder Drahtschlinge, woran die Spindelschnur leicht befestigt werden kann. Ist nun das Stück Spindelschnur mit dem einen Ende an der Zylinderbank festgehalten, dann wird das andere Ende auf den Einziehdraht und zwar leicht in die Kerbe des glatten Stabes gesteckt, und indem man den Einziehdraht nun verkehrt an seinem gebogenen Ende faßt, wird dieser Schnurteil über die Trommel geworfen. Damit er dort nach unten fällt, ist vorher irgendein kleines Metallstück an dem Schnurende als Gewicht befestigt worden, ähnlich wie an den Selbstspinnern zum Schnureinziehen ein Messer festgeklemmt wird. Das herabgefallene Schnurende wird nun erfaßt, an dem gebogenen Ende des Einziehdrahtes festgeklemmt und damit von unten um die Spindeltrommel herumgereicht, so daß dieses Schnurenende von der linken Hand erfaßt werden kann, um mit dem an der Spindelbank befestigten Ende verknüpft zu werden.

Kurz gesagt ist es also dasselbe, wie beim Selbstspinner, nur ist der Einziehdraht auf der einen Seite so gebogen, daß die Schnur um die Trommel gereicht werden kann. Es ist sogar zweckmäßig, wenn dieser gebogene Teil ausziehbar ist. Außerdem wird, wie oben ausgeführt, das eine Ende an der Zylinderbank festgeklemmt, damit beide Hände frei sind, für die Einzieharbeit des anderen Endes.

Der Schnureneinzieher muß dafür natürlich sehr geübt sein, er kann es zunächst an der stehenden Maschine ausprobieren. Man nehme dafür einen kleinen, flinken Mann, die Arbeit muß schnell vor sich gehen, es ist nicht gut für die Schnur, wenn das Knüpfen zu lange dauert.

Reinigen und Ölen. Die Lager des Vorderzylinders sollen jeden zweiten Tag geölt werden und die anderen zwei Reihen einmal in der Woche. Ebenso die Druckzylinder und Gewichtshaken vorne alle zwei Tage, zweite und dritte Reihe wöchentlich. Die Lager am Maschinenende werden wöchentlich geölt und die Räder werden gelegentlich geputzt und frisch eingefettet.

Die Zapfen der Druckzylinder sollen jeden Tag gereinigt werden. Besonders die selbstbelasteten Zylinder verlangen regelmäßige Reinigung, weil sie sonst leicht stehen bleiben. Das geringste Zeichen an den selbstbelasteten Druckzylindern, daß sie irgendwie stehen bleiben, muß sofort beachtet werden. Oberwalzen müssen täglich gereinigt werden, aber bei geringer kurzer Baumwolle zweimal täglich. Die Unterwalzen füllen sich schnell mit Fadenresten und sind öfters zu reinigen, mindestens alle zwei Stunden. Besonders die Unterwalzen sollen aus gut getrocknetem Holze sein, so daß sie sich nicht verziehen. Die Riffelzylinder sind alle drei Monate zu reinigen, die Zylinder müssen dabei auf Holzlager gelegt werden, um die Zylinder und ihre Zapfen nicht zu beschädigen.

Die Ringbank muß öfters abgewischt werden und die Ringe sind mindestens einmal wöchentlich sorgfältig zu reinigen.

Die Fadenführer sollen nicht verbogen sein, oder sonstige Beschädigungen aufweisen.

Die Spulen und Hülsen sollen genau auf den Spindelaufsatz passen, Schmutz und Flug darf sich hier nicht ansammeln. Wenn die Spulen am Ende abgenutzt sind, so sitzen sie ungenau auf, laufen unregelmäßig und die Spindel fängt an zu schleudern; die schlechten Spulen müssen deshalb ausgeschieden werden.

Das Ölen der Spindeln erfolgt derart, daß etwa jeden Monat etwas Öl nachgefüllt und alle drei Monate das Öl ausgepumpt und wieder frisch gefüllt wird. Spindeln mit besonderen Ölbehältern bedürfen wenig Aufmerksamkeit, höchstens alle drei Monate nachfüllen.

Vielfach erhalten die Spindeln zu viel Öl. In diesen Fällen läuft das Öl über die Spindelbüchse und wird von dem Spindelwirtel nach allen Seiten verspritzt. Zeichen derartiger Nachlässigkeit finden sich, wo nicht am Garnkötzer, an den Spindelschnüren, der Spindelbank und auf dem Boden. Man verwendet deshalb am besten einen fingerhutgroßen Becher, der genau so viel Öl enthält, um die Spindel im richtigen Maß zu füllen.

Bei selbstölenden Spindeln muß Sorge getragen werden, daß sie wieder richtig nachgefüllt werden, und daß man sich nicht durch Luftblasen vortäuschen läßt, die Lager seien gefüllt.

XIII. Abschnitt.

Zwirnmaschinen.

Zwirnen. Gezwirntes Garn (Zwirn) wird für die verschiedensten Zwecke verwendet, dementsprechend ist auch die Art des Zwirnens sehr verschieden, sodaß die Regeln hierfür sehr unbestimmt sind. Wenn der Zwirn eine ausgeglichene Drehung aufweisen soll, so verlangt das besondere Aufmerksamkeit. Zwei zusammengezwirnte Fäden, die sich verdrehen oder kräuseln, wenn sie lose auf den beiden Händen hängen, sind nicht ausgeglichen. Im allgemeinen soll der Zwirn eine leichte Neigung zum Kräuseln besitzen.

Wenn das einfache Garn in demselben Betrieb gesponnen wurde, wo es gezwirnt wird, so ist natürlich die genaue Drehung bekannt und die Verhältniszahl hierfür. Wird ein Garn gezwirnt, so stellt man die entsprechende Nummer fest und multipliziert die Quadratwurzel daraus mit einer Drehungseinheit, die 20 bis 25 vH kleiner ist, als die Verhältniszahl des einfachen Garnes. Werden die einfachen Garne gekauft oder sonst bestimmt zum Zwirnen und die Drehungszahl des Garnes ist nicht bekannt, so kann sie leicht mit dem Drehungszähler festgestellt werden. Wenn eine gewisse Länge des Zwirnes, über die beiden Hände gelegt, sich kräuselt oder nicht kräuselt, so kann man entsprechende Drehung herausnehmen oder mehr Drehung hineingeben, bis der Ausgleich vorhanden ist. Davon wird man dann die genaue Drehung vormerken.

Flügelzwirnmaschinen. Dieses Zwinverfahren gibt einen kräftigeren und festeren Faden, als der auf der Ringzwirnmaschine hergestellte Zwirn ist, der Faden ist auch glatter. Der Flügel hat eine begrenzte Geschwindigkeit und so ergibt die geringere Spindelgeschwindigkeit eine geringere Lieferung; andererseits benötigt die Maschine mehr Kraft.

Für grobe Nummern wird, unter Verwendung von selbstölenden Spindeln und in gewissen Fällen von Kugellagern, die

Flügelzwirnmaschine vielfach benutzt. Der Zeitverlust beim Abnehmen ist ein Nachteil hierbei.

Ringzwirnmaschine. Das ist die zumeist gebräuchliche Maschine: Hohe Geschwindigkeiten, schnelles Abziehen, große Leistung. Für niedrige und mittlere Nummern und Drehungen wird ein stärkerer Faden erzielt, gleichmäßigere Drehung und leichtere (weibliche) Arbeit; gegenüber den Zwirn-Selbstspinnern ist der Vorteil der geringere Raum.

Zwirn-Selbstspinner. Nur mehr wenig in Gebrauch, in Yorkshire und einigen Plätzen von Lancashire. Zwei Kötzer werden je im Gatter aufgesteckt. Werden die zwei Fäden auf einer Spulmaschine zu Kegelspulen gespult und so ins Gatter gesteckt, so ergibt sich gegenüber der Kötzeraufsteckung der Vorteil eines leichteren Aufsteckens und Anknüpfens.

Drehungsliste.

Ringzwirnmaschine.

Zwirn-Nr.	Zwirnsorte	Drehungseinheit
30/3	Häkelgarn u. Litzengarn	$5 \times \sqrt{\text{Nr.}}$
30/3	Nähgarn	$7 \times \sqrt{\text{Nr.}}$
60/6	Nähgarn	$7 \times \sqrt{\text{Nr.}}$
60/2	Nähgarn, Vorzwirn .	$5 \times \sqrt{\text{Nr.}}$
60—100/2	Webzwirn	$4–5 \times \sqrt{\text{Nr.}}$
60/2	Gassierzwirn . . .	$3{,}75 \times \sqrt{\text{Nr.}}$
30/2	Leistenzwirn . . .	$4{,}5 \times \sqrt{\text{Nr.}}$
30/5	Fischnetz, Vorzwirn .	$5 \times \sqrt{\text{Nr.}}$

Flügelzwirnmaschine.

Zwirn-Nr.	Zwirnsorte	Drehungseinheit
100—200/2	Crepe, Gardinen, Tüll	$5 \times \sqrt{\text{Nr.}}$
50—100/2	Crepe	$6^1/_2 \times \sqrt{\text{Nr.}}$
40— 60/2	Crepe	$5 \times \sqrt{\text{Nr.}}$
30—150/3	Häkelgarn, Vorgarn .	$5 \times \sqrt{\text{Nr.}}$
30—150/9	Häkelgarn u. Litzengarn	$8 \times \sqrt{\text{Nr.}}$
20— 30/5	Fischnetz, Vorgarn .	$5 \times \sqrt{\text{Nr.}}$
20— 30/15	Fischnetz	$10 \times \sqrt{\text{Nr.}}$
10/21	Kordeln	$8 \times \sqrt{\text{Nr.}}$
36/16	Kordeln	$8 \times \sqrt{\text{Nr.}}$

Drehung für 1 engl. Zoll.

Im allgemeinen gilt als Regel nur gleiche Garne zusammenzuzwirnen, es gibt jedoch eine Reihe von ein- und mehrfachen Sonderheiten.

Spezialgarne, Phantasiegarne, Effektgarne. Einfache Garne können durch Mischen gefärbter oder gebleichter Baumwolle, dunkler mit heller gefärbter Baumwolle gewisse Wirkungen erzielen.

Zweifach gesponnenes Garn ist hartgedrehtes Garn, das Zwirn vortäuschen soll. Anstatt Garn Nr. 100 zweifach zu zwirnen zu Nr. 100/2, wird Garn Nr. 50 auf einer Naßzwirnmaschine höhere Drehung erteilt. Das Garn ist in bezug auf Stärke bedeutend verbessert und wird nach Art der Zwirne gassiert und gehaspelt in der gewohnten Weise.

Alle Arten von besonderen Garnen werden durch besondere Mischungen erzeugt, Effektgarne auf mechanischem Wege durch Unterbrechung oder Wechsel der Geschwindigkeiten. Derartige Sonderheiten lassen sich besonders auf den Zwirnmaschinen ausführen. Verschiedene Arten von Effekten werden erzielt, durch das Zwirnen von zweifachem Garn von z. B. Nr. 30 mit verschiedener Drehung von 6 bis 60 Drehungen auf 1 Zoll engl. Andere Effekte werden erzielt durch das Zwirnen gleicher oder ungleicher Garne in verschiedener Richtung. Zwei Fäden, der eine mit Rechts-, der andere mit Linksdrehung werden beim Zwirnen Spiraleffekte geben, weil der eine Faden mehr gedreht wird und der andere weniger. Einfaches grobes Garn und feines zweifachgezwirntes Garn ergeben beim Zusammenzwirnen eine Spirale weiches Garn auf der Außenseite und einen stark gezwirnten Faden als Mittelpunkt. Das Auf- oder Zusammendrehen von einfachem oder mehrfachem Zwirn wird immer Spiraleffekte geben, verschieden je nach der erteilten Drehung.

Spitzen-, Tüll- und Gardinenzwirn. Hierfür werden verschiedene Sorten von Zwirn verlangt. Die eine Sorte, die in der Metallspule verlangt wird, ist das Schußgarn und wird in zweifach hergestellt von 20/2 bis 400/2. Im allgemeinen wird hier die Ringspinnmaschine für die groben und mittleren Nummern verwendet und für die feinen Nummern die Flügelzwirnmaschine. Die Grundkette ist ein ebenfalls zweifacher, gassierter Zwirn, und zwar in den Nummern 30/2 bis 80/2. Der Zwirn für die Musterung, Gimpe oder Besatz, ist zwei- oder dreifach. Zweifach gesponnenes Garn wird vielfach an Stelle von zweifach gezwirntem verwendet.

Crepe und Voile. Diese Baumwollzwirne werden in ausgedehntem Maße in 60/2 bis 100/2 gebraucht. Der Zwirn wird hergestellt, durch zweifach Zwirnen in derselben Drehrichtung wie das einfache Garn, und zumeist mit der Drehungseinheit $5 \times \sqrt{\text{Nr.}}$ Diese Zwirnart ergibt einen federnden, drahtartigen Faden, er wird gassiert und gespult für Kette und Schuß. Crepegarne haben im allgemeinen etwas weniger Drehung als Voilegarne, 140/2 mit ungefähr 70 Drehungen auf 1 Zoll engl.

Beim Spulen ist meistens die Ursache von Fadenbrüchen auf das Garn des Spinners zurückzuführen. Ein Kötzer sollte ohne Fadenbruch gespult sein, da er sehr klein, so ist das mit einiger Sorgfalt möglich. Schmutz, Flug und Fadenreste verstopfen die Fadenführer, die Putztücher und Bürsten und veranlassen Fadenbrüche; Spindeln, die von ihrem Mittelpunkt zum Fadenführer abweichen, verursachen Fadenbrüche. Allzu spitze Kanten und zu viel Ecken auf dem Weg zur Spule überspannen das Garn und führen zu Fadenbrüchen. Zu heftige Reinigung des Fadens ergibt ebenfalls viele Fadenbrüche.

XIV. Abschnitt

Untersuchungen.

Feuchtigkeit. Die Baumwolle enthält von Natur aus einen gewissen Grad von Feuchtigkeit. Um zu verhüten, daß die gekaufte Baumwolle einen übermäßigen Gehalt an Feuchtigkeit aufweist und ebenso übermäßige Feuchtigkeit im Garn geliefert wird, wird der zulässige Feuchtigkeitsgehalt sowohl für Baumwolle wie für Garn kontrolliert. In irgendeinem Baumwollballen oder in irgendeinem Garn soll nicht mehr als 7,834 v. H. Feuchtigkeit vorhanden sein, falls die Feuchtigkeit größer ist, so wird das als Anlaß zu einer Beschwerde genommen und zu einer Forderung auf Vergütung des Schadens.

Dieser Hundertteil von 7,834 Feuchtigkeit ist wie folgt berechnet. Wenn eine gewisse Menge Baumwolle vollständig getrocknet ist und dann der normalen Luftfeuchtigkeit ausgesetzt wird, so nimmt diese Baumwolle bis zu einem gewissen Sättigungsgrade Feuchtigkeit auf, und zwar normalerweise 8,5 v. H. seines Trockengewichtes. In anderen Worten, 100 kg vollständig ausgetrocknete Baumwolle wird 8,5 kg Feuchtigkeit aufnehmen und dann also 108,5 kg wiegen. Daraus ergibt sich, wenn 108,5 kg normalfeuchte Baumwolle 8,5 kg Feuchtigkeit enthält, so sind in 100 kg normaler Baumwolle 7,834 kg Feuchtigkeit, oder

$$\frac{8{,}5 \times 100}{108{,}5} = 7{,}834 \text{ v. H.}$$

Wenn die Baumwolle während des Spinnverfahrens durch die warmen Spinnsäle geht, so verliert sie einen großen Teil ihrer natürlichen Feuchtigkeit und der Spinner ist berechtigt, die Feuchtigkeit wieder auf die 8,5 kg zu bringen.

Diese 8,5 v. H. Feuchtigkeitsaufnahme nennt man die Sättigung und es ist damit also der Betrag gemeint, den die vollständig ausgetrocknete Baumwolle ungefähr aufnimmt.

Prüfung des Feuchtigkeitsgehalts. In jeder Spinnerei sollte ein Feuchtigkeitsprüfer sein; falls eine Dampfleitung in der Nähe, kann die Trocknung mit Dampf erfolgen, noch zweckmäßiger sind die Apparate mit elektrischer Trocknung. Bei ernsten Beschwerden über übermäßige Feuchtigkeit können die Feststellungen durch die Warenprüfämter erfolgen, da man nie sicher ist, ob der betreffende Angestellte mit der notwendigen Sorgfalt arbeitet, so ist es, wo es sich um größere Beträge handelt, zweckmäßig, mindestens zwei Prüfämter mit der Aufgabe zu betrauen.

Prüfungsbeispiel: Es seien 2 kg Baumwolle einem Ballen entnommen und eine Stunde lang einer Wärme von 100° C ausgesetzt. Wenn nun die getrocknete Baumwolle noch 1843 g wiegt und also die Feuchtigkeit 2000 — 1843 = 157 g betragen hat, so ist der Feuchtigkeitsgehalt, auf die normalfeuchte Baumwolle von 2000 g berechnet:

$$\frac{157 \times 100}{2000} = 7{,}85 \text{ v. H.}$$

Und wenn wir den Feuchtigkeitsgehalt, auf die trockene Baumwolle bezogen, also 157 g Feuchtigkeit auf 1843 g, ausrechnen, so ergibt das

$$\frac{157 \times 100}{1843} = 8{,}5 \text{ v. H.}$$

Für genaue Trocknungsversuche ist ein zweckmäßig gebauter Feuchtigkeitsprüfer notwendig, in dem gleichzeitig noch unter der Trocknungswärme die getrocknete Baumwolle abgewogen werden kann. Getrocknete Baumwolle oder Garn wird in etwa 3 Minuten wieder 3 v. H. Feuchtigkeit aufnehmen, falls die Baumwolle beim Abwiegen der natürlichen Luftfeuchtigkeit ausgesetzt würde. Bei der Feuchtigkeitsprüfung ist große Sorgfalt nötig; man stelle vor allem fest, ob der getrocknete Stoff, wenn noch weiter der Wärme ausgesetzt, weiteren Gewichtsverlust aufweist.

Feuchtigkeitsprüfung mittels Trocknen des Stoffes auf Dampfkesseln, Rohrleitungen usw. sind so ungenau, daß sie wertlos sind und nur einen Zeitverlust bedeuten.

Feuchtigkeit in der Spinnerei. Das ist ein wichtiger Punkt, dem die Spinnereileiter oft nicht die genügende Aufmerksamkeit schenken. Unnötiger Abfall, staubige Luft, verwirrte Fasern, unregelmäßiges Spinnen, andauernde Störungen durch schlecht laufende Wickel, Bänder und Vorgarn sind die Ursachen der trockenen Luft, wobei von den elektrischen Störungen noch abgesehen ist.

In manchen Spinnereien unterliegt die Baumwolle andauernden Feuchtigkeitsschwankungen, den einen Tag oder einen Teil des Tages hat sie ihre volle Feuchtigkeit, während am anderen Tag oder an einem anderen Zeitpunkt des Tages die Baumwolle sehr trocken ist. Dieser Unterschied, den der Feuchtigkeitsgehalt der Baumwolle oft aufweist, bringt Schwankungen in die Nummernfeststellung und beeinflußt dadurch die Verzüge. Garne, die eine bestimmte gleichmäßige Nummer aufweisen, sind in Wirklichkeit verschieden, wenn ein Teil bei der Prüfung trocken und der andere feucht ist. Je trockener das Garn auf der Spinnmaschine ist, desto mehr Feuchtigkeit wird es aufnehmen und desto gröber wird die Nummer.

Die Feuchtigkeit in der rohen Baumwolle wird zum Preise der Baumwolle bezahlt, wird die Feuchtigkeit beibehalten, so wird sie als Garn bezahlt. Während die Baumwolle dem Spinnverfahren unterliegt und ihre Feuchtigkeit beibehält, wird das Wasser ein Teil der Baumwolle und veranlaßt dieselben Spinnkosten, so daß es auf den Garnpreis Anspruch hat. Wenn die Baumwolle während des Spinnens Feuchtigkeit verliert, so ist dieser Verlust gleichbedeutend mit dem Verlust an Abfall, jedoch mit dem Unterschied, daß das Wasser wieder aufgenommen werden kann.

Garnbefeuchtung. Diese Verrichtung kann auf verschiedene Weise erfolgen, vom rohen Verfahren der Gießkanne bis zur Befeuchtungskammer mittels Zuführung von wassergesättigter Luft. Das Garn bedarf einer gewissen Zeit, um die entsprechende Feuchtigkeit gleichmäßig aufzunehmen.

Wo nicht ein Saug- oder Preßverfahren angewendet wird, ist ein Feuchtigkeitskeller mit großem Flächenraum notwendig, mit sehr feuchten Ziegelsteinen, auf die die Garnkörbe gestellt werden. Die Garnkörbe gelangen stufenweise von dem leicht gefeuchteten Teil des Kellers in den feuchtesten Teil, von wo aus sie zum Versand kommen.

Das Eintauchen der Garnkörbe in Wasserbehälter ist eine ungleiche Befeuchtung, selbst wenn die Körbe im Wasserbehälter geschüttelt werden, so wird das Wasser doch ungenügend verteilt. Es entstehen dadurch wohl nasse Kötzer, deren Schichten aber nur außen naß sind, während die Innenseite noch außerordentlich trocken ist.

Vielfach wird auch mit Dampf befeuchtet, indem die Garnkörbe in einen Dampfraum gestellt werden. Weiße Baumwolle wird dadurch aber leicht gelb. Dampf oder überhaupt warme Feuchtigkeit dringt entschiedener in das Garn ein und verteilt sich gleichmäßiger, deshalb ist wohl das zweckmäßigste, geringe Dampfmenge mit niedrigem Wärmegrad in Verbindung mit Wasser.

Wenn das Garn in eigener Weberei verarbeitet wird, so handelt es sich nicht allein darum, das Wassergewicht in irgendeiner Weise beizusetzen, sondern ein einheitlich, naturgemäß befeuchtetes Garn zu erhalten, weil dieses sich in der Spulerei, Weberei usw. besser verarbeitet. Es staubt nicht, ist nicht spröde und hat mehr Festigkeit, Eigenschaften, die nach Möglichkeit gefördert werden müssen.

Durch Versuche läßt es sich leicht nachweisen, um wieviel befeuchtetes Garn stärker ist, wie trockenes Garn. Demgemäß ergeben Reißproben von normalfeuchtem Garn wesentlich höhere Festigkeit, als von trockenem Garn, und dadurch erklärt sich auch ohne weiteres, daß umgekehrt Reißproben von trockenem Garn in der Weberei oft zu wenig Festigkeit aufweisen und Anlaß zu Beschwerden geben. Schon der Feuchtigkeitsgehalt des Raumes, ob feucht oder trocken, beeinflußt das Ergebnis der Reißproben.

Die beifolgende Aufstellung (S. 236) zeigt den Unterschied der Reißproben von trockenem Garn von etwa 4 bis 5 v. H. Feuchtigkeit, so wie es von der Maschine kommt, gegenüber befeuchtetem Garn.

Baumwollgewichte. Solange sich die Baumwolle als ungeordnete Masse in den Ballen, in der Mischung usw. befindet, wird ihre Menge durch ihr Gewicht in Kilogramm bestimmt. Durch die Bearbeitung mittels der Schlagmaschinen, Krempeln und Strecken ergibt sich eine Leistung in Kilogramm auf einen Tag, auf 10 Stunden oder auf eine Woche. Dabei ist die Baumwolle nun auch geordnet in Wickel und Bänder und hat eine bestimmte Breite, Dicke und Länge. Die Mengenbestimmung lautet nun z. B.: 1 Yard Wickel von 300 oder 400 g, oder 1 Yard Band von 2 g. Für Wickel dient zumeist 1 Yard als Grundlage, für Bänder 6 Yard und für Garn 120 oder 840 Yard.

Schneller und Nummer. Die Notwendigkeit der Bezeichnung führte zu der Einteilung der Garne nach Dicke oder Fasermenge zu einem spezifischen Längenmaß. Das englische Verfahren nimmt als Grundlage das Gewicht von 1 lb. engl. oder 453,6 g und als Längeneinheit einen Schneller von 840 Yard oder 768 m und nennt das die Nr. 1. Wenn 2 × 840, also 1680 Yard oder 1536 m das Gewicht von 1 lb. engl. (453,6 g) aufweisen, so ist das die Nr. 2 usw. Die Nr. 2 ist also leichter oder feiner oder dünner und dementsprechend spricht man von niederen oder groben Nummern und hohen oder feinen Nummern.

Wir haben für die Garne folgende Verhältnisse:

Nr. 1		840	Yard	Länge	auf	1 lb.
Nr. 2	2 × 840 =	1680	„	„	„	1 „
Nr. 20	20 × 840 =	16800	„	„	„	1 „
Nr. 200	200 × 840 =	168000	„	„	„	1 „

Für die Feststellung dieser Nummern ist es natürlich nicht notwendig, diese ganzen Längen abzumessen, es genügt ein Bruchteil der Länge bis herab zu einigen Zentimeter und dessen Gewicht.

Feuchtigkeitsproben und Reißproben mit Ringgarn.

Zunahme an Reißkraft in Gramm (Doppelfaden) und Garn-Nr. nach dreitägiger Lagerung in der Feuchtkammer.

	Probe-Nr.	1	2	3	4	5	6	7	8	9	10	Mittel	Zunahme v. H.
Nr. 30 gekrempelt Amerikaner	Nr. vor Befeuchten . . .	30	32	27	33	30	28,5	29,5	30	28,5	30	29,8	
	nachher	29	28	27,5	32	27	27,5	28,5	29	27,5	29,5	28,5	4,5
	Festigkeit vorher	400	380	400	360	400	400	380	380	360	400	386	
	Festigkeit nachher	480	500	500	380	450	450	440	480	480	450	461	19
Nr. 48 gekrempelt Mako	Nr. vor Befeuchten . . .	49	46,5	48	48	48	48	46	50	52	46,5	48,2	
	nachher	48	46,5	47	46,5	46	45	44	48	51,5	45,5	46,8	3
	Festigkeit vorher	250	260	250	280	280	270	280	260	260	280	267	
	Festigkeit nachher	300	320	300	320	320	300	320	300	300	330	311	16
Nr. 66 gekämmt Mako	Nr. vor Befeuchten . . .	65,5	67	67,5	66,5	67	68,5	67,5	67,5	66	66,5	67	
	nachher	62,5	64,5	63	63	65	64	66	65	63,5	64	64	4,5
	Festigkeit vorher	200	190	200	200	200	200	210	200	210	200	201	
	Festigkeit nachher . . .	220	200	200	230	200	220	230	230	240	240	221	10

Für die allgemeinen Garnmessungen verwendet man gewöhnlich den siebenten Teil des Schnellers, ein Gebinde von 120 Yard. Für Bänder und Vorgarn sind 6, 20, 30, 40 und 60 Yard üblich, ebenfalls Bruchteile von 840.

In neuzeitlichen Betrieben rechnet man nicht mehr nach englischem Gewicht von

1 dwt. (troy) = 24 Grän
1 Unze (av.) = 18 dwt. und $5^1/_2$ Grän
1 lb. engl. = 16 Unzen oder 7000 Grän,

denn diese Berechnung ist außerordentlich schwerfällig. Man rechnet zweckmäßig mit Grän oder Gramm und Zehntelsgramm. Die einfachste Feststellung der Nummer erfolgt jedoch mit Bogenwage, an deren Bogen nicht nur die Gewichte, sondern die Nummern für bestimmte Längen aufgezeichnet sind.

Nummernbestimmung. Die Feststellung der Nummer für Wickel, Bänder, Vorgarn und Garn erfolgt in den meisten Spinnereien gewohnheitsmäßig, es sollte dieser Sache mehr Bedeutung beigemessen werden. Alle Nummerierungen sollten sorgfältig gemacht und genau aufgeschrieben werden, der Direktor sollte regelmäßig davon Einsicht nehmen. Zum Abwiegen sollten die besten Wagen genommen werden und die genauesten Häspel zum Abmessen.

Von den Wickeln der Schlagmaschinen werden gewöhnlich die vollen Wickel gewogen, um das richtige Gewicht oder die Nummer zu prüfen. Für den Wickel ist eine gewisse Schwankung zulässig, ehe eine Änderung der Regelung erfolgt; für einen Wickel von 15 kg kann die zulässige Abweichung auf 100 g nach oben oder nach unten festgesetzt werden. Zur Prüfung der Gleichmäßigkeit der Watte werden kurze Abschnitte von 2 oder 3 Yard oder Meter gewogen.

Für die Bänder ist eine Länge von 6 Yard zweckmäßig. Es sollte zweimal täglich nummeriert werden und der letzte Kopf der Strecken drei- oder sogar viermal im Tag.

Die Nummernbestimmung erfolgt weiter an der

Grobbank mit 30 Yard,
Mittelbank mit 60 Yard,
Fein- und Doppelfeinbank mit 120 Yard.

Diese Maschinen sollen mit Spulen der vorderen und hinteren Reihe geprüft werden und zeitweise mit halbvollen und vollen Spulen.

Die Bestimmung der Garnnummer erfolgt mit 120 Yard Länge von einem Kötzer, oder, um einen Durchschnitt zu bekommen, zwei, vier oder sieben Kötzer zusammen zu einem Gebinde von 120 Yard. Auf das Ergebnis von einem Kötzer kann man sich nicht verlassen.

Das Aufwickeln von Karden- und Kämmaschinen-Vlies, Vorgarn und Garn auf einen schwarzen Pappdeckel ist eine zweckmäßige Art für die Prüfung der Gleichmäßigkeit.

Bemerkungen. Die Prüfung der Wickel, Bänder und Fäden verläuft in zwei Richtungen. Einmal zu sehen, ob die Baumwolle den Spinnprozeß unter richtigen Verhältnissen durchläuft und das Gewicht den Anordnungen entsprechend ausgefallen ist. Auf der anderen Seite die Feststellungen als Prüfstein zu benutzen für die Berechnungen, für richtige Beurteilung, Sorgfalt und Kenntnisse. Die üblichen Längen für die Prüfungen sind im allgemeinen zweckmäßig, aber diese Einförmigkeit führt oft zu nachlässiger oder falscher Ausführung, und schlechte Nummernergebnisse werden leicht übersehen oder etwas abgerundet.

Es ist tatsächlich notwendig, daß die Nummerierungen derart sind, daß sie die wirklichen Verhältnisse ausweisen und nicht nur einen gewissen Durchschnitt. Wenn die Garne minderwertig sind oder Klagen auftreten, so müssen diese Nummernbestimmungen sich zu einer eingehenden Untersuchung ausdehnen, warum die Fehler sich nicht schon selbst gezeigt haben. An Stelle der üblichen Prüfungen gehe man der Sache auf den Grund durch Prüfung kleinster Proben.

Untersuchungen und Vergleiche mit kurzen Längen werden klaren Aufschluß geben, ob die Bänder nach jedem Streckenkopf entsprechend gleichmäßiger werden oder das Vorgarn nach jedem Flyer oder das Garn nach der Spinnmaschine. Es ist nicht in Ordnung, wenn einzelne Maschinen ihren Zweck nicht erfüllen. Eine genaue Untersuchung wird z. B. ergeben, ob ein Kämmband, das hinter der Kämmaschine durch zwei oder drei Strecken geht, nennenswert verbessert ist, als wenn es unmittelbar auf die Grobbank kommt.

Die richtige Nummernuntersuchung ist für den Direktor eine wirkliche Stütze, und ist es zweckmäßig, diese Arbeit durch jemand außerhalb des Spinnsaals ausführen zu lassen. Derartige Untersuchungen werden oft zeigen, daß die Punkte, die wir für ausschlaggebend angesehen haben, von geringer Bedeutung waren, und andere, die von uns übersehen wurden, tatsächlich die wichtigen Punkte sind.

Die Nummerierung erfolgt gewöhnlich mit vier Kötzern und der Durchschnitt derselben wird als die Nummer bezeichnet. Wenn eine Anzahl Proben von diesen vier Kötzern gemacht werden, so werden sie weite Abweichungen aufweisen, der Durchschnitt wird jedoch besser sein. Wenn nnr ein einzelner Kötzer von den vier geprüft wird, so werden die Abweichungen größer, wenn aber nur 12 Yard von jedem Kötzer genommen werden, so gibt das noch größere Abweichungen.

Für die innere Leitung der Spinnerei ist es notwendig, zu wissen, unter welchen Abweichungen gesponnen wird, und das findet man nur durch sorgfältige Prüfung in kurzen Längen. Diese Prüfungen müssen genau geregelt sein und ihr Ergebnis stets dem Betriebsleiter vorgelegt werden, so daß er schon vorher, ehe Klagen eingehen, den Fehlern abhelfen kann.

Ein gut geregeltes Verfahren für die Untersuchungen und deren statistische Ausarbeitung unter Zugrundelegung folgender Punkte ergibt ein wertvolles Material für die Spinnerei.

Baumwolle:

1. Klasse, unter Hervorhebung abweichender Herkunft,
2. Grad,
3. Preis,
4. Marke und Nummern,
5. Muster und Vergleichsballen,
6. Verschiffer, Makler, Händler,
7. Rechnungsgewicht, wirkliches Gewicht, Unterschied,
8. Tara: Bandeisen und Rupfen,
9. Feuchtigkeitsgehalt,
10. Stapellänge,
11. Natürliche Faserdrehung. Mikroskopisch festzustellen, als Grundlage der Güte oder der Entartung.

12. Farbe und Aussehen. Schwarze Pappe als Unterlage und gutes Licht nötig. Ob hell, glänzend, stumpf, rauh, gekräuselt, glatt usw.

13. Abfall. Kurze Fasern, Sand, Samenschalen, Laub, Nissen, Jutefasern usw.

14. Muster. Bericht darüber, entsprechend 10 bis 13.

In manchen Spinnereien gibt es Musterspinnmaschinen, besonders Musterkrempeln oder Abfallmaschinen.

Putzerei oder Schlägerei.

1. Faserlänge, aus den Wickeln festgestellt.

2. Abfall. Ob gute oder nur geringe Fasern darunter, ob der Abfall überhaupt, wie üblich, oder ob die Zusammensetzung verändert.

3. Wickelgewichte sollen fortlaufend aufgeschrieben werden. Ebenso das Gewicht kurzer Wattenlängen. Man rollt den Wickel ab, bis die Watte reißt und vermerkt sich die Länge, bei der die Watte gerissen ist.

4. Feuchtigkeit. Man stellt die Feuchtigkeit eines fertigen Wickels fest.

5. Luftfeuchtigkeit und Temperatur. Regelmäßige, tägliche Aufschreibungen.

Krempelei.

1. Bandgewichte. Man wiegt der Reihe nach die üblichen Längen der Kardenbänder und gelegentlich auch kürzere Längen.

2. Vlies. Man hält einen schwarzen Pappdeckel unter das Vlies und reißt Vliesstücke ab, um sie auf dem Prüfzimmer genau zu untersuchen.

3. Stapellänge. Man untersucht den Stapel und vergleicht ihn mit dem Stapel der entsprechenden Rohbaumwolle. Ebenso prüft man den Deckelabfall auf seine Stapellänge und seine Zusammensetzung und seine Menge.

4. Ausstoßen und Schleifen. Das Ausstoßen ist genau zu regeln und über das Schleifen genau und übersichtlich Buch zu führen.

5. Kratzenbelag. Es ist genau Buch zu führen über Erneuerung oder Ausbesserung und über alle Vorkommnisse, Beschädigung usw.

6. Geschwindigkeiten. Über die Geschwindigkeiten der einzelnen Teile ist ebenfalls fortlaufend ein Verzeichnis zu führen.

7. Stellungen. Fortlaufende Aufschreibungen über etwaige Änderungen. Die Lehren sind von Zeit zu Zeit zu prüfen auf Veränderungen durch Abnutzung.

8. Leistung. Gelegentliche Nachprüfung mit Feststellung der Zeitverluste.

9. Verschiedene Krempeln und Belage. Vergleiche über Leistung und Krempelwirkung unter genauen Aufzeichnungen.

10. Bandstärke. Aufzeichnungen über Bandbruch.

11. Abfall. Gelegentliche Feststellung der Abfallmenge.

Strecken, Kämmerei.

1. Nummerierung. Regelmäßige und gelegentliche Prüfungen mit kurzen Längen. Vergleiche die Verhältnisse und Nummern hinter jeder Maschine.

2. Festigkeit. Prüfung der Bandbrüche hinter jeder Maschine und vergleiche die Resultate.

3. Verzug. Vergleiche die berechnete Nummer mit der tatsächlich erzielten Nummer, um falsche Verzüge festzustellen.

4. Geschwindigkeiten und Lieferung. Vergleich der Vorderzylindertouren. Vergleich der tatsächlichen Lieferung mit der berechneten, um den Nutzeffekt festzustellen.

5. Abfall. Man stelle denselben genau fest und führe Buch darüber.

6. Vlies. Zur Untersuchung des Vlieses benutzt man schwarze Pappdeckel und Vergrößerungsglas.

7. Kammnadeln. Man untersucht dieselben mit Vergrößerungsglas, sowohl die Walzennadeln wie auch den Einsteckkamm und führe Buch darüber.

8. Feuchtigkeit und Temperatur. Aufschreibungen hierüber.

9. Verzug und Stellungen. Man führe Buch hierüber und vermerke dabei die Abweichungen.

Vorspinnerei.

1. Numerierung. Numeriere vordere und hintere Spulen, leere und volle und gelegentlich auch kurze Längen. Vergleiche

die berechnete Nummer mit der tatsächlich erzielten Nummer, um etwaige falsche Verzüge ausfindig zu machen. Alle Numerierungen sollen genau aufgeschrieben werden.

2. Schichten und Windungen. Man zähle dieselben und stelle fest, ob die ersten Lagen mit den späteren übereinstimmen und der Kegeltrieb richtig geschaltet wird. Aufschreibungen über Schalt- und Wagenräder.

3. Spulen. Durchmesser der leeren Spule und deren Gewicht. Durchmesser und Gewicht der vollen Spulen. Zeit für einen Abzug, für Abziehen und Aufstecken.

4. Muster. Prüfe Muster vom Vorgarn auf schwarzen Pappen, um dicke und dünne Stellen festzustellen und schlechte und schmutzige Fäden.

5. Drehung. Drehungslisten und deren Schwankungen.

6. Geschwindigkeiten. Drehungszahlen der Hauptwelle, der Spindeln, der Vorderzylinder und deren Durchmesser, Verzüge der Zylinder und Zylinderstellung.

7. Leistungen. Man prüfe die tatsächliche Lieferung und die entsprechend dem Zähler bezahlten Schneller. Vergleiche die Lieferung der verschiedenen Maschinen.

8. Feuchtigkeit. Buchführung über die Feuchtigkeit. Die Feuchtigkeit der Luft in der Vorspinnerei muß vor allem gleichmäßig sein, bei Schwankungen entsteht schnittiges Garn.

9. Wage. Zweckmäßig sind Bogenwagen, dazu Kontrollgewichte.

Spinnerei.

1. Feuchtigkeit und Temperatur. Regelmäßige Aufschreibungen.

2. Nummern. Prüfe diese. Feuchtigkeitsunterschiede in der Vorspinnerei und den Spinnsälen verursachen Nummernschwankungen. Prüfe öfters kurze Längen zur Feststellung von Unregelmäßigkeiten. Der Anlaß zu Nummernschwankungen ist dem Betriebsleiter zumeist schon bekannt, wenn nicht, so stelle man den Grund fest.

3. Drehungen. Man stelle die tatsächlichen Drehungen regelmäßig fest.

4. Reißfestigkeit. Man mache Versuche mit einfachen Fäden und mit Gebinden. Die Reißgeschwindigkeit soll gemäßigt sein und unverändert immer dieselbe. Man führe Buch

über die Reißfestigkeit, Dehnung und Elastizität von jeder Maschine.

5. Gleichmäßigkeitsprüfung. Man winde das Garn auf die schwarzen Pappdeckel und untersuche es auf Gleichmäßigkeit, Reinheit und allgemeinen Zustand. Man verwende ein Vergrößerungsglas für Nissen, Finnen, Flecken und andere Mängel. Hanf- und Jutefasern stelle man ebenfalls fest.

6. Leistung. Jedes Kilogramm Mehrlieferung ist wichtig und verringert die Kosten. Deshalb genaue Aufschreibungen, niedrigere Lieferungszahlen müssen untersucht werden, da sie alle eine Ursache haben.

Allgemeines. Man lege sich sogenannte Maschinenlisten an, wie nebenstehend, mit allen Einzelheiten, besonders den Geschwindigkeiten und den hauptsächlichsten Übersetzungsverhältnissen. Spindelgeschwindigkeiten, minutliche Auszüge der Selbstspinner, Spindelteilung, Zylinderdurchmesser, Maße oder Schablonen der Kötzerformen, Verzug, Wechselräder usw.

Lagerverzeichnis. Liste der Garnkörbe und Kisten nach Nummern und Sorten, mit Ein- und Ausgang.

Listen über Ein- und Ausgang von Riemen, Seilen und Schnüren, Zylinderleder, Besen usw. Verbrauch dieser Materialien nach Menge und Preis in den einzelnen Abteilungen, monatlich oder vierteljährlich.

Löhne. Vergleiche Löhne mit Leistung, mit Arbeiterzahl und nach Abteilungen.

Der Direktor lasse sich noch folgende Aufstellungen genau ausarbeiten:

Lieferung an Garn von den Maschinen, mit Durchschnittsnummer,

Versand des Garns (Gewicht nach Befeuchtung),

Garnbestand im Lager. Überschußgewicht (und in Hundertteilen),

Baumwollverbrauch,

Abfallversand,

Übergewicht oder Untergewicht.

Maschinenliste.

Ringspinnmaschinen.

Masch.-Nr.	Spindel-Zahl	Zylinder-Durchmesser			Teilung mm	Hub mm	Ring-Durchmesser	Zylinderstellung		Spindeln t/m
		I	II	III				I:II	II:III	
1—12	500	25	20	25	60	150	40	25	42	$\overset{(1000)}{n} \times \frac{255+2}{22+2} = 10700$

Verzug	Lieferung	Drehung	Bemerkungen
$V = \frac{63 \times 120 \times 25}{N_w \times 24 \times 25} = \frac{315}{N_w}$	$L = n \times \frac{\overset{(30)}{K} \times \overset{(32)}{Z_w} \times \pi\, 25 \times 60 \times 10}{100 \times 75 \times 1000 \times 768} = n \frac{K \times Z_w}{122500}$	$T = \frac{75 \times 100 \times 257 \times 100}{\underset{(30)}{K} \times \underset{(32)}{Z_w} \times 24 \times 25\,\pi} = \frac{102250}{K \times Z_w}$ pro dm	Nr. 48

XV. Abschnitt.

Anhang.

Quadratwurzeln in der Baumwollspinnerei. Die Einfügung der Quadratwurzeln als Verhältniszahlen unserer Berechnungen beruht auf der Art unserer Numerierung.

Wenn 840 Yard 1 lb. wiegen, so nennen wir das Nr. 1, wenn zweimal 840 Yard 1 lb. wiegen, so ist das Nr. 2. Es ist klar, nachdem das Gewicht in beiden Fällen dasselbe ist, daß auch die Masse oder der Umfang gleich sein muß (unter der Voraussetzung natürlich, daß die Baumwolle dasselbe spezifische Gewicht aufweist). Aber das Garn Nr. 2 ist zweimal so lang als Nr. 1, somit hat Nr. 2 nur einen halb so großen Flächenraum wie Nr. 1, wenn die Masse gleich sein soll. Zur Klarlegung denken wir uns ein Stück Rundeisen von 5 cm Durchmesser und 15 cm lang, der Inhalt desselben ist

$$0{,}7854 \times d^2 \times 15 = 0{,}7854 \times 5 \times 5 \times 15 = 293{,}5 \text{ cm}^3.$$

Wenn wir nun dieses Eisenstück in die Länge ziehen, auf 30 cm, also seine doppelte Länge, so haben wir denselben Inhalt, aber dünner entsprechend der Verlängerung. Welche Maße haben wir nun unter den neuen Verhältnissen?

$$d^2 \times 0{,}7854 \times 30 = 293{,}5$$

$$d^2 = \frac{293{,}5}{0{,}7854 \times 30} = 12{,}4$$

$$d = \sqrt{12{,}4}$$

$$d = 3{,}5 \text{ cm}.$$

Dieses Beispiel zeigt, daß, obgleich die Länge des Eisen verdoppelt wurde und der Flächenraum halbiert, der Durchmesser von 5 cm nicht auch halbiert, sondern nur auf 3,5 cm herabgesetzt ist.

Wenn wir als Beispiel zwei Garnnummern vergleichen, sagen wir Nr. 9 und Nr. 36, so haben wir

für Nr. 9 hier 9×840 Yard auf 1 lb.

und

für Nr. 36 36×840 Yard auf 1 lb.

Jedes dieser 1 lb. hat denselben Inhalt, also

Nr. 9 $\pi r^2 \times 9 \times 840 =$ Kubikinhalt

Nr. 36 $\pi r^2 \times 36 \times 840 =$ Kubikinhalt

und somit

$$\pi r^2 \times 9 \times 840 = \pi r^2 \times 36 \times 840$$

und

$$9 r^2 = 36 r^2$$

$$r^2 = 4 r^2$$

und durch Wurzelziehen

$$r = 2 r$$

Der Durchmesser der Nr. 9 = zweimal der Durchmesser von Nr. 36.

In anderen Worten, wir sehen, die Länge von 1 Pfund Nr. 36 ist das vierfache der Länge von Nr. 9, jedoch der Durchmesser von Nr. 9 ist nur das zweifache des Durchmessers von Nr. 36. Auf Grund dieser Ausführungen wissen wir also nun, daß das Garn Nr. 9 nicht viermal gröber oder dicker ist als Nr. 36, sondern nur zweimal so dick und dasselbe Verhältnis besteht natürlich durch die ganze Reihe der Garnnummern.

Wir haben also in dem Beispiel die Durchmesser verglichen und das Verhältnis zwischen den Durchmessern der Garnnummern erhalten. Um dieses Verhältnis der Durchmesser zu erhalten, haben wir erst den Flächeninhalt des Querschnittes berechnet und davon den Durchmesser abgeleitet durch das Ausziehen der Quadratwurzel. Dadurch kommen wir zu dem Schluß, daß, während wir die auf der Länge beruhenden Zahlen als Grundlage für die Nummern verwenden, die wirkliche Grundlage des Garnes die Querschnittsfläche oder der Durchmesser ist.

Wir können den Gegenstand in einer anderen Weise darstellen und kommen zu demselben Ergebnis. Wir nehmen wieder die Nr. 9 und Nr. 36 und setzen voraus, daß der Inhalt eines Pfundes gleich ist:

$$\text{Länge} \times \text{Fläche} = \text{unveränderlich}$$

und somit

$$9 \times 840 \times \text{Fläche von Nr. } 9 = \text{unveränderliches } X$$

und

$$36 \times 840 \times \text{Fläche von Nr. } 36 = \text{unveränderliches } X.$$

Nachdem die beiden Beträge gleich sind, so ist

$$9 \times 840 \times \text{Fläche von Nr. } 9 = 36 \times 840 \times \text{Fläche von Nr. } 36;$$

und

$$9 \times \text{Fläche von Nr. } 9 = 36 \times \text{Fläche von Nr. } 36$$

und da

$$9 \times \frac{1}{9} = 36 \times \frac{1}{36}.$$

Die Fläche von Nr. $9 = \frac{1}{9}$

und die Fläche von Nr. $36 = \frac{1}{36}$.

Oder die Querschnittsfläche von Nr. 9 ist viermal größer als die Fläche von Nr. 36.

In anderen Worten, die Querschnittsfläche des Garnes kann immer dargestellt werden durch die Einheit, dividiert durch die Nummer. Das kann auch folgendermaßen ausgedrückt werden: Der Querschnitt des Garnes entspricht dem umgekehrten Verhältnis der Nummern, also $\frac{1}{36}$ zu $\frac{1}{9}$ usw.

Wenn die Fläche eines Kreises gegeben ist, so ergibt sich daraus leicht der Durchmesser, z. B.

$$\sqrt{\frac{\text{Fläche}}{3{,}14}} = \text{Halbmesser und } \sqrt{\frac{\text{Fläche}}{0{,}785}} = \text{Durchmesser.}$$

Demgemäß können wir die Durchmesser vergleichen, wenn wir die Quadratwurzel aus der Querschnittsfläche der Garne ziehen, und das Ergebnis daraus sagt uns genau, um wieviel dicker oder dünner das eine Garn ist wie das andere.

Die Garndurchmesser können also dargestellt werden durch die Quadratwurzeln aus der Querschnittsfläche des Garnes, und die Querschnittsfläche wird dargestellt durch die umgekehrten Nummern. Zum Beispiel

Nr. 36

Querschnittsfläche $= \frac{1}{36}$

Durchmesser $= \sqrt{\frac{1}{36}}$ oder $\frac{1}{\sqrt{36}}$

Durchmesser von Nr. $36 = \frac{1}{6}$.

In der folgenden Liste sind diese Verhältnisse dargestellt.

Garn Nr.	1	2	4	25	49	100	225	400
Länge auf 1 lb.	840	1680	3360	21000	41160	84000	189000	336000
Querschnitts-fläche	$\frac{1}{1}$	$\frac{1}{2}$	$\frac{1}{4}$	$\frac{1}{25}$	$\frac{1}{49}$	$\frac{1}{100}$	$\frac{1}{225}$	$\frac{1}{400}$
Durchmesser	$\sqrt{\frac{1}{1}}$	$\sqrt{\frac{1}{2}}$	$\sqrt{\frac{1}{4}}$	$\sqrt{\frac{1}{25}}$	$\sqrt{\frac{1}{49}}$	$\sqrt{\frac{1}{100}}$	$\sqrt{\frac{1}{225}}$	$\sqrt{\frac{1}{400}}$
=	1	$\frac{1}{1,4}$	$\frac{1}{2}$	$\frac{1}{5}$	$\frac{1}{7}$	$\frac{1}{10}$	$\frac{1}{15}$	$\frac{1}{20}$

Man sieht daraus, daß, während die Länge auf 1 lb. bezogen sich in direktem Verhältnis vergrößert, der Durchmesser sich im umgekehrten Verhältnis der Quadratwurzel aus der Nummer verändert. Diese Feststellung bedeutet, daß die Nr. 400 auf 1 lb. tatsächlich 400mal länger ist als die Nr. 1, der Durchmesser aber nur $\frac{1}{20}$ des Durchmessers von Nr. 1 beträgt, oder umgekehrt, Nr. 1 ist auf 1 lb. 400mal kürzer als Nr. 400, aber sein Durchmesser ist nur 20 mal größer. Wenn man die Nr. 4 mit Nr. 1 vergleicht, so findet man, daß diese halb so dick ist wie Nr. 1, und doch sind hier nur drei Nummern zwischen Nr. 1 und Nr. 4, während dreihundert Nummern zwischen Nr. 100 und Nr. 400 liegen und doch ist Nr. 400 nur halb so dick als Nr. 100, so daß eine Unregelmäßigkeit von ¼ Nummer beim Spinnen der Nr. 4 einer Unregelmäßigkeit von 25 Nummern beim Spinnen von Nr. 400 entspricht.

Als weiteres Beispiel; um wieviel dicker ist Nr. 25 gegenüber Nr. 81?

Die Querschnittsfläche von Nr. 25 $= \frac{1}{25}$.

„ „ „ „ 81 $= \frac{1}{81}$.

Der entsprechende Durchmesser von Nr. 25 $= \sqrt{\frac{1}{25}} = \frac{1}{5}$

„ „ „ „ „ 81 $= \sqrt{\frac{1}{81}} = \frac{1}{9}$

und somit ist Nr. 25

$$\frac{1}{5} : \frac{1}{9} = \frac{1 \times 9}{5 \times 1} = 1\frac{4}{5}$$

oder 1,8 mal dicker.

Man kann also eine Liste aufstellen mit der entsprechenden Anzahl von Garnwindungen auf einer Spule oder einem Kötzer, auf Grund der Durchmesser der verschiedenen Nummern. Zum Beispiel:

Nr.	1	2	4	25	49	81	100	225	400
Durchmesser	$\sqrt{\frac{1}{1}}$	$\sqrt{\frac{1}{2}}$	$\sqrt{\frac{1}{4}}$	$\sqrt{\frac{1}{25}}$	$\sqrt{\frac{1}{49}}$	$\sqrt{\frac{1}{81}}$	$\sqrt{\frac{1}{100}}$	$\sqrt{\frac{1}{225}}$	$\sqrt{\frac{1}{400}}$
Entsprechende Windungen auf 1 dm	10	14	20	50	70	90	100	150	200.

Es ist hierbei angenommen, daß 10 Windungen von Nr. 1 auf 1 dm gehen, dann entsprechen die übrigen Windungszahlen den betreffenden Nummern.

Aus dieser Aufstellung erhalten wir dann auch die Verhältniszahlen für die Geschwindigkeiten oder die Räder in bezug auf die Kötzer- und Spulenbildung und kommen damit zu der grundlegenden Feststellung, daß die Zahl der Garnwindungen eines Kötzers oder einer Spule in direktem Verhältnis zur Quadratwurzel aus den Nummern stehen. Damit ist gezeigt, warum das Schaltrad an der Spinnmaschine, die Draht-, Schalt- und Wagenräder an den Spulbänken nach der Quadratwurzel aus der Nummer berechnet werden.

Zwirnnummern, Nummernvereinigung. Wenn zwei oder mehrere Fäden vereinigt werden, so ist die neue Nummer wie folgt festzustellen:

Wenn A und B die zwei Nummern sind, die vereinigt werden, so gilt als Regel

$$\frac{A \times B}{A + B} = \text{Zwirnnummer.}$$

Bei drei Nummern A, B und C ist die Regel

$$\frac{A \times B \times C}{A \times B + A \times C + B \times C} = \text{Nr. der drei Faden.}$$

Für gezwirntes Garn ist es, um die genaue Nummer zu bekommen, notwendig, die beim Zwirnen auftretende Verkürzung zu berücksichtigen.

Wenn zwei Fäden gezwirnt werden, so haben wir nur ihre Flächenmaße zusammenzuzählen, und die Summe gibt uns natürlich die Querschnittsfläche des gezwirnten Garnes. Wir haben schon gesehen, daß man die Querschnittsfläche von jedem Garn erhält, wenn man die Einheit durch die Garnnummer dividiert, so daß wenn wir zwei Fäden von Nr. 40 vereinigen, wir wie folgt rechnen:

$$\frac{1}{40}+\frac{1}{40}=\frac{2}{40}=\frac{1}{20}$$ Querschnittsfläche des gezwirnten Garnes.

Wenn $\frac{1}{20}$ die Querschnittsfläche ist, so ist das nach den obigen Ausführungen Garn Nr. 20, so daß also das Ergebnis der Vereinigung von zwei Fäden Nr. 40 die Nr. 20 ist.

Nun nehmen wir zwei Fäden Nr. 20 und Nr. 60, so daß

$$\frac{1}{20}+\frac{1}{60}=\frac{3}{60}+\frac{1}{60}=\frac{4}{60}=\frac{1}{15}$$

somit ist das gezwirnte Garn Nr. 15.

Wenn wir nun drei Fäden nehmen, und zwar die Nr. 20, 50 und 100, dann erhalten wir

$$\frac{1}{20}+\frac{1}{50}+\frac{1}{100}=\frac{5}{100}+\frac{2}{100}+\frac{1}{100}=\frac{8}{100}=\frac{1}{12^1/_2}$$

so daß der Zwirn Nr. $12\frac{1}{2}$ erzielt wird.

Ein weiteres Beispiel mit vier Fäden Nr. 4, 6, 12, 24

$$\frac{1}{4}+\frac{1}{6}+\frac{1}{12}+\frac{1}{24}=\frac{13}{24}=\frac{1}{1\frac{9}{24}}$$

so daß sich die Zwirn-Nr. $1\frac{9}{24}$ oder 1,7 ergibt.

Nachdem wir uns das klargemacht haben, können wir sehen, wie sich die übliche Regel entwickelt hat. Angenommen, wir wollen die Nr. A und B zusammenzwirnen und bezeichnen die erzielte Nummer mit x:

$$\frac{1}{A}+\frac{1}{B}=\frac{1}{x}.$$

Multipliziere beide Seiten mit A und B, so ist

$$\frac{A\times B}{A}+\frac{A\times B}{B}=\frac{A\times B}{X}$$

$$B+A=\frac{A\times B}{x}$$

$$\frac{B+A}{A\times B}=\frac{1}{X}$$

$$\frac{A\times B}{B+A}=X,$$ die Nr. des gezwirnten Garnes.

Als weiteres Beispiel für drei Fäden nehmen wir A, B und C zu einem Zwirn x.

$$\frac{1}{A}+\frac{1}{B}+\frac{1}{C}=\frac{1}{X}.$$

Multiplizieren mit $A \times B \times C$, also

$$\frac{A\times B\times C}{A}+\frac{A\times B\times C}{B}+\frac{A\times B\times C}{C}=\frac{A\times B\times C}{X}$$

und

$$B\times C+A\times C+A\times B=\frac{A\times B\times C}{X}$$

$$\frac{A\times B\times C}{B\times C+A\times C+A\times B}=X\text{, Nummer des 3fachen Garnes.}$$

Wir kommen damit zu der allgemein üblichen Regel für das Zwirnen und deren Hauptgrundlage beruht auf $\frac{1}{\text{Nr.}}$ der Querschnittsfläche des Garnes und daraus erhalten wir weiter den Durchmesser. Durch das Zusammenzählen der Querschnittsflächen erhalten wir die Regel für die Vereinigung der Fäden.

Durchmesser des Garnes. Annähernd für Baumwollgarn:

$$\frac{1}{\sqrt{\text{Nr.}}}=\text{Durchmesser in mm.}$$

Beispiel:

$$\frac{1}{\sqrt{40}}=\frac{1}{6{,}6}=0{,}15\text{ mm Durchmesser.}$$

Reißfestigkeit. Die Stärke des Garnes ändert sich direkt, wie die Querschnittsfläche des Garnes, wobei natürlich die Änderungen zu berücksichtigen sind, durch besondere Verhältnisse verschiedener Fasern. Als allgemeine Regel gilt für Gebinde von 120 Yard

$$\frac{1880}{\text{Nr.}}=\text{Stärke in lb. für Amerikaner}$$

$$\frac{840}{\text{Nr.}}=\text{Stärke in kg} \quad » \quad »$$

Für einfache Fäden gilt dafür $\frac{840\times 1000}{120\times \text{Nr.}}=$

$$\frac{7000}{\text{Nr.}}=\text{Stärke in Gramm.}$$

Für Ägyptische ist die Stärke mindestens 10 v. H. höher. Die Stärke wird vor allem auch von der Drehung beeinflußt und schwankt die Gütezahl von 6000 bis 8000, für einfache Fäden und Gramm.

Der Drehungswinkel. Der Drehungswinkel des Garnes ist für alle Garne derselbe, die dieselbe Drehungseinheit oder Verhältniszahl aufweisen. Mit der Drehungseinheit ändert sich also auch der Drehungswinkel.

Spinnerei-Bericht. Der Direktor sollte über die Verhältnisse wöchentlich einen Bericht erhalten, etwa wie nebenstehend.

Obermeister. Die Anweisungen an die Obermeister über Änderungen erfolgen zweckmäßig in einem Spinnbuch, so daß diese Änderungen immer wieder nachgesehen werden können.

Merkbuch. Jeder Angestellte auf verantwortlichem Posten in der Spinnerei hat ein Merkbuch mit Einzelheiten über seine Maschinen, besonders die Getriebe und Wechsel. Man sorge dafür, daß eine Reihe von Maschinen, die dieselbe Arbeit machen, dasselbe Getriebe haben, wo dies nicht sofort möglich ist, lasse man die Maschine richten. Natürlich gibt es Maschinen, wo dies nicht durchführbar ist.

Man vermerke die Dauer von Riemen, Seilen, Spulen, Kammleder usw. in seinem Merkbuch. Ebenso Feststellungen über praktische Geschwindigkeiten, dann der Abzüge und der Stillstände, besondere Vorräte an vollen Spulen oder Mangel hierin.

Baumwolle und Garnpreise. Es ist zweckmäßig, sich über Baumwoll- und Garnpreise auf dem Laufenden zu halten, so wie sie aus den Marktberichten zur Verfügung stehen. Um sich eine allgemeine finanzielle Übersicht von der Spinnerei zu ermöglichen, kann man folgende Aufstellung ausarbeiten; das Gewicht ist lb. engl.

Spindelzahl der Spinnerei	Garn-Nr.	Baumwolle-Preis	Garn-Preis	Unterschied	Wert der Baumwolle wöchentl.	Wert der Garne wöchentl.	Unterschied wöchentl.
		Pfg.	Pfg.	Pfg.	Mk.	Mk.	Mk.
80 000	32	127	185	58	92 000	117 000	25 000
80 000	60	149	252	103	45 000	67 500	22 500
80 000	100	161	380	219	22 500	41 500	19 000

Der Betrag in der letzten Spalte, enthaltend den Unterschied, hat die gesamten Ausgaben in der Spinnerei zu tragen und eine Dividende. Für den Preis der Garne sind alle Auslagen und Kosten für Abfall usw. berücksichtigt.

Spinnereibericht.

Spinnerei . . . . Datum: . . . .

Sorte . . . .

Nummern . . . .

Maschinen	Gewicht und Nr.	Drehung	Verzug	Geschwindigkeiten	Abfall
Öffner	. . . Gramm auf 1 m			Trommel: . . . Schläger: . . .	
Schlagmaschinen . . .	. . . „ „ 1 m			Trommel: . . . Schläger: . . .	
Krempeln	. . „ „ 1 Yard			Trommel: . . . Abnehmer: . ,	
Strecken	. . „ „ 1 „			Vorderz. . . . t/m. Durchm.: . .	
Bandwickler	. . „ „ 1 „			Walzen . . . t/m.	
Wickelstrecke	. . „ „ 1 „			Vorderz. . . . t/m. Durchm.: . .	
Kämmaschinen . . .	. . „ „ 1 „			Schläge: . . . Speisung:	
Strecken	. . „ „ 6 „			Vorderz. . . . t/m. Durchm.: . .	
Grobbank	. . „ „ 30 „			Spindeln . . . t/m. Vz. . . . t/m.	
Grobbank	Nr.				
Mittelbank	. Gramm auf 30 Yard			„ „ „ „	
Mittelbank	Nr.				
Feinbank	. Gramm auf 120 Yard			„ „ „ „	
Feinbank	Nr.				
Selbstspinner	Nr.			„ „ „ „	
Ringspinner	Nr.			„ „ „ „	

XVI. Abschnitt.

Nützliche Angaben.

Pferdestärken für komplette Spinnereianlagen.

Spinnerei Nr. 1, Anzahl der Spindeln (Selfaktor, Ring und Zwirn) 53000 = 48 Spindeln eine indizierte Pferdekraft,
Spinnerei Nr. 2, Anzahl der Spindeln (nur Selfaktor) 69300 = 72 Spindeln eine indizierte Pferdekraft,
Spinnerei Nr. 3, Anzahl der Spindeln (nur Selfaktor) 101900 = 66 Spindeln eine indizierte Pferdekraft,
Spinnerei Nr. 4, Anzahl der Spindeln (nur Selfaktor) 82000 = 69 Spindeln eine indizierte Pferdekraft,
Spinnerei Nr. 5, Anzahl der Spindeln (nur Selfaktor) 80000 = 66 Spindeln eine indizierte Pferdekraft.

Kardengeschwindigkeiten.

Baumwollgattung	Tambourtouren	Abnehmertouren	Einzugzylinder	Vorreißer
Indische Baumwolle . .	165—170	15—18	2—2,3	Ungefähr 400 Touren
Amerikan. Baumwolle .	170—180	14—20	2,3	
Ägyptische Baumwolle .	160—166	9—12	2,3—2,5	
Sea Islands-Baumwolle .	150—160	5—9	2,5—2,7	

Die Deckel bewegen sich mit einer Geschwindigkeit von ungefähr 3,5 Zoll pro Minute.

Nummer des Kardenbeschlags.

Baumwollgattung	Trommel	Abnehmer	Deckel	Anmerkung
Indische Baumwolle:				Es gibt Firmen, die sehr feine Garne erzeugen und die höchsten in dieser Tabelle vorkommenden Beschlagsnummern verwenden.
geringste	80	90	70—90	
beste	90	100—110	80—110	
Amerikan. Baumwolle:				
geringste	100	110	100	
beste	110	120	110	
Ägyptische Baumwolle:				
geringste	110—120	120	110—130	
beste	120—130	130		
Sea Islands-Baumwolle:	120	130—140	130—140	

Maschinenstillstände.

Die folgende Tabelle zeigt die durch Andrehen infolge Fadenbruchs bei den verschiedenen Maschinen täglich verursachten Stillstände. Die Resultate wurden aus drei

Spinnereien genommen und sind das Resultat von jahrelangen aufmerksamen Beobachtungen des Direktors Geo Draper der Firma Geo Draper & Sohn, Vereinigte Staaten von Amerika, mit deren Erlaubnis das Verzeichnis veröffentlicht wird.

	Stillstände aus Spinnerei Nr. 1	Stillstände aus Spinnerei Nr. 2	Stillstände aus Spinnerei Nr. 3
Karde	1,90	1,64	13,50
Strecke Nr. 1	6,18	1,49	5,17
Strecke Nr. 2	1,29	—	—
Strecke Nr. 3	2,57	1,75	3,45
Grobflyer	4,40	7,67	12,57
Mittelflyer	13,30	8,50	14,31
Feinflyer	46,82	30,60	27,74
Kette-Ringspinnmaschine	410,00	630,00	1180,00
Schuß-Ringspinnmaschine	720,00	1120,00	1260,00
Selfaktor	—	1670,00	—

Die Stillstände bei den Vorbereitungsmaschinen wurden auf die Gesamtspindelzahl, die Spinnmaschinen auf 1000 Spindeln geschätzt. Auf Grund der Tabelle würde ein Selfaktor von 1000 Spindeln einen totalen Fadenbruch 1,67 mal während eines Tages erleiden.

Seiltrieb.

Zulässige Pferdestärken für ein Seil.

Seildurchmesser in mm	25	40	50
Betriebsbeanspruchung in kg	40	80	120
sekundliche Seilgeschwindigkeit			
12	6	13	19
16	8	17	25
20	10	21	32
24	12	25	38
30	15	32	48

Riementrieb.

Pferdestärken.

Riemenbreite	Riemendicke	Querschnitt	Riemengeschwindigkeit in m/sek.				
mm	mm	qcm	12	16	20	24	30
50	4	2	4	5,3	6,7	8	10
60	4	2,4	4,8	5,4	8	9,6	12
70	5	3,5	6,9	9,2	11,5	13,8	17
80	5	4	8	10,7	13,3	16	20
90	5	4,5	9	11,9	15	18	22
100	6	6	12	16	20	24	30
200	7	14	28	37	46	56	70
300	8	24	48	64	80	96	120
500	8	40	80	107	133	160	200

Durchmesser. Die Transmissionen arbeiten ungünstig, wenn die eine Scheibe einen mehr als sechsfach größeren Durchmesser als die andere hat.

Breite. Die Scheibe soll immer $1\frac{1}{4}$ mal größer als die Riemenbreite sein.

Doppelriemen übertragen $1\frac{1}{2}$ mal mehr Kraft als einfache Riemen.

Garnnumerierung und Drehung.

Vergleichstabellen für Garn-Nr.

Zur Ermittlung des Gewichtes eines Schnellers oder Bruchteiles desselben.

Grundregel: Dividiere 7000 Grän (1 lb. Garn) durch 840 Yard = Dividend für 1 Yard.

Die Feinheitsnummer eines Garnes kann man leicht in andere Systeme umrechnen.

Nr. engl. × 0,847 = Nr. französisch,
Nr. engl. × 0,423 = Nr. international,
Nr. franz. × 1,18 = Nr. englisch.
Nr. franz. × 0,5 = Nr. international.

Vergleichstabelle der englischen, französischen und metrischen Nummern.

Engl. Nr.	Franz. Nr.	Meter Nr.	Engl. Nr.	Franz. Nr.	Meter Nr.	Engl. Nr.	Franz. Nr.	Meter Nr.
1	0,85	0,42	26	22,02	11,01	60	51,82	25,41
2	1,69	0,85	28	23,72	11,86	62	52,51	26,25
3	2,54	1,27	30	25,41	12,7	64	54,21	27,1
4	3,39	1,69	32	27,10	13,55	66	55,90	27,95
5	4,24	2,12	34	28,8	14,4	68	57,50	28,8
6	5,08	2,54	36	30,49	15,25	70	59,29	29,65
7	5,93	2,96	38	32,19	16,1	75	63,53	31,76
8	6,78	3,39	40	33,88	16,94	80	67,76	33,88
9	7,62	3,81	42	35,57	17,79	85	72,0	36
10	8,47	4,23	44	37,27	18,63	90	76,23	38,11
12	10,16	5,08	46	38,96	19,48	95	80,47	40,23
14	11,86	5,93	48	40,66	20,33	100	84,7	42,35
16	13,55	6,77	50	42,35	21,18	110	93,14	46,57
18	15,25	7,62	52	44,04	22,02	120	101,64	50,82
20	16,94	8,47	54	45,74	22,87	130	110,11	55,5
22	18,63	9,31	56	47,43	23,76	140	118,58	59,29
24	10,33	20,16	58	49,13	24,56	150	126,99	63,50

Vergleichstabelle der französischen und englischen Garn-Nummern.

Franz. Nr.	Engl. Nr.	Franz. Nr.	Engl. Nr.	Franz. Nr.	Engl. Nr.	Franz. Nr.	Engl. Nr.
1	1,18	22	25,98	52	61,41	82	96,84
2	2,36	24	28,34	54	63,77	84	99,20
3	3,54	26	30,70	56	66,13	86	101,56
4	4,72	28	33,07	58	68,49	88	103,93
5	5,90	30	35,43	60	70,86	90	106,29
6	7,08	32	37,79	62	73,22	95	112,19
7	8,26	34	40,15	64	75,58	100	118,10
8	9,44	36	42,51	66	77,96	110	129,90
9	10,63	38	44,88	68	80,30	120	141,70
10	11,81	40	47,24	70	82,67	130	153,50
12	14,17	42	49,60	72	85,03	140	165,30
14	16,53	44	51,96	74	87,39	150	177,80
16	18,89	46	54,32	76	89,75	160	188,90
18	21,25	48	56,68	78	92,12	170	200,70
20	23,62	50	59,50	80	94,48	180	212,51

Dividenden.

Yard	Dividend	Yard	Dividend
1	8,333	10	83,333
2	16,666	15	125,000
3	25,000	20	166,000
4	33,333	30	250,000
5	41,666	40	333,333
6	50,000	60	500,000
7	58,333	80	666,666
8	66,666	100	833,333
9	75,000	120	1000,000

Beispiele: Wenn 2 Yard eines Kardenbandes 80 Grän wiegen, welches ist die Nr. engl.?

Dividiere den Dividenden von 2 Yard durch 80 = 0,280 Hank.

Wenn 30 Yard Feinflyerlunte $62\frac{1}{2}$ Grän wiegen, welches ist die Garnnummer? Dividiere den Dividenden von 30 Yard durch $62\frac{1}{2} = 4^r$ Vorgarn.

Was sollten 60 Yard $4\frac{1}{2}^r$ Vorgarn wiegen? Dividiere den Dividenden für 60 Yard durch $4\frac{1}{2} = 111$ Grän.

Quadratwurzeln aus der Nr.

Nr.	Quadrat-wurzel	Nr.	Quadrat-wurzel	Nr.	Quadrat-wurzel	Nr.	Quadrat-wurzel
0,0625	0,250	0,4375	0,661	0,65	0,806	0,86	0,927
0,125	0,353	0,44	0,663	0,66	0,812	0,87	0,933
0,1875	0,433	0,45	0,671	0,67	0,819	0,875	0,935
0,25	0,500	0,46	0,678	0,68	0,825	0,88	0,938
0,26	0,510	0,47	0,686	0,6875	0,829	0,89	0,943
0,27	0,520	0,48	0,693	0,69	0,831	0,90	0,949
0,28	0,529	0,49	0,700	0,70	0,837	0,91	0,954
0,29	0,539	0,50	0,707	0,71	0,843	0,92	0,959
0,30	0,548	0,51	0,714	0,72	0,849	0,93	0,964
0,31	0,557	0,52	0,721	0,73	0,854	0,9375	0,968
0,3125	0,559	0,53	0,728	0,74	0,860	0,94	0,970
0,32	0,566	0,54	0,735	0,75	0,866	0,95	0,975
0,33	0,574	0,55	0,742	0,76	0,872	0,96	0,980
0,34	0,583	0,56	0,748	0,77	0,878	0,97	0,985
0,35	0,592	0,5625	0,750	0,78	0,883	0,98	0,990
0,36	0,600	0,57	0,755	0,79	0,889	0,99	0,995
0,37	0,608	0,58	0,762	0,80	0,894	1,00	1,0
0,375	0,612	0,59	0,768	0,81	0,900	7,5	2,739
0,38	0,616	0,60	0,775	0,8125	0,901	8,0	2,828
0,39	0,624	0,61	0,781	0,82	0,906	8,5	2,915
0,40	0,632	0,62	0,787	0,83	0,911	9,0	3,0
0,41	0,640	0,625	0,790	0,84	0,917	9,5	3,082
0,42	0,648	0,63	0,794	0,85	0,922	10,0	3,162
0,43	0,656	0,64	0,800	—	—	—	—

Anmerkung: Für die Quadratwurzel höherer Nummern beziehe man sich auf die Garntabelle.

Garndrehungen pro Zoll und Quadratwurzel aus den Nrn.

Nr.	Quadrat-wurzel der Nr.	Indische und amerikanische Baumwolle			Ägyptische Baumwolle		
		Self.-Kette	Self.-Schuß	Ring-spinn-kette	Self.-Kette	Self.-Schuß	Ring-spinn-kette
1	1,000	3,75	3,25	4,00	—	—	—
2	1,414	5,30	4,60	5,65	—	—	—
3	1,732	6,49	5,62	6,92	—	—	—
4	2,000	7,50	6,50	8,00	—	—	—
5	2,236	8,38	7,26	8,94	—	—	—
6	2,449	9,18	7,96	9,79	—	—	—
7	2,645	9,92	8,59	10,58	—	—	—
8	2,828	10,60	9,19	11,31	—	—	—
9	3,000	11,25	9,75	12,00	—	—	—
10	3,162	11,85	10,27	12,64	11,44	10,10	11,44
11	3,316	12,43	10,77	13,26	11,95	10,55	11,95
12	3,464	12,99	11,25	13,85	12,47	11,01	12,47
13	3,605	13,52	11,71	14,42	13,00	11,57	13,00
14	3,741	14,03	12,16	14,96	13,46	11,89	13,46
15	3,872	14,52	12,48	15,49	13,96	12,32	13,96
16	4,000	15,00	13,00	16,00	14,40	12,72	14,40
17	4,123	15,46	13,40	16,49	14,86	13,12	14,86
18	4,242	15,90	13,78	16,97	15,27	13,48	15,27
19	4,358	16,34	14,16	17,43	15,71	13,87	15,71
20	4,472	16,77	14,53	17,88	16,09	14,21	16,09
22	4,690	17,58	15,24	18,76	16,88	14,91	16,88
24	4,898	18,37	15,92	19,59	17,63	15,57	17,63
26	5,099	19,11	16,57	20,39	18,35	16,21	18,35
28	5,291	19,84	17,19	21,16	19,04	16,83	19,04
30	5,477	20,54	17,80	21,90	19,75	17,42	19,75
32	5,656	21,21	18,38	22,62	20,40	18,00	20,40
34	5,830	21,86	18,95	23,32	21,02	18,55	21,02
36	6,000	22,50	19,50	24,00	21,64	19,09	21,64
38	6,164	23,11	20,03	24,65	22,23	19,61	22.23
40	6,324	23,71	20,55	25,29	22,81	20,13	22,81
42	6,480	24,30	21,06	25,92	23,37	20,62	23,37
44	6,633	24,87	21,55	26,53	23,92	21,10	23,92
46	6,782	25,43	22,04	27,12	24,45	21,58	24,45
48	6,928	25,98	22,52	27,71	24,98	22,04	24,98
50	7,071	26,51	22,98	28,28	25,50	22,50	25,50
52	7,211	—	—	—	26,00	22,94	26,00

Die Drehung der Garne (Fortsetzung).

Nr.	Quadratwurzel der Nr.	Indische und amerikanische Baumwolle			Ägyptische Baumwolle		
		Self.-Kette	Self.-Schuß	Ringspinnkette	Self.-Kette	Self.-Schuß	Ringspinnkette
54	7,348	—	—	—	26,50	23,38	26,50
56	7,483	—	—	—	26,98	23,81	26,98
58	7,615	—	—	—	27,46	24,23	27,46
60	7,745	—	—	—	27,93	24,54	27,93
62	7,874	—	—	—	28,39	25,05	28,39
64	8,000	—	—	—	28,85	25,45	28,85
66	8,124	—	—	—	29,29	25,87	29,29
68	8,246	—	—	—	29,73	26,23	29,73
70	8,366	—	—	—	30,17	26,62	30,17
72	8,485	—	—	—	30,60	27,00	30,60
74	8,602	—	—	—	31,02	27,37	31,02
76	8,717	—	—	—	31,44	27,74	31,44
78	8,831	—	—	—	31,85	28,10	31,85
80	8,944	—	—	—	32,25	28,47	32,25
82	9,055	—	—	—	32,65	28,81	32,65
84	9,165	—	—	—	33,05	29,16	33,05
86	9,273	—	—	—	33,44	29,50	33,44
88	9,380	—	—	—	33,83	29,84	33,83
90	9,486	—	—	—	34,21	30,18	34,21
92	9,591	—	—	—	34,59	30,52	34,59
94	9,695	—	—	—	34,96	30,85	34,96
96	9,797	—	—	—	35,33	31,17	35,33
98	9,899	—	—	—	35,70	31,50	35,70
100	10,000	—	—	—	36,06	31,83	36,06
102	10,099	—	—	—	36,41	32,14	36,41
104	10,198	—	—	—	36,77	32,46	36,77
106	10,295	—	—	—	37,12	32,76	37,12
108	10,392	—	—	—	37,47	33,07	37,47
110	10,488	—	—	—	37,81	33,32	37,81
112	10,583	—	—	—	38,16	33,68	38,16
114	10,677	—	—	—	38,50	33,98	38,50
116	10,770	—	—	—	38,83	34,28	38,83
118	10,862	—	—	—	39,17	34,57	39,17
120	10,954	—	—	—	39,50	34,86	39,50

Verzeichnis über Drehungseinheiten Seite 162, auf deren Grundlage vorstehende Drehungen ausgeglichen werden.

Gewichte der Bänder von einer bestimmten Länge und ihre Nummern.

Karden-, Strecken- und Grobflyerlunten.

Band-Nr.	6 Yard oz	6 Yard dwts	6 Yard Grän	Band-Nr.	6 Yard oz	6 Yard dwts	6 Yard Grän	Band-Nr.	6 Yard oz	6 Yard dwts	6 Yard Grän
0,05	2	5	5,0	0,145	—	14	8,82	0,295	—	7	1,49
0,055	2	1	10,09	0,146	—	14	6,46	0,3	—	6	22,66
0,06	1	16	11,83	0,148	—	14	1,80	0,305	—	6	19,93
0,065	1	13	19,73	0,15	—	13	21,33	0,31	—	6	17,28
0,07	1	11	12,5	0,152	—	13	16,94	0,315	—	6	14,73
0,075	1	9	13,21	0,154	—	13	12,68	0,32	—	6	12,24
0,08	1	7	19,5	0,155	—	13	10,58	0,325	—	6	9,84
0,085	1	6	6,73	0,156	—	13	8,51	0,33	—	6	7,51
0,09	1	4	22,05	0,158	—	13	4,45	0,335	—	6	5,25
0,095	1	3	16,81	0,160	—	13	0,5	0,34	—	6	3,0
0,098	1	3	0,7	0,163	—	12	18,74	0,345	—	6	0,92
0,099	1	2	19,55	0,165	—	12	15,3	0,35	—	5	22,85
0,1	1	2	14,5	0,167	—	12	11,4	0,355	—	5	20,94
0,101	1	2	9,05	0,17	—	12	6,0	0,36	—	5	18,88
0,102	1	2	4,69	0,173	—	12	1,01	0,365	—	5	16,98
0,103	1	1	23,93	0,175	—	11	21,71	0,37	—	5	15,13
0,104	1	1	19,26	0,177	—	11	18,48	0,375	—	5	13,32
0,105	1	1	14,68	0,179	—	11	15,32	0,38	—	5	11,58
0,106	1	1	9,91	0,18	—	11	13,77	0,385	—	5	9,87
0,107	1	1	5,78	0,183	—	11	9,22	0,39	—	5	8,2
0,108	1	1	1,46	0,185	—	11	6,27	0,395	—	5	6,58
0,109	1	0	21,21	0,187	—	11	3,37	0,4	—	5	5,0
0,11	1	0	17,04	0,189	—	11	0,55	0,41	—	5	1,95
0,111	1	0	12,95	0,19	—	10	23,15	0,42	—	4	23,05
0,112	1	0	9,46	0,193	—	10	19,06	0,43	—	4	20,28
0,113	1	0	4,97	0,195	—	10	16,41	0,44	—	4	17,63
0,114	1	0	1,09	0,197	—	10	13,8	0,45	—	4	15,11
0,115	—	18	2,78	0,2	—	10	10,0	0,46	—	4	12,69
0,116	—	17	23,03	0,205	—	10	3,9	0,47	—	4	10,38
0,117	—	17	19,35	0,21	—	9	22,1	0,48	—	4	8,16
0,118	—	17	15,72	0,215	—	9	16,55	0,49	—	4	6,04
0,119	—	17	12,16	0,22	—	9	11,27	0,50	—	4	4,0
0,12	—	17	8,66	0,225	—	9	6,22	0,52	—	4	0,15
0,122	—	17	1,83	0,23	—	9	1,38	0,54	—	3	20,59
0,124	—	16	19,22	0,235	—	8	20,76	0,56	—	3	17,28

Gewichte der Bänder von einer bestimmten Länge und ihre Nummern.

Karden-, Strecken- und Grobflyerlunten. (Fortsetzung.)

6 Yard				6 Yard				6 Yard			
Band-Nr.	oz	dwts	Grän	Band-Nr.	oz	dwts	Grän	Band-Nr.	oz	dwts	Grän
0,125	—	16	16,0	0,24	—	8	16,33	0,58	—	3	14,2
0,126	—	16	12,82	0,245	—	8	12,06	0,60	—	3	11,33
0,128	—	16	6,62	0,25	—	8	8,0	0,65	—	3	4,92
0,130	—	16	0,6	0,255	—	8	4,07	0,70	—	2	23,42
0,132	—	15	18,78	0,26	—	8	0,3	0,75	—	2	18,66
0,134	—	15	13,13	0,265	—	7	20,67	0,80	—	2	14,5
0,136	—	15	7,74	0,27	—	7	17,18	0,85	—	2	10,82
0,138	—	15	2,31	0,275	—	7	13,81	0,9	—	2	7,55
0,14	—	14	21,0	0,28	—	7	10,56	0,95	—	2	4,62
0,142	—	14	16,11	0,285	—	7	7,43	1,0	—	2	2,0
0,144	—	14	11,22	0,29	—	7	4,41				

Grob- und Feinflyerlunte.

30 Yard				30 Yard			30 Yard			30 Yard		
Nr.	oz	dwts	Grän	Nr.	dwts	Grän	Nr.	dwts	Grän	Nr.	dwts	Grän
0,5	1	2	14,3	0,69	15	2,3	0,88	11	20,0	1,35	7	17,2
0,51	1	2	4,7	0,7	14	21,1	0,89	11	16,9	1,4	7	10,5
0,52	1	1	19,1	0,71	14	16,1	0,9	11	13,8	1,45	7	4,4
0,53	1	1	10,1	0,72	14	11,2	0,91	11	10,7	1,5	6	22,6
0,54	1	1	1,8	0,73	14	6,4	0,92	11	7,7	1,55	6	17,2
0,55	1	0	17,0	0,74	14	1,8	0,93	11	4,8	1,6	6	12,2
0,56	1	0	8,9	0,75	13	21,3	0,94	11	1,9	1,65	6	7,6
0,57	1	0	1,1	0,76	13	16,8	0,95	10	23,1	1,7	6	3,0
0,58	--	17	22,8	0,77	13	12,6	0,96	10	20,4	1,75	5	22,8
0,59	—	17	15,6	0,78	13	8,4	0,97	10	17,7	1,8	5	18,8
0,6	—	17	8,4	0,79	13	4,4	0,98	10	15,1	1,85	5	15,1
0,61	—	17	1,83	0,8	13	0,3	0,99	10	12,5	1,9	5	11,5
0,62	—	16	19,2	0,81	12	20,6	1,0	10	10,0	1,95	5	8,2
0,63	—	16	12,8	0,82	12	16,8	1,05	9	22,0	2,0	5	5,0
0,64	—	16	6,6	0,83	12	13,2	1,1	9	11,2	2,05	5	1,9
0,65	—	16	0,61	0,84	12	9,6	1,15	9	1,4	2,1	4	23,0
0,66	—	15	18,0	0,85	12	6,1	1,2	8	16,3	2,15	4	20,2
0,67	—	15	13,3	0,86	12	2,7	1,25	8	8,0	2,2	4	17,6
0,68	—	15	7,6	0,87	11	23,3	1,3	8	0,3	2,25	4	15,1

Grob- und Feinflyerlunte. (Fortsetzung.)

30 Yard			30 Yard			120 Yard			120 Yard		
Nr.	dwts	Grän	Nr.	dwts	Grän	Nr.	dwts	Grän	Nr.	dwts	Grän
2,3	4	12,6	4,15	2	12,2	6,8	6	3,0	14,25	2	22,17
2,35	4	10,3	4,2	2	11,5	6,9	6	0,9	14,5	2	20,96
2,4	4	8,1	4,25	2	10,8	7,0	5	22,8	14,75	2	19,79
2,45	4	6,0	4,3	2	10,1	7,1	5	20,8	15,0	2	18,66
2,5	4	4,0	4,35	2	9,4	7,25	5	17,9	15,25	2	17,57
2,55	4	2,0	4,4	2	8,8	7,3	5	17,0	15,5	2	16,51
2,6	4	0,1	4,45	2	8,1	7,4	5	15,1	15,75	2	15,49
2,65	3	22,3	4,5	2	7,5	7,5	5	13,3	16,0	2	14,5
2,7	3	20,6	4,55	2	6,9	7,6	5	11,5	16,25	2	13,6
2,75	3	18,9	4,6	2	6,3	7,75	5	9,0	16,5	2	12,6
2,8	3	17,2	4,65	2	5,7	7,8	5	8,2	16,75	2	11,7
2,85	3	15,7	4,7	2	5,2	7,9	5	6,5	17,0	2	10,82
2,9	3	14,2	4,75	2	4,7	8,0	5	5,0	17,25	2	9,9
2,95	3	12,7	120 Yard			8,25	5	1,2	17,5	2	9,14
3,0	3	11,3				8,5	4	21,6	17,75	2	8,33
3,05	3	9,9	4,8	8	16,3	8,75	4	18,2	18,0	2	7,55
3,1	3	8,6	4,85	8	14,1	9,0	4	15,1	18,25	2	6,8
3,15	3	7,3	4,9	8	12,0	9,2	4	12,0	18,5	2	6,05
3,2	3	6,1	4,95	8	10,0	9,5	4	9,2	18,75	2	5,3
3,25	3	4,9	5,0	8	8,0	9,75	4	6,4	19,0	2	4,63
3,3	3	3,7	5,1	8	4,0	10,0	4	4,0	19,25	2	3,94
3,35	3	2,6	5,25	7	22,4	10,25	3	1,56	19,5	2	3,28
3,4	3	1,5	5,3	7	20,6	10,5	3	23,23	19,75	2	2,63
3,45	3	0,4	5,4	7	17,1	10,75	3	21,04	20,0	2	2
3,5	2	23,4	5,5	7	13,8	11,0	3	18,9	21	1	23,64
3,55	2	22,4	5,6	7	10,5	11,25	3	16,88	22	1	22,48
3,6	2	21,4	5,75	7	5,9	11,5	3	14,95	23	1	19,503
3,65	2	20,5	5,8	7	4,4	11,75	3	13,1	24	1	17,69
3,7	2	19,5	5,9	7	1,5	12,0	3	11,33	25	1	16,023
3,75	2	18,6	6,0	6	22,6	12,25	3	9,6	26	1	14,48
3,8	2	17,7	6,1	6	19,9	12,5	3	8,0	27	1	13,058
3,85	2	16,9	6,25	6	16,0	12,75	3	6,43	28	1	11,734
3,9	2	16,1	6,3	6	14,7	13,0	3	4,92	29	1	10,502
3,95	2	15,3	6,4	6	12,2	13,25	3	3,47	30	1	9,352
4,0	2	14,5	6,5	6	9,8	13,5	3	2,07			
4,05	2	13,7	6,6	6	7,5	13,75	3	0,72			
4,1	2	12,9	6,75	6	4,1	14,0	2	23,42			

Garnnummern
für 1, 2, 5 und 7 Gebinde.

1 Gebinde = 120 Yard = 80 Faden Weifenumfang.

Garn-Nr.	1 Gebinde			2 Gebinde			5 Gebinde			7 Gebinde			Garn-Nr.
	ozs	dwts	Grän	ozs	dwts	Grän	ozs	dwts	Grän	ozs	dwts	Grän	
1	2	5	5,071	4½	1	7,267	11	7	19,606	16	0	0,000	1
2	1	2	14,535	2	5	5,071	5½	3	21,803	8	0	0,000	2
3	½	4	18,649	1½	0	10,422	3½	5	15,493	5	6	1,924	3
4	½	1	7,268	1	2	14,536	2½	6	12,339	4	0	0,000	4
5	0	8	8,114	½	7	13,353	2	5	5,017	3	3	15,549	5
6	0	6	22,762	½	4	18,649	1½	7	9,185	2½	3	0,958	6
7	0	5	22,939	½	2	19,003	1½	2	10,070	2	5	5,071	7
8	0	5	5,071	½	1	7,267	1	7	19,607	2	0	0,000	8
9	0	4	15,174	½	0	3,474	1	4	22,123	1½	5	1,597	9
10	0	4	4,057	0	8	8,114	1	2	14,536	1½	1	19,775	10
11	0	3	18,961	0	7	13,922	1	0	17,055	1	8	6,977	11
12	0	3	11,381	0	6	22,762	½	8	6,030	1	6	1,917	12
13	0	3	4,967	0	6	9,934	½	6	21,960	1	4	4,019	13
14	0	2	23,469	0	5	22,939	½	5	18,472	1	2	14,536	14
15	0	2	18,705	0	5	13,410	½	4	8,649	1	1	5,183	15
16	0	2	14,536	0	5	5,071	½	3	21,804	1	0	0,000	16
17	0	2	10,857	0	4	21,714	½	3	3,411	1	8	1,125	17
18	0	2	7,587	0	4	15,175	½	2	11,062	½	7	2,236	18
19	0	2	4,662	0	4	9,323	½	1	20,433	½	6	5,757	19
20	0	2	2,029	0	4	4,057	½	1	7,268	½	5	11,325	20
21	0	1	23,646	0	3	23,293	½	0	19,256	½	4	18,649	21
22	0	1	21,481	0	3	18,961	½	0	8,528	½	4	3,489	22
23	0	1	19,503	0	3	15,006	0	9	1,516	½	3	13,647	23
24	0	1	17,690	0	3	11,381	0	8	16,452	½	3	0,958	24
25	0	1	16,023	0	3	8,046	0	8	8,114	½	2	13,285	25
26	0	1	14,484	0	3	4,967	0	8	0,417	½	2	2,509	26
27	0	1	13,058	0	3	2,116	0	7	17,291	½	1	16,532	27
28	0	1	11,734	0	2	23,469	0	7	10,673	½	1	7,268	28
29	0	1	10,502	0	2	21,005	0	7	4,512	½	0	22,642	29
30	0	1	9,352	0	2	18,705	0	6	22,762	½	0	14,591	30
31	0	1	8,276	0	2	16,553	0	6	17,382	½	0	7,060	31
32	0	1	7,268	0	2	14,535	0	6	12,339	½	0	0,000	32
33	0	1	6,320	0	2	12,641	0	6	7,602	0	8	20,242	33
34	0	1	5,428	0	2	10,857	0	6	3,143	0	8	14,000	34
35	0	1	4,588	0	2	9,176	0	5	22,939	0	8	8,114	35

Garnnummern für 1, 2, 5 und 7 Gebinde.

1 Gebinde = 120 Yard = 80 Faden Weifenumfang. (Fortsetzung.)

Garn-Nr.	1 Gebinde			2 Gebinde			5 Gebinde			7 Gebinde			Garn-Nr.
	ozs	dwts	Grän	ozs	dwts	Grän	ozs	dwts	Grän	ozs	dwts	Grän	
36	0	1	3,793	0	2	7,587	0	5	18,968	0	8	2,555	36
37	0	1	3,042	0	2	6,085	0	5	15,212	0	7	21,297	37
38	0	1	2,331	0	2	4,661	0	5	11,654	0	7	16,316	38
39	0	1	1,656	0	2	3,311	0	5	8,278	0	7	11,589	39
40	0	1	1,014	0	2	2,028	0	0	5,071	0	7	7,100	40
41	0	1	0,404	0	2	0,808	0	5	2,021	0	7	2,829	41
42	0	0	23,823	0	1	23,646	0	4	23,115	0	6	22,762	42
43	0	0	23,269	0	1	22,538	0	4	20,346	0	6	18,884	43
44	0	0	22,740	0	1	21,480	0	4	17,701	0	6	15,182	44
45	0	0	22,235	0	1	20,470	0	4	15,174	0	6	11,644	45
46	0	0	21,751	0	1	19,503	0	4	12,758	0	6	8,261	46
47	0	0	21,289	0	1	18,577	0	4	10,444	0	6	5,021	47
48	0	0	20,845	0	1	17,690	0	4	8,226	0	6	1,916	48
49	0	0	20,420	0	1	16,840	0	4	6,099	0	5	22,939	49
50	0	0	20,011	0	1	16,023	0	4	4,057	0	5	20,080	50
51	0	0	19,619	0	1	15,238	0	4	2,095	0	5	17,333	51
52	0	0	19,242	0	1	14,483	0	4	0,208	0	5	14,692	52
53	0	0	18,879	0	1	13,757	0	3	22,394	0	5	12,151	53
54	0	0	18,529	0	1	13,058	0	3	20,645	0	5	9,703	54
55	0	0	18,192	0	1	12,384	0	3	18,961	0	5	7,345	55
56	0	0	17,867	0	1	11,734	0	3	17,336	0	5	5,071	56
57	0	0	17,554	0	1	11,108	0	3	15,739	0	5	2,877	57
58	0	0	17,251	0	1	10,502	0	3	14,256	0	5	0,758	58
59	0	0	16,959	0	1	9,918	0	3	12,794	0	4	22,712	59
60	0	0	16,676	0	1	9,352	0	3	11,381	0	4	20,733	60
61	0	0	16,403	0	1	8,806	0	3	10,014	0	4	18,820	61
62	0	0	16,138	0	1	8,276	0	3	8,691	0	4	16,967	62
63	0	0	15,882	0	1	7,764	0	3	7,410	0	4	15,175	63
64	0	0	15,634	0	1	7,268	0	3	6,169	0	4	13,437	64
65	0	0	15,393	0	1	6,787	0	3	4,967	0	4	11,754	65
66	0	0	15,160	0	1	6,320	0	3	3,801	0	4	10,121	66
67	0	0	14,934	0	1	5,868	0	3	2,670	0	4	8,537	67
68	0	0	14,714	0	1	5,428	0	3	1,571	0	4	7,000	68
69	0	0	14,501	0	1	5,002	0	3	0,5050	0	4	5,507	69
70	0	0	14,294	0	1	4,588	0	2	23,469	0	4	4,057	70
71	0	0	14,093	0	1	4,185	0	2	22,463	0	4	2,648	71

Garnnummern für 1, 2, 5 und 7 Gebinde.

1 Gebinde = 120 Yard = 80 Faden Weifenumfang. (Fortsetzung.)

Garn-Nr.	1 Gebinde			2 Gebinde			5 Gebinde			7 Gebinde			Garn-Nr.
	ozs	dwts	Grän	ozs	dwts	Grän	ozs	dwts	Grän	ozs	dwts	Grän	
72	0	0	13,896	0	1	3,793	0	2	21,484	0	4	1,277	72
73	0	0	13,706	0	1	3,413	0	2	20,532	0	3	23,945	73
74	0	0	13,521	0	1	3,042	0	2	19,606	0	3	22,648	74
75	0	0	13,341	0	1	2,682	0	2	18,705	0	3	21,380	75
76	0	0	13,165	0	1	2,330	0	2	17,827	0	3	20,158	76
77	0	0	12,994	0	1	1,989	0	2	16,972	0	3	18,961	77
78	0	0	12,828	0	1	1,655	0	2	16,139	0	3	17,794	78
79	0	0	12,665	0	1	1,331	0	2	15,327	0	3	16,658	79
80	0	0	12,507	0	1	1,014	0	2	14,535	0	3	15,550	80
81	0	0	12,352	0	1	0,704	0	2	13,761	0	3	14,465	81

Maße und Gewichte.

Metrische Maße.

1 m = 10 dm oder 100 cm oder 1000 mm.
1 km = 10 Hektometer oder 100 Dekameter oder 1000 m
1 ha = 100 a oder 10000 qm oder 3,9 preuß. Morgen.
1 qkm = 100 ha; 1 qcm = 100 qmm; 1 ccm = 1000 cmm.
1 l = 0,001 cbm; 1 hl = 0,1 cbm oder 100 l.
1 kg = 1000 g = 2 Pfund.
1 Tonne = 1000 kg = 0,984 engl. Ton.

Umwandlung des metrischen und englischen Systems.

Meter × 1,094 = Yard	Yard × 0,9144 = Meter,
Meter × 3,281 = Fuß,	Fuß × 0,3048 = Meter,
Meter × 39,37 = Zoll,	Zoll × 0,0254 = Meter,
mm × 0,03937 = Zoll,	Zoll × 25,399 = mm,
Grän (Troy) × 0,0648 = g,	Gramm × 15,43 = Grän (Troy),
Dwts. (Troy) × 1,555 = g,	Gramm × 0,643 = dwts. (Troy),
Unze (av.) × 28,36 = g,	Gramm × 0,03527 = Unzen (av.),
lbs × 453,59 = g,	Gramm × 0,0022 = lbs.,
lbs × 0,4535 = kg,	kg × 2,2046 = lbs.

Englische und metrische Maße.

1 Fuß = 12 Zoll = 0,304 m; 1 Zoll = 25,3995 mm,
1 Yard = 3 Fuß = 0,91438 m; 1 Acre = 40,467 ar,
1 Pfund (av.) = 16 Unzen = 453,6 g = 7000 Grän,
1 Zentner (cwt.) = 112 Pfd. = 50,8 kg,
1 Pfund (Troy) = 12 Unzen = 5760 Grän = 373,248 g,
1 Grän = 0,0648 g; 1 g = 15,43 Grän,
1 Unze (Troy) = 31,104 g.

Bequeme Multiplikanten.

Kreise und Flächen.

Durchmesser eines Kreises × 3,1416 oder $\frac{22}{7}$ = Umfang.

Umfang eines Kreises × 0,31831 oder $\frac{7}{22}$ = Durchmesser.

Quadrat des Durchmessers × 0,7854 = Fläche des Kreises.

Quadrat des Durchmessers × $\frac{11}{14}$ = Fläche des Kreises.

Quadratwurzel der Fläche × 1,12837 = Durchmesser des Kreises.

Halbmesser des Kreises × 6,28317 = Umfang des Kreises.

Umfang des Kreises = 3,5449 × $\sqrt{\text{Fläche des Kreises.}}$

Durchmesser eines Kreises × 0,8862 = Seite eines gleichen Quadrats.

Seite eines Quadrats × 1,128 = Durchmesser eines gleichen Kreises.

Fläche eines Dreiecks = die Grundlinie × $\frac{1}{2}$ Höhe.

Englische Fuße in m.

Fuß	0	1	2	3	4	5	6	7	8	9
0	0,0000	0,3048	0,6096	0,9144	1,2192	1,5240	1,8288	2,1326	2,4384	2,7432
10	3,0479	3,3527	3,6575	3,9623	4,2671	4,5719	4,8767	5,1815	5,4863	5,7911
20	6,0959	6,4007	6,7055	7,0103	7,3151	7,6199	7,9247	8,2295	8,5342	8,8390
30	9,1483	9,4486	9,7534	10,058	10,363	10,668	10,973	11,277	11,582	11,887
40	12,192	12,497	12,801	13,106	13,411	13,716	14,021	14,325	14,630	14,935
50	15,240	15,545	15,849	16,154	16,459	16,764	17,068	17,373	17,678	17,983
60	18,288	18,592	18,897	19,202	19,507	19,812	20,116	20,421	20,726	21,031
70	21,336	21,640	21,945	22,250	22,555	22,860	23,164	23,469	23,774	24,079
80	24,384	24,688	24,993	25,298	25,603	25,908	26,212	26,517	26,822	27,127
90	27,432	27,736	28,041	28,346	28,651	28,955	29,260	29,565	29,870	30,175

Englische Zoll und Bruchteile in mm.

Zoll	0	1/16	1/8	3/16	1/4	5/16	3/8	7/16
0		1,587	3,175	4,762	6,350	7,937	9,525	11,112
1	25,400	26,987	28,574	30,162	31,749	33,337	34,924	36,512
2	50,799	52,387	53,974	55,561	57,149	58,736	60,324	61,911
3	76,199	77,786	79,374	80,961	82,549	84,136	85,723	87,311
4	101,60	103,19	104,77	106,36	107,95	109,54	111,12	112,71
5	127,00	128,59	130,17	131,76	133,35	134,94	136,52	138,11
6	152,40	153,98	155,57	157,16	158,75	160,33	161,92	163,51
7	177,80	179,38	180,97	182,56	184,15	185,73	187,32	188,91
8	203,20	204,78	206,37	207,96	209,55	211,13	212,72	214,31
9	228,60	230,18	231,77	233,36	234,95	236,53	238,12	239,71
10	254,00	255,58	257,17	258,76	260,35	261,93	263,52	265,11
11	279,39	280,98	282,57	284,16	285,74	287,33	288,92	290,51
12	304,79	306,38	307,97	309,56	311,14	312,73	314,32	315,91

Englische Zoll und Bruchteile in mm.

Zoll	1/2	9/16	5/8	11/16	3/4	13/16	7/8	15/16
0	12,700	14,287	15,875	17,462	19,050	20,637	22,225	23,812
1	38,099	39,687	41,274	42,862	44,449	46,037	47,624	49,212
2	63,499	65,086	66,674	68,261	69,849	71,436	73,024	74,611
3	88,898	90,486	92,073	93,661	95,247	96,836	98,423	100,01
4	114,30	115,89	117,47	119,06	120,65	122,24	123,82	125,41
5	139,70	141,28	142,87	144,46	146,05	147,63	149,22	150,81
6	165,10	166,68	168,27	169,86	171,45	173,03	174,62	176,21
7	190,50	192,08	193,67	195,26	196,85	198,43	200,02	201,61
8	215,90	217,48	219,07	220,66	222,25	223,83	225,42	227,01
9	241,30	242,88	244,47	246,06	247,65	249,23	250,82	252,41
10	266,70	268,28	269,87	271,46	273,05	274,63	276,22	277,81
11	292,09	293,68	295,27	296,86	298,44	300,03	301,62	303,21
12	317,49	319,08	320,67	322,26	323,84	325,43	327,02	328,61

Yard in Meter.

Yard	Meter	Yard	Meter	Yard	Meter	Yard	Meter	Yard	Meter	Yard	Meter
1	0,9144	19	17,373	37	33,831	55	50,292	73	66,750	91	83,208
2	1,8288	20	18,288	38	34,746	56	51,204	74	67,665	92	84,123
3	2,7432	21	19,202	39	35,661	57	52,119	75	68,580	93	85,038
4	3,6575	22	20,116	40	36,576	58	53,034	76	69,492	94	85,953
5	4,5719	23	21,031	41	37,491	59	53,949	77	70,407	95	86,865
6	5,4863	24	21,945	42	38,403	60	54,864	78	71,322	96	87,780
7	6,4007	25	22,860	43	39,318	61	55,776	79	72,237	97	88,695
8	7,3151	26	23,774	44	40,233	62	56,691	80	73,152	98	89,610
9	8,2295	27	24,688	45	41,148	63	57,606	81	74,064	99	90,525
10	9,1438	28	25,603	46	42,063	64	58,521	82	74,979	100	91,439
11	10,058	29	26,517	47	42,975	65	59,436	83	75,894	120	109,727
12	10,973	30	27,432	48	43,890	66	60,348	84	76,809	240	219,453
13	11,887	31	28,346	49	44,805	67	61,263	85	77,724	360	329,180
14	12,801	32	29,260	50	45,720	68	62,178	86	78,636	480	438,906
15	13,716	33	30,175	51	46,635	69	63,093	87	79,551	600	548,633
16	14,630	34	31,089	52	47,547	70	64,008	88	80,466	720	658,359
17	15,545	35	32,004	53	48,462	71	64,920	89	81,381	840	768,086
18	16,459	36	32,918	54	49,377	72	65,836	90	82,296		

Meter in Yard.

Meter	Yard	Meter	Yard	Meter	Yard	Meter	Yard	Meter	Yard	Meter	Yard
1	1,0936	18	19,685	35	38,273	52	56,876	69	75,453	86	94,046
2	2,1872	19	20,778	36	39,370	53	57,970	70	76,552	87	95,139
3	3,2808	20	21,872	37	40,463	54	59,064	71	77,645	88	96,240
4	4,3744	21	22,965	38	41,556	55	60,158	72	78,740	89	97,333
5	5,4690	22	24,060	39	42,650	56	61,240	73	79,833	90	98,424
6	6,5616	23	25,153	40	43,744	57	62,333	74	80,926	91	99,517
7	7,6552	24	26,246	41	44,833	58	63,428	75	82,020	92	100,612
8	8,7488	25	27,339	42	45,930	59	64,522	76	83,112	93	101,705
9	9,8424	26	28,438	43	47,023	60	65,616	77	84,205	94	102,798
10	10,936	27	29,532	44	48,120	61	66,709	78	85,300	95	103,892
11	12,030	28	30,620	45	49,214	62	67,802	79	86,393	96	104,984
12	13,123	29	31,714	46	50,306	63	68,895	80	87,488	97	106,077
13	14,219	30	32,808	47	51,399	64	69,998	81	88,581	98	107,172
14	15,310	31	33,901	48	52,492	65	71,081	82	89,666	99	108,265
15	16,404	32	34,994	49	53,586	66	72,176	83	90,759	100	109,363
16	17,497	33	36,088	50	54,680	67	73,270	84	91,860		
17	18,590	34	37,180	51	55,773	68	74,360	85	92,954		

Grän in Gramm.

	0	1	2	3	4	5	6	7	8	9
0	0	0,0648	0,1296	0,1944	0,2592	0,3240	0,3888	0,4536	0,5184	0,5832
10	0,6480	0,7128	0,7776	0,8424	0,9072	0,9720	1,0368	1,1017	1,1664	1,2312
20	1,2960	1,3608	1,4257	1,4904	1,5552	1,6200	1,6848	1,7496	1,8144	1,8792
30	1,9440	2,0088	2,0736	2,1384	2,2032	2,2680	2,3328	2,3977	2,4624	2,5272
40	2,5920	2,6568	2,7216	2,7864	2,8512	2,9160	2,9808	3,0456	3,1104	3,1752
50	3,2400	3,3048	3,3696	3,4344	3,4992	3,5640	3,6288	3,6936	3,7584	3,8232
60	3,8880	3,9532	4,0176	4,0824	4,1472	4,2122	4,2768	4,3416	4,4064	4,4712
70	4,5360	4,6008	4,6656	4,7305	4,7952	4,8600	4,9248	4,9896	5,0544	5,1192
80	5,1840	5,2488	5,3136	5,3784	5,4432	5,5080	5,5728	5,6376	5,7024	5,7672
90	5,8320	5,8968	5,9616	6,0264	6,0912	6,1560	6,2208	6,2856	6,3504	6,4152

Gramm in Grän.

	0	1	2	3	4	5	6	7	8	9
0		15,432	30,864	46,296	61,728	77,160	92,592	108,025	123,457	138,889
10	154,32	169,75	185,19	200,62	216,05	231,48	246,91	262,35	277,78	293,20
20	308,64	324,07	339,51	354,94	370,37	385,80	401,24	416,67	432,10	447,53
30	462,96	478,40	493,83	509,26	524,69	540,12	555,56	570,99	586,42	601,85
40	617,28	632,72	648,15	663,58	679,01	694,45	709,88	725,31	740,74	756,17
50	771,61	787,04	802,47	817,90	833,33	848,77	864,20	879,63	895,06	910,49
60	925,93	941,36	956,79	972,22	987,65	1003,09	1018,52	1033,95	1049,38	1064,81
70	1080,25	1095,68	1111,11	1126,54	1141,98	1157,41	1172,84	1188,27	1203,70	1219,14
80	1234,57	1250,00	1265,43	1280,86	1296,30	1311,73	1327,16	1342,59	1358,03	1373,46
90	1388,89	1404,32	1419,75	1435,19	1450,62	1466,05	1481,48	1496,91	1512,35	1527,78

Engl. Pfund in Kilogramm.

	0	1	2	3	4	5	6	7	8	9
0		0,454	0,907	1,361	1,814	2,268	2,722	3,175	3,629	4,082
10	4,536	4,990	5,443	5,897	6,350	6,804	7,258	7,711	8,165	8,618
20	9,072	9,526	9,979	10,433	10,886	11,34	11,794	12,247	12,700	13,154
30	13,61	14,06	14,52	14,97	15,42	15,88	16,33	16,78	17,24	17,69
40	18,14	18,60	19,05	19,50	19,96	20,41	20,87	21,32	21,77	22,23
50	22,68	23,13	23,59	24,04	24,49	24,95	25,40	25,86	26,31	26,76
60	27,22	27,67	28,12	28,58	29,03	29,48	29,94	30,39	30,84	31,30
70	31,75	32,21	32,66	33,11	33,57	34,02	34,47	34,93	35,38	35,83
80	36,29	36,74	37,20	37,65	38,10	38,56	39,01	39,47	39,92	40,37
90	40,82	41,28	41,73	42,18	42,64	43,09	43,55	44,00	44,45	44,91

Kilogramm in engl. Pfund.

	0	1	2	3	4	5	6	7	8	9
0		2,2	4,4	6,6	8,8	11	13,2	15,4	17,6	19,8
10	22	24,2	26,4	28,6	30,8	33	35,3	37,4	39,6	41,8
20	44	46,2	48,4	50,6	52,8	55	57,2	59,4	61,6	63,8
30	66	68,2	70,4	72,6	74,8	77	79,2	81,4	83,6	85,8
40	88	90,2	92,4	94,6	96,8	99	101,2	103,4	105,6	107,8
50	110	112,2	114,4	116,6	118,8	121	123,2	125,4	127,6	129,8
60	132	134,2	136,4	138,6	140,8	143	145,2	147,4	149,6	151,8
70	154	156,2	158,4	160,6	162,8	165	167,2	169,4	171,6	173,8
80	176	178,2	180,4	182,6	184,8	187	189,2	191,4	193,6	195,8
90	198	200,2	202,4	204,6	206,8	209	211,2	213,4	215,6	217,8

Leistungstafeln.

Die Lieferungszahlen gelten für gute Amerikaner. Für ostindische Baumwolle etc. ist die Lieferung um 8—10 v. H. niedriger und für bessere Baumwolle wie Ägypter, Sea Island etc. 10—12 v. H. höher; diese Lieferungen können aber in der Praxis noch übertroffen werden, besonders wenn für Verminderung der Zeit für Abziehen etc. gesorgt wird.

Die Gewichte sind in Zollpfund (= ½ kg) eingesetzt und beziehen sich auf 10 Stunden.

Tägliche Lieferung.

	Schlägertouren	Lieferung
Ballenbrecher		15000 Pfund
Kastenspeiser		7000 „
Voröffner		6000 „
Vertikalöffner (Crighton)	800—1000 t/m	6000 „
Horizontaler Exhaustöffner	1000—1200 t/m	6000 „
Trommelöffner	1000—1200 t/m	5500 „
Schlagmaschine	1000—1500 t/m	3000 „
Karden, ... Trommel	160—200 t/m	80—200 „

Kämmaschinen, Elsäß. Maschbg.,
90 bis 100 Kammzüge 40—50 Pfund pro Kopf

Kämmaschinen, Nasmith,
90—100 Kammzüge 20—30 „ „ „

Strecken,
300 –380 Zylindertouren 150—220 „ „ Abliefg.

Spindelgeschwindigkeiten.

Grobbank . .	Nr. engl.	0,4—0,5	0,5—0,8	0,8—1
	t/m	650	700	750
Mittelfeinbank	Nr. engl.	0.9—1	1—2	2—2,4
	t/m	700	800	900
Feinbank . .	Nr. engl.	2—2,4	2,4—5	5—10
	t/m	1000	1100	1200
Extrafeinbank	Nr. engl.	6—10	10—20	20—24
	t/m	1100	1200	1300

Nr. engl.	8	12	16	20	24—60
Selfaktor, Zettel, t/m	7000	8000	9000	10000	11000
Selfaktor, Schuß, t/m	6000	7000	8000	9000	10000
Ringspinner, Zettel, t/m	7000	8000	9000	10000	11000
Ringspinner, Schuß, t/m	6000	7000	8000	9000	10000

Lieferung von Deckelkrempeln.

Praktische Lieferung in Pfund in 10 Stunden.

Abzugzylinder t/m		Zylinder-Lieferung minutlich in m	Band Nr. engl.	0,10	0,12	0,14	0,16	0,18	0,20
3 Zoll 76 mm	4 Zoll 102 mm		Gramm pro m	5,9	4,9	4,2	3,7	3,3	3
80	60	19		128	108	95	82	73	66
85	64	20		136	115	100	88	76	70
90	67	21		145	123	106	92	81	74
95	71	22 1/2		153	130	112	97	86	78
100	75	24		162	137	118	102	90	82
105	79	25		170	145	125	108	94	87
110	83	26		180	152	131	113	100	90
115	86	27		189	159	137	118	104	93
120	90	28 1/2		198	165	143	123	108	96
125	94	30		208	173	150	128	112	100
130	97	31		217	180	156	134	116	103
135	101	32		226	187	162	139	121	107
140	105	33		235	194	168	144	126	111
145	109	34 1/2		245	200	174	150	131	115
150	112	36		250	206	180	155	136	119

Lieferung der Strecken.

Praktische Lieferung in Pfund in 10 Stunden pro Ablieferung.

Vorderzylindertouren minutlich				Vorder-Zylinder Lieferung minutlich		Band Nr. engl.	0,10	0,12	0,14	0,16	0,18	0,20
$1^1/_8$" 28,5 mm	$1^3/_{16}$" 30 mm	$1^1/_4$" 32 mm	$1^3/_8$" 35 mm	m	Zoll engl.	Gramm pro m	5,9	4,9	4,2	3,7	3.8	3
223	212	190	182	20	787		120	100	86	76	70	66
246	233	209	200	22	866		132	110	93	84	77	73
268	254	228	218	24	945		144	120	100	91	84	80
290	276	247	236	26	1024		156	130	110	98	91	86
313	297	266	254	28	1102		168	140	118	106	100	92
335	318	285	272	30	1181		180	150	128	114	107	98
357	339	304	291	32	1260		192	160	137	122	114	105
380	360	323	309	34	1339		204	170	146	130	121	111
402	381	342	327	36	1417		216	180	155	138	128	118
425	403	361	346	38	1496		228	190	164	146	135	124
447	424	380	364	40	1575		240	200	173	155	142	130
469	445	399	382	42	1654		252	210	182	164	150	137
491	466	418	400	44	1732		264	220	191	173	157	143
513	488	437	418	46	1811		276	230	200	182	164	150
536	509	456	436	48	1890		288	240	209	191	171	156
559	530	475	455	50	1970		300	250	218	200	180	163

Lieferung der Grobbank.

Praktische Lieferung in Pfund und 10 Stunden pro Spindel.

Minutliche Spindeltouren		650		700		750	
Nr. engl.	Drehung auf 1 Zoll engl.	Schneller	Pfund	Schneller	Pfund	Schneller	Pfund
0,4	0,6	11,5	26	12	27	12,5	28
0,5	0,7	10,5	19	11	20	11,5	21
0,6	0,8	9,8	14,5	10,2	15,3	10,7	16,2
0,7	0,85	9,7	12,6	10,1	13	10,6	13,5
0,8	0,95	9,6	10,8	10	11,2	10,5	11,7
0,9	1	9,4	9,5	9,8	10	10,3	10,3
1	1,1	9,2	8,3	9,6	8,7	10,2	9,2

Lieferung der Mittelfeinbank.

Praktische Lieferung in Pfund und 10 Stunden pro Spindel.

Minutliche Spindeltouren		700		800		900	
Nr. engl.	Drehung auf 1 Zoll engl.	Schneller	Pfund	Schneller	Pfund	Schneller	Pfund
1	1,1	9,5	8,5	10,8	9,8	11,7	10,5
1,1	1,2	9,3	7,5	10,4	8,6	11,5	9,5
1,2	1,25	9	6,8	10,2	7,7	11,2	8,5
1,3	1,3	8,8	6,2	10	7	11	7,7
1,4	1,35	8,6	5,4	9,8	6,3	10,8	7
1,5	1,4	8,4	5	9,6	5,8	10,5	6,3
1,6	1,5	8,1	4,5	9,2	5,3	10,3	6
1,7	1,55	7,8	4	9	4,8	10	5,4
1,8	1,6	7,6	3,8	8,8	4,5	9,7	5
1,9	1,65	7,5	3,6	8,6	4,2	9,4	4,5
2	1,7	7,3	3,4	8,3	3,8	9,2	4,2
2,2	1,8	7	2,9	7,9	3,3	8,8	3,6
2,4	1,85	6,9	2,7	7,7	3	8,6	3,3

Lieferung der Feinbank.

Praktische Lieferung in Pfund und 10 Stunden pro Spindel.

Minutliche Spindeltouren		1000		1100		1200	
Nr. engl.	Drehung auf 1 Zoll engl.	Schneller	Pfund	Schneller	Pfund	Schneller	Pfund
2	1,6	9,5	4,3	10,4	4,7	11,3	5
2,2	1,7	9,2	3,8	10	4,2	10,9	4,5
2,4	1,8	9	3,4	9,9	3,8	10,7	4,1
2,6	1,88	8,7	3,1	9,5	3,4	10,3	3,7
2,8	1,95	8,5	2,8	9,3	3,1	10,1	3,3
3	2,03	8,2	2,5	9	2,8	9,8	3
3,2	2,1	8,0	2,3	8,8	2,6	9,6	2,8
3,4	2,15	7,9	2,2	8,6	2,4	9,3	2,6
3,6	2,22	7,8	2	8,5	2,2	9,1	2,4
3,8	2,28	7,7	1,85	8,4	2,1	9,0	2,2

Lieferung der Feinbank.

Praktische Lieferung in Pfund und 10 Stunden pro Spindel.
(Fortsetzung.)

Minutliche Spindeltouren		1000		1100		1200	
Nr. engl.	Drehung auf 1 Zoll engl.	Schneller	Pfund	Schneller	Pfund	Schneller	Pfund
4	2,35	7,5	1,7	8,2	1,85	8,8	2
4,5	2,4	7,2	1,5	8	1,6	8,7	1,7
5	2,54	7	1,3	7,7	1,4	8,4	1,5
5,5	2,7	6,8	1,15	7,4	1,25	8	1,3
6	2,9	6,5	1	7,1	1,1	7,7	1,15
6,5	3	6,1	0,9	6,7	0,95	7,3	1
7	3,1	6	0,8	6,6	0,85	7,2	0,9
7,5	3,2	5,8	0,72	6,4	0,76	7	0,8
8	3,3	5,6	0,63	6,1	0,68	6,6	0,73
9	3,5	5,4	0,54	5,9	0,59	6,4	0,64
10	3,6	5,2	0,47	5,7	0,52	6,2	0,58

Lieferung der Extrafeinbank.

Praktische Lieferung in Pfund und 10 Stunden pro Spindel.

Minutliche Spindeltouren		1100		1200		1300	
Nr. engl.	Drehung auf 1 Zoll engl.	Schneller	Pfund	Schneller	Pfund	Schneller	Pfund
6	2,5	7,9	1,17	8,6	1,3	9,4	1,4
7	2,65	7,7	1	8,4	1,08	9,1	1,17
8	2,8	7,3	0,82	7,9	0,89	8,6	0,97
9	3	7	0,7	7,5	0,75	8,2	0,82
10	3,15	6,5	0,6	7	0,63	7,6	0,66
11	3,30	6,2	0,5	6,7	0,54	7,3	0,6
12	3,45	6	0,45	6,5	0,5	7,1	0,54
13	3,60	5,8	0,4	6,3	0,45	6,9	0,5
14	3,75	5,6	0,36	6,1	0,4	6,6	0,42
15	3,90	5,4	0,32	5,9	0,36	6,4	0,38
16	4	5,2	0,29	5,7	0,32	6,2	0,35
17	4,20	5,1	0,27	5,5	0,3	6	0,32
18	4,30	5	0,25	5,4	0,27	5,9	0,3
19	4,40	4,9	0,23	5,2	0,25	5,7	0,27
20	4,50	4,7	0,21	5,1	0,23	5,6	0,25
22	4,70	4,5	0,18	4,9	0,20	5,4	0,22
24	4,90	4,3	0,15	4,7	0,17	5,2	0,20

Selfaktor-Lieferung.

Zettelgarn-Lieferung pro Spindel in 10 Stunden. Warpcopsdrehung $= 3{,}75 \cdot \sqrt{\text{Nr.}}$

Spindeltouren		7000			8000			9000			10000			11000		
Nr. engl.	Drehung auf 1 Zoll engl.	Sekunden für 1 Wagenspiel	Schneller	Pfund	Sekunden für 1 Wagenspiel	Schneller	Pfund	Sekunden für 1 Wagenspiel	Schneller	Pfund	Sekunden für 1 Wagenspiel	Schneller	Pfund	Sekunden für 1 Wagenspiel	Schneller	Pfund
8	10,6	9,8	6,6	0,74	—	—	—	—	—	—	—	—	—	—	—	—
10	11,8	10,5	6,3	0,57	—	—	—	—	—	—	—	—	—	—	—	—
12	13	11,1	6	0,45	10	6,6	0,48	—	—	—	—	—	—	—	—	—
14	14	11,7	5,8	0,37	10,6	6,4	0,40	9,8	7	0,45	—	—	—	—	—	—
16	15	12,2	5,6	0,32	11,1	6,2	0,35	10,2	6,7	0,38	9,6	6,9	0,40	—	—	—
18	15,9	12,7	5,5	0,28	11,6	6	0,31	10,6	6,5	0,33	10	6,7	0,35	9,4	7,2	0,37
20	16,8	13,2	5,4	0,24	12	5,8	0,25	11	6,4	0,29	10,4	6,6	0,31	9,6	7,1	0,33
22	17,6	13,7	5,2	0,21	12,4	5,7	0,23	11,4	6,3	0,26	10,7	6,5	0,28	10	7	0,30
24	18,4	14,1	5,1	0,19	12,8	5,6	0,21	11,7	6,1	0,23	11	6,3	0,25	10,2	6,9	0,27
26	19,1	14,5	4,9	0,17	13,1	5,5	0,19	12	6	0,21	11,2	6,2	0,23	10,5	6,8	0,25
28	19,8	14,9	4,8	0,15	13,5	5,3	0,17	12,3	5,8	0,19	11,4	6	0,20	10,7	6,7	0,23
30	20,5	15,3	4,7	0,14	13,8	5,2	0,15	12,6	5,7	0,17	11,7	5,9	0,19	11	6,5	0,21
32	21,2	15,7	4,6	0,13	14,1	5	0,14	12,9	5,5	0,16	12	5,7	0,18	11,2	6,4	0,20
36	22,5	16,4	4,4	0,11	14,8	4,8	0,12	13,2	5,4	0,14	12,5	5,6	0,15	11,7	6,1	0,17
40	23,7	—	—	—	—	—	—	—	—	—	13	5,5	0,13	12,2	5,9	0,15
44	24,9	—	—	—	—	—	—	—	—	—	13,4	5,3	0,11	12,5	5,7	0,13
50	26,5	—	—	—	—	—	—	—	—	—	14	5	0,09	13,1	5,4	0,1
60	29	—	—	—	—	—	—	—	—	—	15	4,8	0,07	14	5,1	0,08

Selfaktor-Lieferung.

Schußgarn-Lieferung pro Spindel in 10 Stunden. Pincopsdrehung $= 3{,}25 \cdot \sqrt{\text{Nr.}}$

Spindeltouren		6000			7000			8000			9000			10 000		
Nr. engl.	Drehung auf 1 Zoll engl.	Sekunden für 1 Wagenspiel	Schneller	Pfund	Sekunden für 1 Wagenspiel	Schneller	Pfund	Sekunden für 1 Wagenspiel	Schneller	Pfund	Sekunden für 1 Wagenspiel	Schneller	Pfund	Sekunden für 1 Wagenspiel	Schneller	Pfund
8	9,2	10,2	5,2	0,6	—	—	—	—	—	—	—	—	—	—	—	—
10	10,3	10,8	5	0,45	9,6	5,5	0,5	—	—	—	—	—	—	—	—	—
12	11,3	11,5	4,9	0,35	10,3	5,4	0,4	9,2	5,9	0,45	—	—	—	—	—	—
14	12,2	12	4,8	0,3	10,8	5,3	0,35	9,8	5,8	0,38	—	—	—	—	—	—
16	13	12,5	4,7	0,25	11,3	5,3	0,3	10,3	5,8	0,32	9,5	6,1	0,38	—	—	—
18	13,8	—	—	—	11,7	5,3	0,26	10,7	5,7	0,28	9,8	6,1	0,31	9,2	6,4	0,33
20	14,5	—	—	—	12,1	5,2	0,25	11	5,7	0,26	10,2	6	0,30	9,5	6,4	0,31
22	15,3	—	—	—	—	—	—	11,4	5,6	0,23	10,5	6	0,28	9,8	6,3	0,29
24	16	—	—	—	—	—	—	11,7	5,6	0,21	10,8	6	0,26	10	6,3	0,27
26	16,6	—	—	—	—	—	—	—	—	—	11	5,9	0,24	10,3	6,2	0,26
28	17,2	—	—	—	—	—	—	—	—	—	11,3	5,8	0,20	10,5	6,2	0,23
30	17,8	—	—	—	—	—	—	—	—	—	11,5	5,8	0,18	10,8	6,1	0,20
32	18,4	—	—	—	—	—	—	—	—	—	11,8	5,7	0,17	11	6,1	0,18
36	19,5	—	—	—	—	—	—	—	—	—	12,2	5,6	0,14	11,4	6	0,16
40	20,6	—	—	—	—	—	—	—	—	—	12,7	5,5	0,13	11,8	5,9	0,14
44	21,6	—	—	—	—	—	—	—	—	—	13,2	5,4	0,12	12,2	5,8	0,13
50	23	—	—	—	—	—	—	—	—	—	13,8	5,2	0,1	12,8	5,0	0,11
60	25,2	—	—	—	—	—	—	—	—	—	14,6	5	0,07	13,6	5,2	0,08

Lieferung der Ringspinner.

Zettelgarn-Lieferung pro Spindel in 10 Stunden, Zettelgarndrehung $= 4 \cdot \sqrt{\text{Nr.}}$

Spindeltouren		7000		8000		9000		10000		11000	
Nr. engl.	Drehung auf 1 Zoll engl.	Schneller	Pfund	Schneller	Pfund	Schneller	Pfund	Schneller	Pfund	Schneller	Pfund
8	11,3	10,6	1,2	11,8	1,3	—	—	—	—	—	—
10	12,6	10	0,9	10,8	1	—	—	—	—	—	—
12	13,8	9,2	0,7	10,4	0,8	11,6	0,85	—	—	—	—
14	15	9	0,6	10,2	0,7	11	0,72	—	—	—	—
16	16	8,5	0,5	9,6	0,57	10,8	0,63	12	0,7	—	—
18	17	7,8	0,42	9	0,48	10,1	0,52	11,2	0,58	—	—
20	17,9	7,4	0,34	8,6	0,4	9,6	0,44	10,6	0,46	11,5	0,5
22	18,7	7,1	0,3	8,1	0,35	9,3	0,38	10,2	0,4	11,1	0,45
24	19,6	6,8	0,26	7,8	0,3	8,9	0,34	9,9	0,38	10,8	0,42
26	20,4	6,6	0,23	7,5	0,27	8,4	0,3	9,4	0,34	10,3	0,37
28	21,2	6,3	0,20	7,2	0,24	8,1	0,27	9	0,3	9,9	0,33
30	22	6,1	0,18	7	0,22	7,9	0,24	8,7	0,27	9,6	0,3
32	22,6	6	0,17	6,8	0,2	7,7	0,22	8,5	0,25	9,3	0,27
36	24	5,6	0,15	6,3	0,17	7,2	0,18	8	0,2	8,7	0,22
40	25,3	—	—	—	—	6,9	0,16	7,5	0,18	8,2	0,19
44	26,5	—	—	—	—	—	—	7	0,16	7,7	0,17
50	28,3	—	—	—	—	—	—	6,6	0,12	7,3	0,14
60	31	—	—	—	—	—	—	6	0,09	6,6	0,1

Lieferung der Ringspinner.

Schußgarn-Lieferung pro Spindel in 10 Stunden, Schußgarndrehung $= 3{,}5 \cdot \sqrt{\text{Nr.}}$

Spindeltouren		6000		7000		8000		9000		10000	
Nr. engl.	Drehung auf 1 Zoll engl.	Schneller	Pfund	Schneller	Pfund	Schneller	Pfund	Schneller	Pfund	Schneller	Pfund
8	10	10	1,2	12	1,4	—	—	—	—	—	—
10	11	9,3	0,85	11,2	1	—	—	—	—	—	—
12	12	8,8	0,7	10	0,8	11,5	0,9	—	—	—	—
14	13	8,3	0,55	9,6	0,62	11	0,7	—	—	—	—
16	14	7,8	0,45	9,2	0,52	10,5	0,6	11,6	0,66	12,6	0,7
18	14,8	7,4	0,36	8,8	0,45	10	0,5	11,2	0,56	12	0,6
20	15,6	7	0,32	8,5	0,38	9,6	0,45	10,8	0,5	11,7	0,54
22	16,4	6,8	0,27	8,2	0,33	9,2	0,39	10,4	0,44	11,3	0,50
24	17,1	6,5	0,22	7,8	0,28	8,9	0,34	10	0,38	10,9	0,44
26	17,8	—	—	7,6	0,25	8,6	0,30	9,6	0,34	10,6	0,38
28	18,5	—	—	7,3	0,23	8,4	0,28	9,3	0,3	10,2	0,33
30	19,1	—	—	—	—	—	—	9,0	0,27	9,9	0,3
32	19,7	—	—	—	—	—	—	8,7	0,24	9,7	0,27
36	21	—	—	—	—	—	—	8,2	0,20	9,2	0,23
40	22	—	—	—	—	—	—	7,7	0,18	8,8	0,20
44	23	—	—	—	—	—	—	7,2	0,15	8,2	0,17
50	24,5	—	—	—	—	—	—	6,8	0,12	7,9	0,14
60	27	—	—	—	—	—	—	6,2	0,1	7,3	0,12

Lieferung der Ringzwirnmaschinen.

Zwirnnummer		Spindeltouren	Drehungskoeffizient		Drehung pro		Lieferung minutlich in m	Lieferung in 60 Std.		Läufer 
engl.	franz.		Nr. engl. in Zoll	Nr. franz. in dm	Zoll	dm		engl. Schneller	kg	
10/6	8,5/6	4000	5	21	6½	25½	15,6	60	18	9
20/6	17/6	4500	5	21	9½	37½	12	47	7	10
30/6	25/6	4500	5	21	11½	45½	10	39	3,9	11
30/9	25/9	4500	5	21	9½	37½	12	47	7	10
16/3	13,5/3	5500	5	21	11	43½	12,7	49	4,6	13
20/3	17/3	5500	5	21	12½	49¼	11,2	42	3,2	14
20/6	17/6	5500	5	21	9	35½	15,5	58	8,8	11
30/6	25/6	5500	5	21	11	43½	12,7	50	5	12
40/6	34/6	5500	5	21	12½	49¼	11,2	43	3,2	13
20/2	17/2	7250	5	21	16	63	11,5	44	2,2	16
30/2	25/2	7250	5	21	19½	77	9,5	36	1,2	17
40/2	34/2	7250	5	21	22	86	8,3	32	0,8	18
50/6	42/6	7250	5	21	14	55	13	50	3	15
60/6	51/6	7250	5	21	16	63	11,5	44	2,2	16
80/6	68/6	7250	5	21	18	71	10,2	40	1,5	17
50/2	42/2	8000	5	21	25	98	8	30	0,6	18
60/2	51/2	8000	5	21	28	110	4,7	28	0,45	19
80/2	68/2	8000	5	21	31	122	6,5	24	0,3	20
100/6	85/6	8000	5	21	20	78	10	40	1,2	21
120/6	102/6	8000	5	21	22½	88	9	32	0,8	22
100/2	85/2	8500	5	21	35	138	6,2	23	0,23	23
120/2	102/2	8500	5	21	38	150	5,7	22	0,18	23
140/2	119/2	8500	5	21	41	161	5,2	21	0,15	24
160/2	136/2	8500	5	21	45	177	4,8	20	0,12	25

Trockenzwirn
mit Kötzerwindung für Webgarne, Leistengarne etc.

Zwirnnummer		Spindeltouren	Drehungskoeffizient		Drehung pro		Lieferung minutlich in m	Lieferung in 60 Std.		Läufer 
engl.	franz.		Nr. engl. in Zoll	Nr. franz. in dm	Zoll	dm		engl. Schneller	kg	
16/2	13,5/2	6500	4,25	19	12	48	13,8	48	3	12
20/2	17/2	6500	4,1	18	13	52	12,7	46	2,3	10
30/2	25/2	6500	4,1	18	16	63	10,3	36	1,2	8
40/2	34/2	6500	4	17	18	71	9,2	32	0,8	6

Sachverzeichnis.

www.ingramcontent.com/pod-product-compliance
Lightning Source LLC
LaVergne TN
LVHW042234300926
849161LV00003B/345